産経NF文庫
ノンフィクション

毛沢東秘録

上

産経新聞「毛沢東秘録」取材班

潮書房光人新社

二十一世紀の毛沢東になりたい男「習近平」

産経新聞が一九九九年三月から九月まで紙面で長期連載し、その後、扶桑社から書籍化された「毛沢東秘録」を、二〇二〇年のいま、文庫で改めて世に問うのはなぜか。

一九四九年十月に北京で「中華人民共和国」を成立させ、一九七六年九月に八十二歳で死去した毛沢東はもはや、歴史上の人物といえる。だが、二〇一二年十一月に中国共産党の総書記に就き、その翌年三月に国家主席も兼ねて権力の一極集中を急ピッチですすめた男、「習近平」がめざしている姿が、実は「毛沢東」その人だからだ。

独裁者であった毛沢東がたどった血なまぐさい権力闘争や、数千万人が命を失ったとされる大躍進政策や文化大革命など残忍な内政、その権力にすがった取り巻き「四人組」の醜悪さ、そして独善的な外交の歴史に、二十一世紀のいま、改めてスポットを当てることは、習近平の考えの底辺や、不可解な政策の方向性を見通すうえで、羅針盤の役割を果たすことになる。

この「毛沢東秘録」で、幾度か登場する有名な言葉がある。その独裁者はかつてこう言い放った。「我就是無法無天（私は法も天も恐れぬ）」と。

では習近平はどうか。例えば南シナ海問題をみるがいい。南シナ海のほぼ全域に九段線という一方的な海域を定めて自国領だと主張する中国に対し、一部の島嶼で領有権を争うフィリピンが起こしていた裁判で、オランダのハーグにある国際司法裁判所が二〇一六年七月、「国際法上の法的根拠はなく、中国の主張は国際法に違反する」との厳格な判決を下している。

だが、これに対し習近平政権は、外務次官だった劉振民に、「（国際司法裁判所の判決は）ただの紙くずだ。履行などできない。皆がくずかごに入れるか、本棚に放置してしまえばいいと思っている」などと激しい口調で非難させている。

自らに都合の悪い法的判断はこうして「紙くず」扱いする。一九八四年十二月に最高実力者だった鄧小平が、当時のサッチャー英首相との交渉でまとめあげた香港返還のために取り決めた「中英共同声明」もそうだ。一九九七年七月の返還後、香港の資本主義や言論の自由を五十年間保証した「一国二制度」がその柱だった。

香港トップの行政長官選をめぐって選挙制度の民主化を求めた大規模デモ「雨傘運動」が二〇一四年秋に起きたとき、香港の民主制度を守ろうと、英国が超党派議員による調査団を香港に派遣しようとしたところ、習近平政権は「内政干渉だ」として、議員団の香港への入境を拒否。あげくは、「共同宣言は返還後に無効になった」と英側に通告している。「中英共同声明」は国連登録の、れっきとした国際条約にもかかわらずだ。

習近平政権は二〇二〇年六月、「香港国家安全維持法」を一方的に施行し、英国領時代から残る透明性の高い法制度を事実上、破壊する動きに出た。反中発言を行った香港立法会（議会）議員の議員資格を剥奪し、立法会選への立候補では反中的な人物は選挙から排除した。香港の「一国二制度」はほぼ形骸化した。「一国一制度」に限りなく近づき、習近平政権による国際条約の身勝手な反故が明らかになっている。

まさに毛沢東の「無法無天」を地で行うのが習近平であり、法はおろか天も正義もなにも恐れることのない独裁者との姿が重なる。しかも、国力のなお弱かった毛沢東時代とは異なり、二〇一〇年に国内総生産（GDP）規模で日本を追い抜いて世界第二の経済大国となったいま、習近平政権は軍事力の増強を進め、中国国内における権力掌握のみならず、周辺国や周辺海域など可能な限り勢力範囲を広げ、覇権を追い求めようとしている。その意味では「毛沢東2・0」になりつつある、といっていい。

産経新聞の長期連載「毛沢東秘録」の執筆をリードした名雪雅夫（故人）は、私が最も敬愛する先輩記者の一人だった。モスクワ支局長の時代、実際に何度も戦火を潜り抜けてきた戦慄の体験談は、後輩記者のわれわれに恐怖心よりも、むしろ闘争心を植え付けた。旧ソ連やロシアの独裁者と毛沢東に共通性を見出していたのも、名雪雅夫だった。

同じ共産圏での特派員として、その後、私は二〇〇八年から二〇一八年まで、中国で幾度も激しい反日デモの破壊現場に遭遇し、住民らの大規模なデモ、テロ事件などの取材現場で、武装警察や公安警察から向けられた銃口に立ち向かってきた。

また「毛沢東秘録」執筆メンバーでかつて同僚であった長谷川周人も、同じ意識を共有した戦友だった。長谷川周人は二〇〇二から二〇〇六年まで台北支局長だった私の後任として台北で勤務した経験があり、中国にも頻繁に取材に訪れた。同時にインドネシアをはじめとする東南アジア情勢にも詳しい。中国という恐るべき共産国家とどう対峙するか。北京だけではなく、ロシアや台湾、香港、シンガポールなど東南アジア、あるいはワシントンやヨーロッパ、イスラエルや中東を含む多元的な視点からの分析は欠かせないだろう。

名雪雅夫や長谷川周人らによる「毛沢東秘録」取材班は一九九九年、日本文学振興会が主催し、伝統と権威のある第四十七回菊池寛賞を受賞している。

民主主義社会にいま、強大なパワーで戦いを挑んできている独裁社会に、われわれはいかに立ち向かうべきなのだろうか。

中国共産党は二年後の二〇二二年秋、五年に一度の党大会を開く。本来ならば習近平は党内規により二期十年の総書記任期を終えねばならないが、すでに二〇一八年三月の憲法改定で政府トップ国家主席の二期十年までとの規定を消し去り、望めば国家主席を終身、行えるように法改定している。政府をコントロールする党で、「党主席」となって命が尽きるまで中国のすべてを権力下に置いた毛沢東と同じ道を歩もうとする習近平の狙いは明白だ。

なぜ鄧小平が定めた集団指導体制を捨て、独裁と覇権という中世に歴史の歯車を戻そうとするのか。中国共産党が二十世紀に毛沢東とともに歩んだ血みどろの現代史を知らずして、習近平の心のうちを読むことはできない。中国の故事「温故知新」にわれわれはいま、教訓を得ねばならないのだ。

二〇二〇年十一月十五日

産経新聞論説委員兼特別記者　河崎眞澄

はじめに

「真剣に学習し、体をいたわるんだ」と毛沢東は劉少奇に言った。毛沢東は自ら発動したプロレタリア文化大革命で国家主席の劉少奇を最大の標的とみなして窮地に追い込んでおきながら、ある夜、突然、劉少奇を呼んで優しげに気遣いの言葉をかけた。

そのため「寛容な処分」に期待を抱いた劉少奇を待っていたのはしかし、より以上の苛酷な糾弾であり、つるし上げであった。劉少奇が棄てられたように誰にも看取られず、非業の死を遂げるのはそれから二年十カ月のちである。この間、毛沢東は二度と劉少奇に会おうとも、救い出そうともしなかった。

毛沢東は同じことを国防相の彭徳懐にもしている。「大躍進・人民公社化」の失敗を率直に指摘し、毛沢東の怒りを買って失脚した彭徳懐を突然招き、「手紙をもらってうれしくて眠れなかった」「お前を批判したかもしれないが、正しくなかった」と言う。

そして彭徳懐は地方における国防建設の任務を喜んで引き受けるのだが、これは文化大革命の発動を前にした「危険分子」の体のよい地方移封であった。文革が始まると彭徳懐は紅衛兵によって北京に連れ戻され、暴力的な批判攻撃にさらされながら死んでいく。

毛沢東は妻の江青にだけはついに劇的な行動や措置を取ることがなかったが、常人の思考の及ばない発想で周囲をとまどわせつつ批判者を周到に追いつめた。その毛沢東と劉少奇との最後の会話は、劉少奇の秘書の回想記によって明かされ、彭徳懐との最後の接見も彭徳懐周辺に取材したノンフィクションで描かれたものだ。これら毛沢東の言動を、継続革命のためには路線や原則を曲げない強固な意志の表れと見るか、独裁者の冷酷さと見るかはともかく、少なくとも毛沢東の「肉声」がそこからは聞こえ、「表情」が見える。

ことし建国五十周年を迎える中華人民共和国では、機密のベールに包まれてきた文革期を中心とする内部資料や回想などをもとにした著作物がここ数年、多数出版されている。それらは「毛沢東が主導した文革は誤りだったが、毛沢東自身には過ちより功績のほうがずっと多い」という中国共産党のいまの「歴史認識」に基本的には沿うものとはいえ、これまでの空白を埋める材料も少なくない。

私たちは、北京で手に入れた二百五十冊に及ぶ新たな著作物の中から、そうした「珠玉の断片」をひとつひとつ探し出し、モザイクをつなぎ合わせ、再検証する作業に取り組んだ。その結果生まれたのは、単に平板なモザイク画ではなく、より多面的で立体的な毛沢東と文化大革命の全体像を鮮明に浮かび上がらせるものであった。それは私たちの思惑をはるかに超えていた。

長谷川周人と阪本佳代が執筆し、劉中儀が資料整理の助手をして産経新聞に長期連載したこの「毛沢東秘録」の中になにがしか読者に強く訴えるものがあるとすれば、その功績は第一に珠玉のモザイクを著作中にちりばめた中国人の著者や編者にある。そして、私たちはといえば、それらを遺跡の発掘作業のように掘り出し、土を払い、価値を見いだして光を当て、独自の歴史ドキュメントとしての新たな息吹きを与えたのだ、とささやかに自負している。

一九九九年七月

産経新聞「毛沢東秘録」取材班　名雪雅夫

毛沢東秘録　上——目次

第二部　司令部を砲撃せよ　129

第三部　人民戦争の勝利万歳　257

中国共産党第10回党大会前後の党政治局の構成（1973年）

【旧】		【新】	
【政治局常務委員】			
1　毛沢東	主席1	毛沢東	
2 ×林彪	※2	○周恩来	
	※3	●王洪文	△
×陳伯達	※4	●康生	
周恩来	※5	○葉剣英	
康生	※6	李徳生	
		○朱徳	
		●張春橋	
		○董必武	
【政治局員】			
×葉群		韋国清	△
葉剣英		○劉伯承	
劉伯承		●江青	
江青		許世友	
朱徳		華国鋒	△
許世友		紀登奎	
陳錫聯		呉徳	△
李先念		汪東興	
×李作鵬		陳永貴	△
×呉法憲		陳錫聯	
張春橋		○李先念	
×邱会作		●姚文元	
姚文元			
×黄永勝			
董必武			
×謝富治			
【政治局候補委員】			
紀登奎		呉桂賢	△
×李雪峰		蘇振華	△
李徳生		倪志福	△
汪東興		サイフジン	△

※は党副主席、●は文革派、○は行政・軍長老派、×は失脚または死去、△は新委員、数字序列。【旧】の3位以下、【新】の7位以下は簡体字での姓の筆画順

四人組逮捕当時の政治局の構成（1976年）

【政治局常務委員】	
1	華国鋒（党第一副主席）
2	王洪文（党副主席）＝逮捕
3	葉剣英（党副主席）
4	張春橋＝逮捕
【政治局員】	
5	韋国清
6	劉伯承
7	江青＝逮捕
8	許世友
9	紀登奎
10	呉徳
11	汪東興
12	陳永貴
13	陳錫聯
14	李先念
15	李徳生
16	姚文元＝逮捕
【政治局候補委員】	
17	呉桂賢
18	蘇振華
19	倪志福
20	サイフジン

中国共産党８期11中総会で決まった党政治局の公式序列（1966年）

【旧】		【新】		
【政治局常務委員】				
1	毛沢東	1	（1）	毛沢東
2	劉少奇	2	（6）	林彪
3	周恩来	3	（3）	周恩来
4	朱徳	4	（—）	●陶鋳
5	陳雲	5	（21）	●陳伯達
6	林彪	6	（7）	鄧小平
7	鄧小平	7	（22）	●康生
		8	（2）	劉少奇
		9	（4）	朱徳
		10	（11）	李富春
		11	（5）	陳雲
【政治局員】				
8	董必武	12	（8）	董必武
9×	彭真	13	（10）	陳毅
10	陳毅	14	（13）	劉伯承
11	李富春	15	（14）	賀童
12×	彭徳懐	16	（15）	李先念
13	劉伯承	17	（16）	李井泉
14	賀竟	18	（17）	譚震林
15	李先念	19	（—）	徐向前
16	李井泉	20	（—）	聶栄臻
17	譚震林	21	（—）	葉剣英
【政治局候補委員】				
18	ウランフ	22	（18）	ウランフ
19×	張聞天	23	（23）	薄一波
20×	陸定一	24	（—）	李雪峰
21	陳伯達	25	（—）	謝富治
22	康生	26	（—）	宋任窮
23	薄一波			

×は失脚　●は中央文革小組メンバー
（　）内は旧序列

中国共産党９期１中総会で代わった党政治局の構成（1969年）

【旧】		【新】		
【政治局常務委員】				
1	毛沢東	1	毛沢東	
2	林彪	2	□林彪	
3	周恩来			
4×	陶鋳		●陳伯達	
5	陳伯達		○周恩来	
6×	鄧小平		●康生	
7	康生			
8×	劉少奇			
9	朱徳			
10	李富春			
11	陳雲			
【政治局員】				
12	董必武		□葉群	△
13×	陳毅		○葉剣英	
14	劉伯承		○劉伯承	
15×	賀竜		●江青	△
16	李先念		○朱徳	
17×	李井泉		許世友	△
18×	譚震林		陳錫聯	△
19×	徐向前		○李先念	
20×	聶栄臻		□李作鵬	△
21	葉剣英		□呉法憲	△
			●張春橋	△
			□邱会作	△
			●姚文元	△
			□黄永勝	△
			○董必武	
			●謝富治	△
【政治局候補委員】				
22×	ウランフ		紀登奎	△
23×	薄一波		○李雪峰	
24	李雪峰		李徳生	△
25	謝富治		汪東興	△
26×	宋任窮			

×は失脚　△は新委員、●は文革派
□は林彪派、○は行政・軍長老派
【新】の３位以下は姓の筆画順

第一部 「四人組」崩壊

【第一部　あらすじ】

中国共産党主席として独裁的な権力を握っていた毛沢東の死去から約一カ月後の一九七六年十月、毛未亡人の江青《こうせい》たち「四人組」が権力闘争に敗れ、逮捕された。毛沢東が衰弱するなかで、後継権力の掌握に自信を深めていた四人組が一転して囚われの身となったのだ。毛沢東がプロレタリア文化大革命を発動して以来、十年におよぶ壮絶な権力闘争の劇的な結末であった。「毛沢東秘録」はこの内幕を説き明かすところから始まる。

毛沢東の衰えが進むにつれ、文化大革命路線の継続を目指す江青たちは、最高権力奪取にむけて活動を活発化させていた。「主席亡きあと、私は朕になる」と江青は言《い》った。

中国ではこの年、一月に建国以来の国務院総理（首相）だった周恩来《しゅうおんらい》が逝った。七月には最高首脳の一人であった朱徳があとを追う。この直後、死者二十四万人といわれる唐山地震が、二人の重鎮を失った中国を襲った。民心は激しく動揺し、周恩来の後継首相で毛沢東に次ぐ党内序列第二位となった華国鋒《かこくほう》は難しい舵取《かじと》りを迫られた。

九月九日、ついに毛沢東が永遠の眠りについた。

この日を境に、四人組による権力掌握の攻勢はいっそう激しさを増していく。華国鋒を事実上、政務にかかわる重要な情報から隔離し、その権限を骨抜きにしつつあった。

勢いづく四人組の背後で息を潜め、反撃のチャンスをうかがう一派があった。毛沢東の威光を借りた江青たち急進派による粛清《しゅくせい》の嵐が吹き荒れた文化大革命で反革命の汚名を着せられ、肉体的にも精神的にも苦しみ抜いた軍長老たちである。北京市内で軟禁状態にあった鄧《とう》小平《しょうへい》らとも連絡を取り合い、密かに党指導部内で四人組の包囲網を敷く政治工作を展開していたのだ。陣頭指揮に立った葉剣英《ようけんえい》は華国鋒に決断を迫ろうとしていた。

四人組もまた軍長老らにつながる人民解放軍部隊の抵抗を予想し、内戦の準備を進めた。活動拠点である上海《しゃんはい》で民兵の武装化を急ぎ、影響下にある解放軍の装甲部隊による北京《ぺきん》突入も画策した。

「連中が刀を研ぎ始めた」。四人組の不穏な動きを知らされた華国鋒は自らの身にも及ぶ危険を感じた。葉剣英たちに同調する以外に道はなかった。密かに四人組逮捕のシナリオが練られ、〝Xデー〟は十月六日と決まった。

一九七六年十月六日「江青、あなたを隔離審査する」

「事態は切迫しています。一刻も早く下命を！」――。電話を受けた中国共産党副主席兼国防相、葉剣英《ようけんえい》の耳に、緊迫した声が飛び込んできた。それは「四人組」の逮捕を求める訴えであった。党主席だった毛沢東の死去からやがて一カ月という一九七六年十月四日のことだ。北京《ペきん》市西部の人民解放軍特別区域内にある西山《せいざん》十五号の執務室。赤、黒、白と色分けされた受話器のうち、葉剣英が握っているのは人民解放軍幹部とをつなぐ赤電話だ。訴えの主は海軍司令員（司令官）、蕭勁光《しょうけいこう》だった。毛沢東がこの十年前に発動したプロレタリア文化大革命（文化大革命）のさなか、毛沢東の妻、江青《こうせい》たち文革急進派の「四人組」から、追い落とし工作の標的にされた一人である。葉剣英も、文革初期に急進派から失脚させられる苦い屈辱を味わっている。

葉剣英が蕭勁光から電話を受けたこの日、文革路線の継承を強調する論文「永遠に毛主席の既定方針通りに行う」が光明日報に掲載された。歩調を合わせるように、四人組の一人で党副主席（政治局常務委員）の王洪文《おうこうぶん》は、北京市郊外で「中央に修正主義が出現したらどうするか。打倒するのだ」と闘争宣言を発していた。

このころ、四人組（ほかに党政治局常務委員の張春橋《ちょうしゅんきょう》、党政治局員の姚文元《ようぶんげん》）は、その最大拠点である上海《しゃんはい》で民兵十万人の武装化を急ぎ、四人組と上海をつなぐホットラインの通話回数はこの数カ月で百四十六回に達した。さらに人民解放軍装甲部隊の北京突入を画策し、北京軍区の一部師団長への懐柔《かいじゅう》工作もひそかに展開していた。

毛沢東死後の権力奪取に向けた四人組の動きはいよいよ最終段階を迎えつつあった。蕭勁光が葉剣英に訴えたのは、こうした動きに切迫した危機感を抱いたからだった。

《きな臭さの漂う当時の北京の政情については中国共産党中央党校出版社が一九九八年三月に出した『内幕　重要会議の体験実録』（李剣《りけん》編）が克明《こくめい》に描写している》

電話では事足りず、葉剣英に緊急接見を求めた蕭勁光は、「われわれが動かなければ、彼らが先に動き出します」と直言した。

葉剣英の本音も「四人組の逮捕は秒読み段階に入った」であった。だが、蕭勁光には「われわれは今、措置を協議している」と言葉をにごした。機密が漏れ、四人組に先手を打たれるのを葉剣英は恐れた。

当初の計画では、逮捕決行までの準備期間は「国慶節《こっけいせつ》（十月一日）から約十日間」だった。しかし、「（逮捕が）少しでも遅れればわれわれにとって危険になった」。党中央弁公庁主任で党政治局員の、汪東興《おうとうこう》が後にそう回顧するように、情勢はまさに食うか食われるかの瀬戸際にあった。

蕭勁光と密談した十月四日、葉剣英は執務室にこもり、部隊レベルの移動状況を注視していた。全土を十三分割する大軍区と海・空軍に「非合法の移動は即時制止せよ」と厳命し、とくに、首都・北京軍区内の北京衛戍《えいじゅ》区に対しては「各大軍区指揮者と密接に連絡を取り、軍備を増強せよ」と指示している。

夕刻、葉剣英は西山から北京中心部、東交民巷の十五号楼に向かった。ここは党第一副主席兼国務院総理（首相）、華《か》国鋒《こくほう》の新たな居宅で、のちにカンボジア国王、シアヌークの住まいとなった建物だ。

中国が改革・開放路線に向かう歴史的な分岐点となった巨大な政変劇は、毛沢東の死から始まった。「四人組」逮捕を知らぬまま逝った毛沢東の遺体はいまも北京・天安門広場の記念堂に安置されている

「国鋒同志、われわれにもう躊躇《ちゅうちょ》は許されない。今すぐ決断する必要がある」と葉剣英は単刀直入《たんとうちょくにゅう》に切り出した。「もう数日は大丈夫と思っていたが……」と華国鋒は煮え切らない。「先発制人（先んずれば人を制す）」。葉剣英はたたみかけた。

このとき華国鋒に来客があり、密談は切り上げざるを得なかったが、別れ際に葉剣英は「一気に打ち破り、ただちに四害（四人組）を取り除こう」と華国鋒に耳打ちし、「決行日は六日ないし七日」と打診した。

葉剣英はその足で党や国務院（政府）の重要機関、要人の居宅などが集まる中南海《ちゅうなんかい》に向かい、そこの執務室で汪東興から最終的な準備状況を聞いた。汪が主任（長官に相当）を務める党中央弁公庁は、中国共産党中央直属の事務局機関だが、党内外の情報を統括しており、要人の動向を含めて機密を握る立場にあった。葉剣英と汪東興のこの密会で、翌々日の「六日午後八時」という四人組逮捕の決行日が内々で打ち合わされた。

西山の執務室に戻った葉剣英は、軍総政治部副主任の梁必業《りょうひつぎょう》を執務室に呼んだ。「華国鋒総理と話した。総政治部の関係機関は警戒を強め、部隊の管理教育を強化せよ」

党中央軍事委員会の中心的存在である元帥、聶栄臻《じょうえいしん》に対しても、副参謀長の楊成武《ようせいぶ》を通じて「相談は済んだ。安心してほしい」と伝え、「Xデーは近い」というサインを出したのだった。こうして「戦闘態勢」は着々と整えられていく。

葉剣英がそれから六年後の八二年十一月に人民日報記者、紀希晨《ききしん》に語ったところでは、四人組逮捕の決行日が最終的に決定されたのは、逮捕前日の十月五日であった。

その日午前、葉剣英は北京西部の玉泉山《ぎょくせんざん》九号楼で、極秘裏に華国鋒、汪東興と会った。葉剣英は当時、四人組の監視網をかいくぐるため、西山、中南海のほか、この玉泉山にも活動拠点を置き、その三カ所を転々と移動していた。

「党と国家の命運をかけた決戦だ。行動は綿密に行い、万に一つの失敗も許されない」。葉剣英が口火を切る。華国鋒は「党と人民、そして毛主席の遺志によって（逮捕を）執行するのだ」と応じ、ここにいたってようやく最終決断を下したのだった。

中南海の中央弁公庁に戻った汪東興は、直系の部下である副主任（中央警衛隊隊長）の張《ちょう》耀祠《ようし》ら行動組（執行部隊）に、待機命令を発した。「明天動手（明日、決行）！」

汪東興が再び張耀祠を執務室に呼んだのは、待機命令から一夜明けた十月六日午後三時であった。

「党中央は四人組粉砕を決定した。本日午後八時三十分、江青を逮捕せよ」

行動組は武装せず、指揮官の張耀祠は平服、女性二人を含む護衛官が軍服を身に着けた。

中南海にある万字廊二〇一号。この建物が江青の自宅である。豪華をきわめた邸内の江青はこの時、絹のパジャマ姿でソファに横たわり、高級幹部の特権である輸入ビデオの観賞をしながら、食後の休息を楽しんでいた。

「何の用だ！」

問答無用で室内になだれ込む行動組に江青は怒気を込めて詰問《きつもん》した。だが張耀祠はたじろがなかった。

「江青。華国鋒総理はあなたを『隔離審査』する党中央決定を指示した。別の場所に即時連行する」

党政治局員である江青は呼び捨てにされた。

「隔離審査」は中国共産党に対する反党行為など政治・思想事犯を追及するため家族などから身柄を隔離して取り調べるもので、党員にとっては政治的な死を意味する。かつては江青自身が何人もの「反革命分子」をこの隔離審査に追いやった。

押し黙る江青に、張耀祠は文書庫のカギを渡すよう要求した。江青の文書庫には亡き毛沢東の手紙やメモが残されている可能性があった。死してなお毛の「文言」は絶対である。江青はきっとにらみ返したが、静かにクラフト紙製の封筒を取り出して鉛筆で「華国鋒同志親展」と書いた。そして、肌身離さず腰につけていたかぎの束をその中に入れ、手渡した。これは行動組ごときに差し出すのではない、という江青の強烈な自尊心の表れであった。

《江青は逮捕されたとき、ヒステリックに抵抗したというのがこれまで中国で流布されてきた通説だ。しかし、九二年に張耀祠ら当事者にも直接取材した歴史作家の葉永烈《ようえいれつ》がその著書で再現した逮捕時の模様はそうではなく、実際は以上のようにいさぎよいものだった》

歴史変えた逮捕劇　小銃構え抵抗制圧

江青《こうせい》の逮捕に向かう執行部隊が行動を開始しつつあった一九七六年十月六日午後七時前、北京《ぺきん》には、すでに秋の足早な夕闇《ゆうやみ》が迫っていた。党、軍、政府の中央機関が点在する復興路でも、一日の仕事を終えた人々が、自転車で家路を急ぐ。

その中を黒塗りの幹部専用車「紅旗《こうき》」が猛スピードで通り抜けた。自転車と人の波に逆行して走り去る紅旗を人々は無表情でやり過ごした。

紅旗は木樨地交差点にさしかかるとスピードを落とした。後部座席でグレーの軍服に身を包んだ葉剣英《ようけんえい》は車窓から政府迎賓館の釣魚台《ちょうぎょだい》を凝視する。そこが、これから起きる巨大な政変劇の「標的」たちの拠点であったからだ。

政敵による急速な奪権への動きに危機感を抱き、「野望粉砕」に向けて葉剣英は水面下工作を進めてきた。「情報は漏れていないな」。釣魚台に不審な動きがないことを確認し、中南《ちゅうなん》海《かい》へと車を走らせた。

《一八九七年生まれの葉剣英は、当時七十九歳であった。一九二四年、ソ連の後押しで開設され、国民党の蔣介石《しょうかいせき》が初代校長となった広州・黄埔《こうほ》軍官学校に入った。そこで、結成

されたばかりの中国共産党から政治代表として派遣されていた周恩来《しゅうおんらい》と知り合い、その影響で共産党に入党した。のちに、国務院総理（首相）に昇り詰める周とは盟友と言っていい。しかし、文化大革命で急進派による軍長老批判に巻き込まれ、党と軍の指導的地位を実質的に奪われた。まもなく周恩来の尽力もあって復活したが、周死去後の七六年当時、再び、文革急進派の標的となっていた》

北京市中心部に三つ並ぶ湖のうち、中海と南海の周辺一帯は党幹部の居宅や中枢機関の専用区域である。この外界と隔絶された「中南海」の一角に懐仁堂《かいじんどう》がある。

午後七時五五分、懐仁堂の広間には華国鋒と葉剣英が座り、四人組のうち江青を除く張《ちょう》春橋《しゅんきょう》、王洪文《おうこうぶん》、姚文元《ようぶんげん》の到着を待った。現場部隊の指揮を執る汪東興《おうとうこう》は、「君も座れ」という葉剣英の誘いに「私は常務委員ではないので」と辞退し、びょうぶの陰に隠れて「その瞬間」に備えた。

張り詰めた空気が漂う懐仁堂に、まず張春橋が到着した。黒い書類バッグを抱え、建物に入ろうとすると、中央警衛隊の特殊任務を受け持つ「八三四一部隊」で構成する紀和富《きわふ》らの行動組がぴたりと両わきについた。

一九七六年九月十八日、毛沢東の追悼大会に参列した「四人組」のうち（右から）江青、張春橋、王洪文と、この十八日後に四人組を逮捕する（左から）葉剣英、華国鋒

「何があったんだ」とつぶやく張春橋。いぶかしげに広間に入ると、そこには仁王立ちの華《か》国《こく》鋒《ほう》と冷ややかな表情を浮かべた葉剣英が待っていた。

「おれのいすが二つしかない……」

　室内にいすが二つしかないと気が付いた瞬間、張春橋はようやく自らの立場を悟る。

「江青、王洪文らの仲間となり、反党、反社会主義の許しがたき重罪を犯した。よって隔離審査することを決定し、即時執行する」。汪東興が準備した宣布文を華国鋒が読み上げた。

　この一瞬の出来事にがく然とした張春橋は反抗もせず、あっけなく行動組に連行された。

《葉剣英の当時の一連の行動は、党中央文献研究室、軍事科学院などの資料提供を受けたという歴史作家、范碩《はんせき》の著書『一九六七年の葉剣英』（中共中央党校出版社、第二版、九五年）に詳しい。張春橋たち四人組逮捕の様子は、中央党史研究室に対する汪東興の証言などをつづった葉永烈《ようえいれつ》著『一九七八 中国命運の大転換』（広州出版社、九七年）が克明《こくめい》に描いている》

標的たちの逮捕は順調に滑り出した。だが張春橋に続き懐仁堂に到着した王洪文逮捕で緊迫する場面があった。

武闘派の王洪文は、懐仁堂前で行動組の李広銀《りこうぎん》らに身柄を拘束されると、「何をする」と激しく抵抗した。ようやく建物内に連行されたが、「隔離審査」の宣布文を二回繰り返した華国鋒の言葉を聞き終わるやいなや、行動組の制止を振り切って約五メートル先の葉剣英にいきなり飛びかかった。

両手を伸ばし、葉剣英の首を絞めようとする王洪文。びょうぶの陰から汪東興が小銃を手に飛び出した。だが、二人が密着し過ぎていて発砲できない。間一髪《かんいっぱつ》、飛びかかった行動組の一人が組み伏せ、手錠をかけた。王洪文はようやくあきらめたように肩を落とし、華国鋒らに背を向けると「こんなに早く動くとは……」とため息をついた。

姚文元の到着が遅れていた。午後八時十五分。「逮捕は自宅でするか……」。逮捕の執行指揮者、汪東興は判断を迫られた。

その時、中山服姿の姚文元を乗せた専用車が懐仁堂に姿を現した。行動組が素早く姚文元を取り囲む。「小朱《しょうしゅ》！ 小朱！」。姚文元は危機を感じ、側近を大声で呼んだ。しかし、彼らは外で待機を命じられており、懐仁堂に近づくことはできない。

広間に入ることなく、行動組は待合室に姚文元を連行した。王洪文のときのような騒ぎを避けるため、汪東興がとっさに逮捕場所を変更したからだ。「隔離審査」の決定も華国鋒からではなく、中央警衛隊警衛局の副局長から告げられた。

身柄拘束された江青たち四人はそれぞれ中南海の地下室に収容され、中国の命運を左右する歴史的な逮捕劇はわずか約一時間半で幕を閉じた。九月九日の毛沢東の死去後、二十八日目の出来事であった。

情報封鎖　テレビ局を武装占拠、局員軟禁

毛沢東の死後、中国指導部の実権奪取を目指した「四人組」の逮捕が完了しつつあった。毛未亡人、江青《こうせい》が自宅で身柄拘束された直後の一九七六年十月六日午後九時、中国共産党副主席兼国防相の葉剣英《ようけんえい》ら反「四人組」派は間髪《かんはつ》を入れず次の一手に向けて動き出した。それは江青たちが支配下に置いてきた一部報道機関を奪い返し、逮捕報道を差し止めることだ。「四人組逮捕」が漏れれば、彼らにつながる急進派が〝クーデター〟に出かねない、と恐れたからであった。

《「四人組」(中国語で四人幇《ばん》)とは党政治局員の江青のほか、党副主席の王洪文《おうこうぶん》、政治局常務委員の張春橋《ちょうしゅんきょう》、政治局員の姚文元《ようぶんげん》を指す。四人組という呼称は逮捕後に党が公式に使って広く流布したが、それまでは新聞などでも「上海《しゃんはい》組(幇《ばん》)」と称されるのが一般的だった》

江青以外の三人の逮捕を北京《ぺきん》・中南海《ちゅうなんかい》の懐仁堂《かいじんどう》で見届け、そのままそこにこもっていた葉剣英は、七月に起きた唐山《とうざん》大地震の復旧現場で陣頭指揮にあたっていた人民解放軍北京軍区の副政治委員、遅浩田《ちこうでん》(現国防相)を呼び出し、ただちに北京に戻るよう命じた。

自宅でテレビを見ていた党中央対外連絡部長の耿飈《こうひょう》も、党第一副主席兼国務院総理（首相）の華国鋒《かこくほう》から直接、電話を受けた。「大至急、懐仁堂に来なさい」

葉剣英はこの二日前、華国鋒との密談で「情報封鎖」という特殊任務をまかせる工作組の人選を行い、人民解放軍出身者から二人の名前を挙げていた。それが耿飈と遅浩田だった。『一九七六年の鄧小平《とうしょうへい》』（青野《せいや》、方雷《ほうらい》共著）によれば、華国鋒は四人組逮捕決行を前に、耿飈を執務室に呼び、「これから数日間は自宅を離れず、私の指示を待て。秘書らの電話も信じるな。私の声を確認するまで話もするな」と理由も告げずに待機命令を下していた。

懐仁堂にかけつけた耿飈を、華国鋒と葉剣英が待ち受けていた。

四人組逮捕を予期していた耿飈が「解決しましたか」と息せき切って尋ねると、「解決済みだ」と葉剣英が答えた。華国鋒はしかし「闘争は始まったばかりだ。楽観は許されない」と言い、国営テレビ局である中央電視台の占拠を命じた。「中継室を制圧するのだ」と葉剣英も念を押した。

まもなく、北京軍区の北京衛戍《えいじゅ》区副司令員（副司令官）、邱衛高《きゅうえいこう》も懐仁堂にやってきた。「武器は携行したか」と耿飈。首を振る邱衛高に耿飈は「銃が必要だ。一丁ずつ持っていく」と急いで小銃を用意させた。

二人がジープで中央電視台に到着したのは午後十時前。先着していた制圧部隊に耿飈は「中央電視台を破壊するとのテロ情報が党中央に入った。われわれは厳重警戒任務に就く」

とその説明をし、部隊から精鋭十人を引き連れて当直室を押さえ、別の兵士を率いた邱衛高が中継室を急襲した。

《中央電視台の制圧作戦については、耿飈自身が八四年六月、党中央文献研究室に詳しく語っている。この証言内容は『一九七八 中国命運の大転換』(葉永烈《ようえいれつ》著)の中で明らかにされた》

その夜の当直主任は放送事業局長の鄧崗《とうこう》だった。耿飈とは、一九三〇年代、蔣介石《しょうかいせき》の国民党軍に追われた中国共産党が延安《えんあん》に根拠地を築いた「延安時代」からの旧知の仲である。

その鄧崗に対して耿飈は「すべて耿飈の指示に従え」という華国鋒直筆の手紙を見せ、「党中央が私をここに派遣し、すべてをとりしきるよう命じた」と通告した。

突然の事態にとまどう鄧崗に耿飈は「姚文元に確認してみるか? それでもいい。ただし、電話をするならこの部屋からだ」と、姚文元がついいましがた逮捕されたことを隠して威圧的にそう言った。後ろには二人の武装兵が控えている。

四人組の姚文元は報道部門に強い影響力を持ち、中央電視台もその支配下にあった。その中で鄧崗は局長にまで昇進したとはいえ、姚文元との関係は密接ではなかった。

「電話は必要ない。私は中央の決定に従う」と応じた鄧崗は指示通り幹部を会議室に集めた。そこで耿飈は「少なくとも三日三晩、この部屋からの出入りを禁じる」と全員に宣告したのだった。

食事や水は与えられたが、この幹部軟禁は一般職員にひた隠しにされたまま三日間を過ぎても続いた。ようやく六日目になって一部の帰宅を許すにあたり、耿飈はこう申し渡した。

「この数日間の出来事を外部に一言たりとも漏らすことは許されない。漏れたことが判明すればどうなるか、私は言わない」

一方、北京に呼び戻され、党機関紙「人民日報」に急派された遅浩田は、編集長の魯瑛《ろえい》らを逮捕したのをはじめ、四人組の影響下にあった幹部らを次々と更迭《こうてつ》処分し、「歴史の潮流に逆らう者には決して良い結末はないだろう」と誇らしげに宣告していた。

「四人組」のうち居宅から連行された江青を除く三人が逮捕された北京・中南海の懐仁堂。反「四人組」派指導部はここにこもって情報統制に神経をとがらせた

遅浩田は翌七七年十月、軍副総参謀長に任命されるまで、人民日報への工作組責任者として腕を振るうことになる。

「葉剣英は四人組の逮捕報道を二カ月間、密封できると考えていた」と歴史作家の葉永烈は著書の中で指摘している。

かつて四人組とともに文化大革命を急進的に押し進め、毛沢東の後継者にも指名されながら失脚した林彪《りんぴょう》の「墜死事件」（七一年九月）で、毛沢東は長期間の情報封鎖を試み、成功したことがある。四人組を支持する文革急進派の反撃を警戒する葉剣英は、毛沢東にならって早くから情報封鎖を画策していた。

しかし、思惑通りにはいかなかった。

四人組逮捕から六日後の十月十二日付の英紙「デーリー・テレグラフ」は情報封鎖を破って「毛未亡人逮捕さる」と一面トップでスクープし、それが江青らによる「クーデター失敗」によるものだ、と全世界に伝えのだった。

武装拠点・上海 指導部逮捕、民兵の蜂起不発

毛沢東未亡人、江青《こうせい》たち四人組の最大拠点は上海《しゃんはい》であった。一九七六年十月七日の朝早く、その牙城《がじょう》である中国共産党上海市党委員会の最高幹部に対し、北京《ぺきん》に来るよう党中央から呼び出しがあった。

理由は明らかにされていない。中央に動きがあれば必ず何か言ってくるはずの四人組からは何の音さたもない。

「どうもへんだな。彼らからいつものような連絡がないんだ」

上海市党委書記、馬天水《ばてんすい》はけげんな表情でそう言った。上海市康平路《こうへいろ》にある市党委学習室には、市党委の幹部が顔をそろえている。党中央からの突然の呼び出しを受けて、馬天水らが緊急招集したのだ。

この前日の十月六日夜、北京で四人組が逮捕されたのを馬天水たちは知らない。逮捕の事実は極秘にされ、北京の四人組支持派と上海を結ぶ回線もすでに断絶していた。

毛沢東の敷いたプロレタリア文化大革命路線の継続を図る江青ら文革急進派の四人組のうち、党政治局常務委員の張春《ちょうしゅんきょう》橋と王洪文《おうこうぶん》は当時、上海市党委の第一書記と書記をそれぞれ

兼ねていた。日ごろ、馬天水は「死んでも張春橋を守る」と公言してはばからなかった。「北京到着後、二時間以内に連絡を入れる」と言い残し、馬天水は不安を抱えたまま他の書記たちと北京に向かった。

《当時、やはり市党委書記だった徐景賢《じょけいけん》は逮捕後、当時の上海首脳部の動きと心理を供述しており、これを党史研究者、曹英《そうえい》らが書いた『特別別荘』（改革出版社、一九九八年）が引用している。特別別荘とは、指導部内の各勢力が密会を重ねた秘密の拠点を指す》

　馬天水らが上海を離れると、残留組は北京にいる「上海グループ」と懸命に接触を試みた。四人組の地元秘書たちも、それぞれ自分のボスとの連絡に八方手を尽くしたが、いっこうに手がかりはつかめなかった。

　状況が分からないまま一夜が明けた八日、四人組の一人で党政治局員、姚文元《ようぶんげん》の支配下にあった党機関紙「人民日報」の編集長、魯瑛《ろえい》に電話が通じた。だが、魯瑛が二言三言話すと回線は一方的に切れた。人民日報はすでに反「四人組」派の人民解放軍北京軍区副政治委員、遅浩田《ちこうでん》が〝制圧〟していた。

　その直後、軍の専用回線を使い、北京の党指導部専用ホテル「京西賓館」で軟禁状態にされていた馬天水の秘書とようやく電話がつながった。だが、「胃の病気が再発した」と短く答えただけで切れた。続いて北京の上海グループからも不吉な断片情報が入り始める。

「ひどい胃病の発作だ。ご婦人は心筋梗塞《こうそく》で死んだ」

「胃病発作」は「右派の権力掌握」、「心筋梗塞」は「失脚」である。事前に決めていた暗号だった。「ご婦人」が江青を指すのは明白だ。期待していた「情勢安定」を示す「体調は良好」という報告はない。

行進する中国の民兵部隊。「四人組」は上海を中心に民兵の武装強化を進めた

午後八時、上海市党委は再び緊急会合を開いた。そこに市人民政府文化部から電話が入った。「文化部の数人も病気になった」。これを耳にした王洪文の秘書、蕭木《しょうぼく》は「だめだ。（足元の）文化部にも手が回った。次はわれわれの番だ」と悲痛なうめき声を上げた。

大混乱の中で、上海残留組の書記、徐景賢は地元の報道機関と連絡をとった。「新華社（国営通信社）の配信ニュースに注意しろ。上海の数人（四人組）の処置に関するものがあれば、掲載するな。放送局も流してはならない」

毛沢東が死去する直前の八月下旬、上海では銃器七万四千余丁、大砲三百門という大量の武器と一千万発以上の弾薬が十万人の民兵部隊に支給された。

九月九日の毛死去の翌日からは、さらに銃弾六百万発、砲弾千五百発などが追加されていた。

人民解放軍に強固な足場のない四人組にとって、民兵は権力掌握に向けた武力的な支えであった。民兵は労働に従事しながら有事に備える部隊だが、このころ、上海の民兵は常時出動できる当直体制を敷いていた。

「四人組失脚」の情報は民兵指揮所にもまたたく間に伝わった。「政変発生」「修正主義の台頭」と緊急動員がかけられ、武装民兵が市内各所に配置されたほか、予備役の民兵三万一千人にも出動準備指令が出された。

逮捕三日後の十月九日早朝には、早くも弾薬、食料など軍事物資の補給態勢が整い、報道機関の占拠、空港を含む主要交通網の封鎖に向けた準備も着々と進んだ。

英紙「デーリー・テレグラフ」が「四人組逮捕」の世界的スクープを掲載した十二日になると、この逮捕劇を「反文革派によるクーデター」と受け止めた上海グループは、「江青を返せ、春橋を返せ、洪文を返せ、文元を返せ」という決起文「全市、全国民に告ぐる書」も用意するなど、武装蜂起《ほうき》に向かって突き進んだ。

しかしこのころ、反「四人組」派が実権を掌握した北京の指導部は、人民解放軍の陸海空軍部隊に上海包囲網を敷くよう指令を出す一方、党第一副主席兼国務院総理（首相）の華国《かこく》鋒《ほう》、党副主席兼国防相の葉剣英《ようけんえい》らによる馬天水ら上海指導部への圧力工作も始まっていた。

「四人組の側に立てば前途はない。大多数の人々の側に立って問題を処理せよ。党中央は君たちを信頼している」。葉剣英はアメとムチで武装闘争の断念を迫った。

十三日になって党中央は「自らの手で事態を沈静化させよ」と馬天水らをいったん上海に帰した。が、その一方で馬天水らを追うように政治局候補委員の蘇振華《そしんか》、倪志福《げいしふく》らを上海に急派し、十八日には馬天水、徐景賢らを次々と逮捕してしまった。指導部を失った民兵にも人民解放軍の圧倒的な包囲網の中で解散命令が下された。

こうして上海から北京に向けて反攻を企図した武装蜂起《ほうき》はなすすべもないまま不発に終わったのだった。

華新主席誕生「ポスト毛」早くも思惑交錯

小高い山が連なる北京《ぺきん》西郊の丘陵地に玉泉山《ぎょくせんざん》がある。ヘッドライトを揺らしながら、夜の山道を一台また一台と登ってきた中国共産党の幹部専用車が、山あいに立つ玉泉山九号楼の前で次々と止まった。降り立ったのは党政治局員、政治局候補委員という党最高指導部の面々だった。

ここは党副主席兼国防相、葉剣英《ようけんえい》の別宅である。葉剣英がその画策に主要な役割を果たした毛沢東未亡人、江青《こうせい》たち「四人組」の逮捕から二時間余が過ぎた一九七六年十月六日午後十時半。政治局メンバーは四人組逮捕を知らされないまま、この緊急政治局会議に招集されてやってきた。

邸内に入った政治局員の李先念《りせんねん》は廊下を歩きながら、「何があったんだ。何の会議だ。葉（剣英）元帥の体調がどうかしたのか」と職員に聞いた。早めに到着した政治局員の紀登奎《きとうけい》は長老に遠慮して後ろの席に座っていた。

「これで全員ですから前のほうにどうぞ」と葉剣英の側近、馬西金《ばせいきん》が勧めて回り、党中央弁公庁主任（長官に相当）で政治局員の汪東興《おうとうこう》も「そうです。これで全員です。みなさん前にお座りください」と促した。

《玉泉山におけるこの政治局会議の模様は、中共中央党校副教授の湯應武《とうおうぶ》がその著書『選択』（一九九八年）の中で、馬西金の述懐として明らかにしている》

党第一副主席兼総理（首相）の華国鋒《かこくほう》が葉剣英と手をつなぎ、満面の笑顔で部屋に入ってきた。会議は午後十一時、その華国鋒の報告から始まった。

「王洪文《おうこうぶん》、張春橋《ちょうしゅんきょう》、江青、姚文元《ようぶんげん》は毛主席の逝去を機に党と国家の最高主導権を奪おうと陰謀を企てた」

狭い部屋にざわめきが広がった。華国鋒は気持ちの高ぶりを抑えるように、一語ずつ力を込めて報告文を読み上げていく。

「中国人民に重大な災難をもたらすこの反革命集団を粉砕するため、十月六日夜八時、党中央は四人組に対し隔離審査を実行した」

四人組の逮捕と失脚が最高指導部に初めて告げられた瞬間である。一瞬の間を置いて、拍手が沸き起こった。「まったく痛快だ」と李先念は手を打った。

周恩来《しゅうおんらい》の右腕といわれたこの財政通の元国務院副総理（副首相）は、この年の一月に周恩来が死去すると、毛沢東が発動した文化大革命の再活性化を目指す文革急進派の四人組から再び追い落としに遭っていた。

華国鋒の報告はその後もしばしば拍手で中断された。続いて葉剣英が報告に立った。

「第一に重要なのは、四人組を逮捕したこと。第二に重要なのは、華国鋒同志を（故毛沢東に代わって）党中央主席と党中央軍事委主席に決定することだ」

緊急政治局会議は翌七日の明け方午前四時まで続き、華国鋒を名実ともに党と軍の最高指導者に指名する葉剣英の提案は可決された。

じつは、党主席問題をめぐって華国鋒と葉剣英は、政治局会議を前に二人だけで話し合っている。

歴史作家の范碩《はんせき》著『一九七六年の葉剣英』によると、四人組逮捕後、「情報封鎖」の措置を見届けた葉剣英は、華国鋒とともに玉泉山九号楼に着いた。二人は寝室で休んだ後、夜食をともにしながら政治局会議の打ち合わせをした。

葉剣英は「（事実上）主席は交代しており、あなたがこの重責を担うべきだ」と切り出した。華国鋒は「中央の仕事はあなたが主宰すべきだ」と葉剣英を立てたが、「あなたは主席が生前に指名した後継者だ」と葉剣英は譲らなかった。

しかしこのとき、葉剣英の脳裏にはその言葉と裏腹に、華国鋒とは別の人物が浮かんでいた。それは失脚中の元党副主席、鄧小平《とうしょうへい》であった。

鄧小平は半年前の四月に起きた天安門《てんあんもん》事件（第一次）をきっかけにまたも失脚し、北京市内で軟禁状態にあった。

第一次天安門事件は、周恩来追悼を求める大衆行動の盛り上がりを見た四人組が、文革急進派への批判につながりかねないとの危機感を抱いて追悼集会を規制したため、暴動に発展したものだ。

葉剣英は四人組逮捕後の激務が一段落したころ、息子に車で鄧小平を出迎えて玉泉山まで連れ出すよう指示した。

鄧小平の三女、蕭榕《しょうよう》が「毛毛」のペンネームで父親の半生を描いた『わが父・鄧小平』によれば、再会の瞬間、鄧小平は親しみを込めて葉剣英を「老兄（兄貴）！」と呼び、固く手を握り合ったという。

葉剣英はその後、鄧小平が北京西部の人民解放軍の特別区域内にある西山《せいざん》二十五号楼に移れるよう手配し、党指導部しか目にすることのできない党中央の文献を側近に運ばせ、指導部の職にない鄧小平に読ませる異例の便宜《べんぎ》を図るなど、連絡を緊密化させた。

《四人組逮捕当時、南京軍区副政治委員として四人組包囲の一翼を担った王恩茂《おうおんも》は、張湛《ちょうたん》淋《びん》著『大転換の日々夜々』（中国経済出版社、九八年）の中でこう指摘している。

「四人組粉砕の勝利は、いろいろな要因によって決定された。しかし、主な役割を果たしたのは葉剣英元帥だった。事実上、四人組粉砕の総指揮官だった」》

鄧小平が三度目の復活を果たし、公務に復帰するのは翌七七年七月の党第十期中央委員会第三回総会（十期三中総会）まで待たねばならない。が、その数カ月前に鄧小平は、党主席となった華国鋒に書簡を送り、痛烈な華国鋒批判の口火を切ることになる。

華国鋒を前面に押し立て、自分はあえてトップに躍り出ることを拒んだ葉剣英は、こうしたポスト毛沢東時代の展開を読み、自ら巧みにその道筋をつけようとしていた。

赤い星墜つ　臨終まぎわ、その唇が動いた

《ここから話は毛沢東の妻、江青《こうせい》たち「四人組」逮捕の一カ月前にさかのぼる。まず、この巨大な政変劇の幕開けを告げた歴史的な出来事から書き始める》

一九七六年九月九日、中国各地のラジオ局は「重要放送」の予告を繰り返し流した。北京《ぺきん》の天安門《てんあんもん》広場では人々が寄り集まって携帯ラジオを取り囲んだ。不吉な思いが人々の間に広まっていった。

午後四時、待ち構えていた人々の耳に一斉に葬送曲が飛び込んできた。

「わが党、わが軍、わが国各民族人民の敬愛する偉大な指導者、中国共産党中央委主席、中国共産党中央軍事委主席……毛沢東同志は……病状の悪化により、治療のかいなく、一九七六年九月九日午前零時十分、北京で逝去《ご》した……」

直後、天安門前の国旗掲揚台に掲げられていた五星紅旗《せいこうき》が半旗となった。風になびく赤い旗の向こうには、天安門正面にかけられた毛沢東の肖像画のいつもと変わらぬ顔があった。

約三十分で放送が終わり、「国際歌（インターナショナル）」が流れると、人々の間からせきを切ったようにおえつが漏れた。

「毛主席ばんざい」

「毛主席は永遠に不滅」

叫び声に入り交じって、すすり泣きの声はしだいに大きくなっていった。

毛沢東死す。享年八十二歳。

北京放送の流した訃告は瞬く間に世界中を駆け巡った。各国マスコミは「中国の赤い星墜《お》つ」をトップニュースで報じ、毛沢東の来歴や各界識者のインタビュー、ポスト毛沢東の情勢予測に放送時間と紙面のほとんどを割いた。

共産中国の象徴であったカリスマの死は、全世界に衝撃、もしくは何らかの感慨を与えずにはおかなかった。中国国内ではなおのことショックは大きかった。多くが毛沢東の死を悼《いた》み、ぽっかり空いた穴の大きさにがく然とした。

「私は生涯に二つのことをした。一つは(国民党の)蔣介石《しようかいせき》と日本人を追い払って国を建てたこと。もう一つは文化大革命を発動したことだ」

毛沢東は生前、中央指導者らにこう語っている。そして、「後者はまだ評価が定まっていない。反対する者は多い」と付け加えた。毛にとって死そのものよりも、気がかりは以後の国事だった。

この年八月、毛沢東は北京・中南海《ちゆうなんかい》にある別荘風の二〇二号楼の一室で寝たきりになった。発する言葉はすでに不明瞭《ふめいりよう》だったが、臨終まぎわまで意識はかなりはっきりしていた、と当

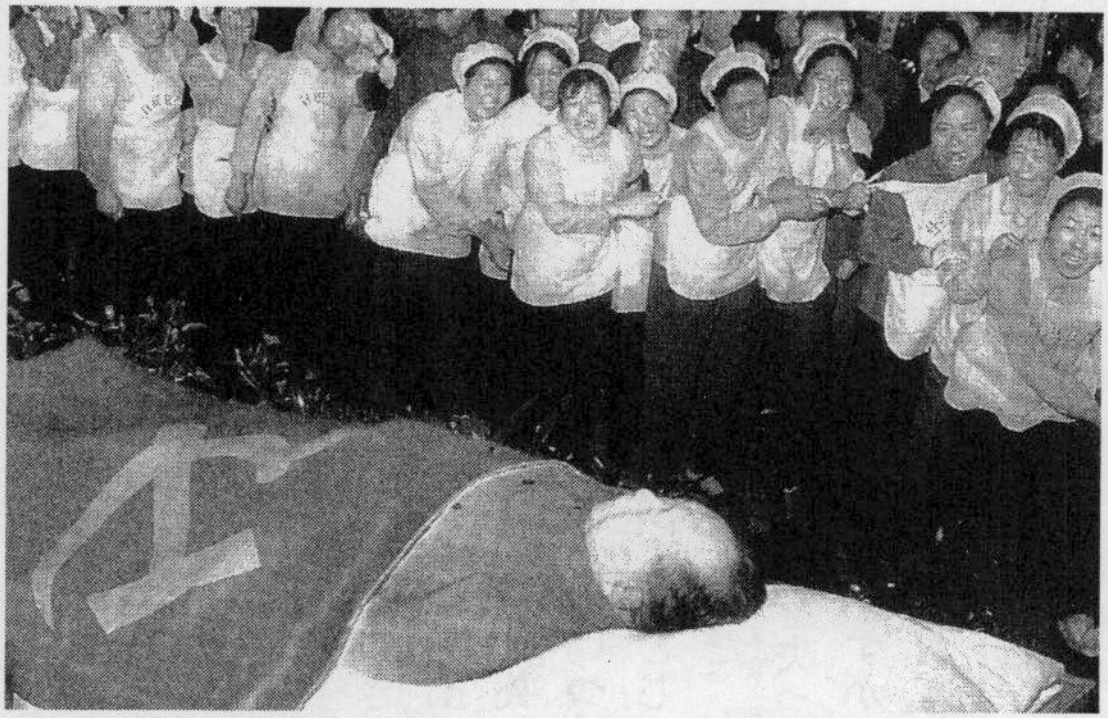

北京の紡績工場の代表たちも泣きじゃくりながら毛沢東の遺体に別れを告げた

時の秘書、主治医、看護婦長はその共著『歴史の真実』（利文出版社、九五年）で証言する。八月末に見舞いにきた娘の生年月日を正確に言ってみたり、体に点滴や心電図モニターを取り付けた状態で読書を続けたりするなど、こうしたエピソードはいくつかの書物にも見受けられる。

九月二日、毛沢東は三度目の心筋梗塞《こうそく》の発作を起こした。危篤状態からは持ち直したが、広い病室には不吉な雰囲気が立ち込めた。医師団は懸命に介抱にあたり、党政治局員はベッドの前に列を作って毛主席と対面し、永遠の別れを覚悟した。

死の直前、白髪の老軍人で党副主席兼国防相、葉剣英《ようけんえい》がつえをついて病床を訪れた。

《臨終の毛沢東との、この面会の様子は『一九七六年の葉剣英』（范碩《はんせき》著）などに詳しい。歴史作家の著者は文中で、この話は葉剣英自身に聞き、さらに、当時その場にいた政治局員ら二人も同様の証言をしている、と念を押すように

書いている》

毛沢東は衰弱してやせ細り、かつての威風堂々とした体躯《たいく》は見る影もなく、ばら色をしていたほおはいまや土気色に変わっていた。葉剣英はその姿に涙をこぼし、それ以上見るに忍びず退出しようとした。

そのとき毛沢東がかすかに目を開いた。葉剣英がベッドのわきに立っているのを認めると、両目をかっと見開き、言うことをきかない腕を動かして手招きしようとした。

葉剣英はそれに気づかず病室を出ていったが、毛沢東の様子を注意深く見ていた女性秘書の張玉鳳《ちょうぎょくほう》がすぐに追いかけて葉剣英をまくら元に呼び戻した。

「主席、参りました。何かお言いつけでも？」

葉剣英は最後の遺訓を聞こうとじっと耳を澄ました。毛沢東の呼吸が早くなった。唇がかすかに動き、何かを言おうとした。だが声にはならないのだった。

葉剣英はしだいにぬくもりを失っていくかのような毛沢東の右手を握りしめた。「主席、しっかり……きっと良くなりますから！……」

毛沢東は力を振り絞って左手も差し出そうとした。しかし、顔にはすでにチアノーゼが表れていた。

興奮させてはいけないと、葉剣英はそのまま病室を後にした。

「主席は何か言われましたか？」。休憩室に戻った葉剣英をみなが取り囲み、口々に尋ねた。

葉剣英は答えず、物思いに沈んだ。

毛沢東の脳はまだ思考を続けている。なぜわざわざ私を呼んだのだろう？　何を言おうとしたのだ？　どんな頼みごとがあったというのか？

沈痛な思いだった。何か肩に重大な責任を背負わされたような気がした。

ほどなく毛沢東は完全に意識を失った。九月八日午後十一時十五分、こん睡状態に陥る。

「最後の手招き」の真意もまた、毛沢東とともに永遠に天に昇ろうとしていた。

江青動く「主席亡きあと、私は朕になる」

毛沢東の病状が悪化していく間も、毛の妻で中国共産党政治局員の江青《こうせい》は精力的に活動した。いや、むしろ「悪化するにつれ」と言ったほうが正確かもしれない。

毛が死去する二週間前の一九七六年八月二十六日、江青は北京《ぺきん》の新華印刷工場、清華大学、北京大学を視察して回った。

このとき「北京日報」（北京市党委員会機関紙）の記者を随行させ、「江青同志が毛主席と党中央を代表して首都人民を訪問」という記事を掲載させようとした。この記事は結局、華《か》国鋒《こくほう》らの党中央によって押さえられ、幻となった。

二十八日には、社会主義的農村のモデルとたたえられた天津《てんしん》市の小靳荘《しょうきんそう》を訪れ、「女性の優位」を論じている。

「生産力を産み出すのは女。氏族社会では女が一家の主だった。生産力の発展に従えば、将来、国家を管理するのは女性の同志なのだ。男は退いて、女が管理を始めるべきだ」。そしてはっきり、「女性も皇帝になれる」とも。

翌々日、江青は済南部隊の中隊駐屯地にやってきた。葉永烈《ようえいれつ》著『江青伝』（時代文芸出版社、九三年）によると、このとき、江青は「主席がいなくなったら私は朕《ちん》（天子の自称）になる」と「驚くべきことを言った」という。

毛沢東が発作を起こし、危険な状態に陥ったのは九月二日。江青はその翌日、山西省《さんせい》昔陽《せきよう》県の寒村・大寨《たいさい》に出かけた。「農業は大寨に学べ」と宣伝された農業生産大隊のモデル基地である。

歴史作家の范碩《はんせき》によれば、そこで江青は「おおぜいの腹心、役者と作家、それに外国映画のフィルムとともに七両編成の豪華な専用列車に乗り、さらに二両の貨車に馬四頭を乗せて赴き、乗馬をし、鹿やウサギとたわむれ、月を愛でた」（『一九七六年の葉剣英』）。

そして、ここでもまた「母系社会では女性が権力を握っていた。共産主義社会になったら、やはり女帝（女皇）が現れて権力を握る」と発言した（『江青伝』）。

滞在三日目の五日夜九時半、中央から電話が来た。江青にただちに帰京せよという。

毛沢東の病状が悪化したと悟った護衛らはただちに眠っていた江青を起こしたが、江青は何事もなかったように、ベッドに横たわったまま「あわてることはない」と言った。そのあと二時間、随行者と談笑しながらポーカーをしていた――。

これは、当時の護衛だった周金銘《しゅうきんめい》が、逮捕された江青ら四人組を告発した文書に記されているものだ。

《『江青伝』の著者、葉永烈は歴史作家である。四人組裁判の資料などをもとに江青を描いているが、逮捕後に出された告発文や証言は、毛沢東が発動したプロレタリア文化大革命を急進的に推し進めて失脚した四人組を糾弾《きゅうだん》しようとするあまり、ことさらに非をあげつらう調子も目立つ》

李志綏《りしすい》ら毛沢東医師団の告発文によると、江青はよく「医者は資産階級（ブルジョアジー）で、看護婦は修正主義者だ」とののしった。毛沢東臨終まぎわの江青の行動は次のように描写されている。

――九月七日、毛主席はすでに危篤に陥っていた。江青は医師団一人ひとりと握手をし、「あなたたちは喜ぶべきだ」と言った。医者が止めるのも聞かず毛主席の背中をさすり、手足を動かし、汗取り粉をはたいた。その晩、江青は文書を探しに病室にやってきたが、見つからずに怒っていた。医師らは主席をもっと休ませるべきだと主張したが、江青は膨大な資料を病室に届け、無理やり読ませようとした。熱は体に毒なのに電気スタンドを一台増やしたりもした。

《江青はどんな文書を探していたのか。毛沢東が死の床で発した言葉の筆記録ででもあったのか。共産党独裁下で神格化された毛沢東のメモ書きや発言は、江青も含めた指導部一人ひとりの政治的命運を左右する。「毛文書」は権力闘争の最大の武器であった。

また、江青が医師団に語ったという「喜ぶべきだ」の真意について、厳家祺《げんかき》、高皋《こうこう》の共著『文化大革命十年史』は、江青自身が毛沢東の後継者になるという意志の表れだったとみる。

しかし、この露骨な物言いについて横浜市立大学教授、矢吹晋《やぶきすすむ》は「告発文書は（四人組を逮捕した）華国鋒ら当時の指導部側に立ったものであり、（発言が）真実かどうか分からない」と指摘する》

——八日になると、江青は毛主席の体の向きを変えるといって聞かなかった。医師団は動かすと危険だと反対したが、無理に寝返りを打たせた。その結果、主席の顔は青紫色になり、血圧が上昇した。江青はまずい状況になったとみて、病室から出ていってしまった。

葉永烈の『王洪文伝《おうこうぶんでん》』によると、江青は八日朝七時、北京新華印刷工場を訪れ、労働者に文冠果（ブンカンジュの実）を勧めた。

この温帯産の果物は皮が厚く、味もよくない。だが江青はこんないわれを披露した。「文冠果は別命を『文官果』（文官の戦果）ともいう。『文官の奪権』を象徴している」

「文官」とは、江青ら四人組を指していた。

後継へ暗闘　江青「右傾勢力に反撃せよ」

あれほど強靱《きょうじん》だった中国共産党主席、毛沢東の生命力が尽きようとしていた。

死去前日の一九七六年九月八日、病床に横たわっていた毛沢東は護衛官の周福明《しゅうふくめい》に何か言いかけた。が、言葉が聞き取れない。ペンと紙を持たせると苦しげに「三」と書いたが、それがやっとで、ペンは毛沢東の手から滑り落ちた。周福明が戸惑っていると、毛沢東の手が再び動いて頭の上に伸び、ベッドの木枠をたたいて見せた。「三」に「木」……。「三木」ではないか、とその様子を見ていた側近は思った。

このころの毛沢東は体力こそ弱っていたが、国内外の情勢に関心を失ってはおらず、資料によく目を通している。当時、日本では元首相の田中角栄《たなかかくえい》らが逮捕されたロッキード事件の解明に意欲を示す首相の三木武夫《みきたけお》に、自民党内から「三木おろし」の大合唱が起きて政局は大混乱となっていた。

側近は新華社の内部発行紙「参考消息」を急いで取り寄せ、日本の情報を読んで聞かせた。その夜遅く意識を失った毛沢東は翌未明に死去する。

《田中角栄はこの三年前に日中国交回復を果たしているが、かつて三木自身も日中復交に意欲を持っていた。毛が伝えたかったのは、本当に三木のことだったのか。なぞに満ちたこのエピソードは、中国共産党中央文献研究室などが編集した映像資料の中で周福明が明かしている》

毛沢東の死去から数時間後の九月九日早暁、党はあわただしく政治局会議を開いた。葬儀の段取りを決めるためである。

ところが、未亡人になったばかりの江青《こうせい》が機先を制した。「鄧小平《とうしょうへい》批判を続けよ。これは毛主席の遺志である」

議題の主眼を、失脚中の鄧小平に代表される「右傾」勢力への反撃に向けろ、という。

「鄧小平批判は（毛沢東が発動した）プロレタリア文化大革命の成否を決する党と国家の大問題だ。なおざりにするのは主席に不忠である」

《文革急進派の四人組（江青、王洪文《おうこうぶん》、張春橋《ちょうしゅんきょう》、姚文元《ようぶんげん》）も全員顔をそろえたこの政治局会議で何が起き、何が語られたかは九〇年代に入ってようやく一部で知られるようになった。党史研究者、曹英《そうえい》らによって書かれた『特別別荘』は会議の模様を詳しく描いている》

江青の発言に張春橋と王洪文がすぐ同調した。決断を迫られた党第一副主席兼国務院総理（首相）の華国鋒《かこくほう》は短い沈黙のあと、口を開いた。「鄧小平批判はむろん続けていかねばならない。が、今もっとも重要なのは葬儀をどうするかで……」

すかさず、江青がやり返した。「葬儀の話はもちろんする。しかし、鄧小平批判は絶対にやめてはならない。私はここに鄧小平の党籍はく奪を提議する。政治局はただちに決定するように」

鄧小平はこの年四月、周恩来《しゅうおんらい》追悼の大衆行動が暴動に発展した天安門《てんあんもん》事件（第一次）で、騒乱の黒幕として党副主席兼国務院副総理（副首相）を含むいっさいの職務を奪われていた。毛沢東は生前、「鄧小平の党籍は保留し、以後の態度を見よ」と指示しており、そのことは江青も十分承知しているはずであった。

華国鋒は悩んだ。他の政治局員もすぐには反論しかねた。未亡人になったばかりの江青にはやはり配慮せねばならなかったからだ。

そのとき副主席三人のうち最長老の葉剣英《ようけんえい》が口を開いた。「江青同志、すこし冷静になってくれまいか。毛主席が逝《い》き、みな心を痛めているのだ。毛主席の葬儀は国葬だ。われわれが今なすべきことは多いが、その第一は葬儀なのだ」

江青が会議をかき回すのは初めてのことではない。毛沢東が健在のうちは、鄧小平ら一部を除いてあえて会議の席で公然と非難する者はなかった。だが、すでに「守護神」は世を去っている。江青は形勢を読み誤っていた。

葉剣英は一同の顔を見渡し、語気を強めた。

「毛主席がいなくなり、われわれはもっとも厳しい局面にある。いま一番重要なのは、華国鋒同志を中心とする党中央の周りに団結することだ」

出席者は次々と葉剣英の意見に賛成した。それをみて張春橋と王洪文も同意せざるを得なかった。ようやく議論が葬儀問題に移ったとき突然、江青が叫んだ。「華国鋒同志を中心とする党中央の周りに団結しよう！」

みなはあっけにとられた、と『特別別荘』は書く。

唯物論者の毛沢東は看護婦長の呉旭君《ごきよくくん》に「私が死んだら火葬にし、骨灰を長江にまいて魚のえさにしたまえ」と語っていた、と九五年に香港と台北で出版された呉らの共著『歴史の真実』にある。

だが、「毛主席の遺体を永久保存し、天安門広場に記念堂を設けることは、とっくに党中央が決定していた」と、四人組の逮捕部隊を指揮した政治局員兼中央弁公庁主任（長官）、汪東興《おうとうこう》は言う（『一九七六年の葉剣英』）。

毛沢東の遺体には保存処理が施された。だが、まもなく遺体が「変質」し始めたと聞いた江青は、「断固とした処置をとらねば、自分も全国人民も決して許さない」と華国鋒を追及したのだった。六〇年代に激化した中ソ論争以来、関係が冷えきっていたソ連から遺体保存の技術を得るのは難しかった。江青らはそれを知っていながら揺さぶりをかけた。

助け舟を出したのは、またも葉剣英だった。ソ連式の遺体保存法を知るベトナムから学べばいい、という葉剣英の提案で、華国鋒は専門家を組織して研究にあたらせる一方、国務院は柩《ひつぎ》に使う最高質の水晶を全土から探すよう地質局に通知した。

《「記念堂建立は毛主席の遺志に背くものだった」と八〇年に鄧小平は語っている。毛沢東は五六年、指導者らの遺体は火葬し、墓を作らないよう提案、毛沢東以下ほとんどの幹部が署名していたという。「華国鋒もこのことは知っていたが、文化大革命は毛沢東への個人崇拝を絶頂まで押し上げてしまった」（歴史作家、葉永烈《ようえいれつ》）のだった》

防腐処置が施され、五星紅旗《ごせいこうき》に覆われた毛沢東の遺体は、いまも北京《ペきん》の天安門広場に面した毛主席記念堂に安置されている。

華国鋒焦燥「共闘を……」葉剣英は迫った

毛沢東未亡人の江青《こうせい》（中国共産党政治局員）たち「四人組」が、重要な案件については自分たちに直接報告せよ、と地方政府に迫っている――党第一副主席兼国務院総理（首相）の華国鋒《かこくほう》がそのことを知ったのは一九七六年九月十二日、毛沢東の死から三日後のことだった。

「私の権力は毛主席がくれたものだ。だれにも奪えない」

毛沢東の後継者としての立場を無視する四人組（ほかに党副主席の王洪文《おうこうぶん》、政治局常務委員の張春橋《ちょうしゅんきょう》、政治局員の姚文元《ようぶんげん》）の越権行為に激怒した華国鋒は、党中央弁公庁主任（長官）の汪東興《おうとうこう》を呼びつけ、いらだちをあらわにした。

「中央弁公庁の名において、重要事項はすべてわれわれの指示を仰ぐよう全国に通知せよ」。穏健な印象を与える華国鋒だが、焦《あせ》りと怒りのはざまで、この時ばかりは茶卓をたたいて厳しい口調で命じた。

《当時の華国鋒を、ノンフィクション作家、師東兵《しとうへい》の『中国の命運を決定した二十八日間』（河南人民出版社、九三年）はこう描写している。これまで明らかになった他の文献にこれを裏づける資料は見当たらないが、着々と権力掌握に動く四人組に手をこまねく華

国鋒の焦燥感《しょうそう》をよくうかがわせるエピソードではある》

一枚の写真がある。

毛沢東の遺体の横に四人組と華国鋒、汪東興が並んで立つ。ほかに毛沢東弁公室主任（連絡員）で毛沢東のおいの毛遠新《もうえんしん》、政治局員兼人民解放軍北京《べきん》軍区司令員の陳錫聯《ちんしゃくれん》がいる。神妙な面もちで毛沢東に別れを告げる八人は、しっかりと手をつなぎ、結束を印象づけようとしているかのようだ。

毛沢東の死後二十年以上も公表されることのなかったこの幻の写真は、党機関紙「人民日報」の元社長、胡績偉《こせきい》が執筆し、香港で出版された『華国鋒失脚から胡耀邦《こようほう》失脚まで』（一九九七年）で暴露された。

胡績偉によると、写真は党中央外事撮影共同小組（写真班）の組長、杜修賢《としゅうけん》が汪東興に命じられ、北京・中南海《ちゅうなんかい》で撮った。撮影日は七六年九月十二日。これは地方に対する四人組の「越権行為」に華国鋒が激怒したその日である。

この撮影後まもなく、手をつないで写真に納まった八人の運命は明暗を分ける。江青ら四人組が逮捕される一方、華国鋒は党主席の地位を固め、汪東興も党副主席に就任した。そうした政治状況の中で写真の扱いに困った杜修賢はフィルムを友人のところに隠すことにした。

二年以上が過ぎ、毛沢東が始めた文化大革命で失脚し、党副主席の座から転げ落ちた故劉少奇《りゅうしょうき》たちの名誉回復を妨害した、などとして今度は汪東興に逆風が吹き始めた。そこで

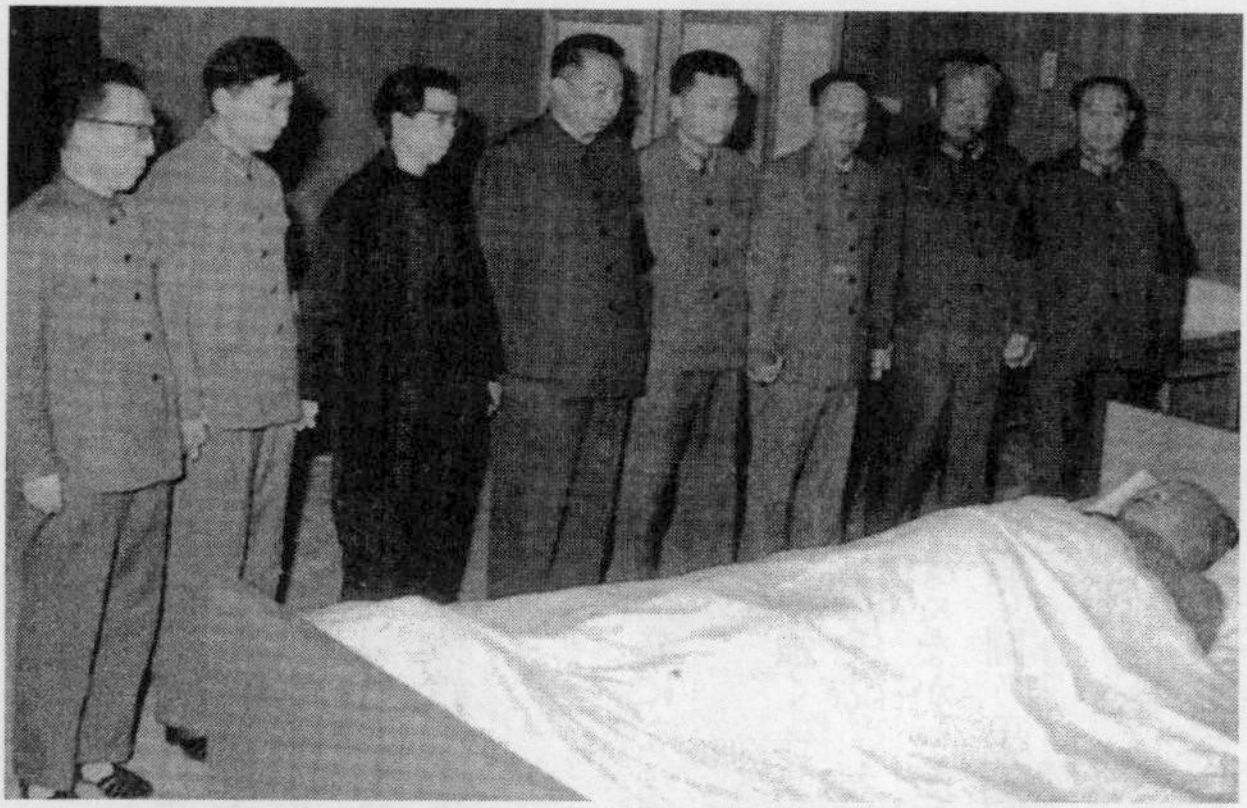

毛沢東の遺体を前に江青ら四人組と、のちに彼らを逮捕する華国鋒らが手をつなぐ“幻の写真”。左から張春橋、王洪文、江青、華国鋒、毛遠新、姚文元、陳錫聯、汪東興

七八年末、杜修賢は「汪東興告発」の材料として、四人組と汪東興が手をつないで写っている写真を人民日報に持ち込む。

写真を見た編集幹部の驚きは大きかった。編集長だった胡績偉は「毛沢東死去当時、文革派の中枢にあったのは『四人組』ではなく、華国鋒、汪東興らも加わったこの『八人組』だったのではないか」と思った。これが公になれば党主席の華国鋒も無傷ではいられない。「写真を公表する勇気はなかった」と胡績偉はいう。

しかしその後、「文革に対する批判が甘い」と華国鋒を指弾する声が党内で高まっていた八〇年二月、人民日報は文革中の失脚から復活して党政治局常務委員に昇進していた陳雲《ちんうん》に、事の経緯を説明した手紙を添えて問題の写真を送った。それでも写真が公表されることはなかったが、華国鋒はその年十一月に失脚する。

《毛沢東死去後の党内事情を知りうる立場にある中国当局幹部は次のようにいう。

四人組は当時、「毛沢東の後継者」という華国鋒の看板を利用しようとしていた。汪東興もまた党中央の事務局機関として機密事項が集中する中央弁公庁主任という立場上、多くを知り過ぎたため政治的に危険な立場にあった。

写真が撮られたころ、華国鋒と汪東興は四人組ら文革派と穏健派のはざまで権力闘争の風向きをかぎわけようとして微妙な立場にあった。しかし、だからといって「八人組」とまではいえない》

「連中（四人組）はますます活発になっている。主席亡き今、立ち上がってわれわれと戦おう」

葉剣英は動きの鈍い華国鋒に強く「共闘」を迫った。四人組との連携を強める陳錫聯は、葉剣英に代わって国防相への就任説さえささやかれ、葉剣英自身の足元にも火がついていた。

華国鋒はなかなか言質を与えなかったが、それでも「あなたなら私の事情が分かるでしょう。長老の前で私は目下の者。闘う勇気がないというより、長老同志の支持を得られないのが心配なんだ」と漏らした。

それを聞いて軍長老の葉剣英は勢いづいた。「安心なさい。私も多くの長老も、あなたが立ち上がりさえすれば全力で支持する」

范碩《はんせき》著『一九七六年の葉剣英』によると、華国鋒はこの会談で結局、「事情は複雑だ。もう少し考えさせてほしい」と答えを先送りした。だが、その口ぶりから、葉剣英は華国鋒の取り込みに成功したことを確信したのだった。

謀略戦「毛後継」脅かされる華国鋒

《毛沢東の死去後すぐ、毛未亡人の江青《こうせい》たち四人組が中国共産党の中央組織を無視して、地方組織に直接指示を出す動きに出たことは、すでに触れた。毛沢東の文化大革命路線の継続を目指す四人組が、党の実権掌握を図って行ったものだが、その工作は具体的には次のように実行された》

中国西北部の中心都市、西安《せいあん》。毛死去から三日後の一九七六年九月十二日、陝西《せんせい》省党委員会書記の李瑞山《りずいさん》は北京《ぺきん》から長距離電話を受け、メモを取った。

党中央弁公庁‥
米士奇からの電話‥
中央指導者同志からの指示‥
主席の喪中、重大な問題が起これば直ちに報告せよ。
重要な問題があって解決できないときは直ちに指示を仰ぐように。
米士奇同志に連絡せよ

陝西省党委だけではなかった。同じころ、全国各省・市・自治区の党委員会責任者が、党中央の情報統括機関である中央弁公庁の米士奇《べいしき》なる人物から同様の電話を受けていた。「米士奇」とは何者だ？　元党中央宣伝部副部長でこのとき湖南《こなん》省党委の書記をしていた張《ちょう》平化《へいか》は不審に思った。

湖南省は毛沢東の出身地であり、党第一副主席兼総理（首相）の華国鋒《かこくほう》が省党委第一書記を務めたこともある。張平化も北京とのパイプは太く、中央機関の内情も多少は知っていた。すぐに華国鋒に電話して事情を尋ねた。

「なんだと？　私は聞いていないぞ」

華国鋒は驚いた。党第一副主席である自分さえ知らない指示だったからだ。ただ一つのことは分かった。

「米士奇は王洪文《おうこうぶん》のところの工作員だ」

歴史作家の葉永烈《ようえいれつ》は九〇年、その米士奇に会っている。米士奇は高校を卒業後、中央弁公庁の配属となり、七四年から党副主席、王洪文の弁公室（事務室）に派遣されていた。米士奇が王洪文の秘書、廖祖康《りょうそこう》から、中央弁公庁秘書処で当直勤務に就くよう言われたのは九月十日だった。王洪文の指示だという。

「秘書処にはだれも来ない。君が一人で当直をするように」。そして、各省・市・自治区党委に電話をかけ、相手に何を話すべきかを言い含めた。

「電話はわれわれの事務所名義でかけるのでしょう」と米士奇が言うと、廖祖康は「いやいや、中央弁公庁の名でかけるのだ」と答えた。

米士奇は指示通り、翌晩から十二日朝にかけて地方に合計二十七本もの電話をかけた。陝西省の李瑞山がメモを書き取り、また、湖南省の張平化が不審感を抱いたのは、このときの電話である。

《これら一連のことは王洪文たち「四人組」逮捕後にその罪状を書き連ねた告発文で米士奇自身が明らかにしている》

湖南省の張平化から米士奇を名乗る奇妙な電話について通報を受けた華国鋒は、念のため副主席の一人、葉剣英《ようけんえい》にこの指示のことを尋ねてみたが、葉ももちろん知らなかった。

事態の重さを悟った華国鋒は党中央の名で通知を出させ、「重大な問題が生じたら（米士奇などではなく）われわれに指示を仰がねばならない」と地方の党委員会に徹底せざるを得なくなったのだった。

四人組の攻勢は、「米士奇の偽電話」だけにとどまってはいなかった。

偽電話から間もない九月十六日、葉剣英は党機関紙「人民日報」で、「毛主席は永遠にわれわれの心の中に生き続ける」と題する社説に目が留まった。

「毛主席は世を去ったが、毛沢東思想は永遠に光を放ち、毛主席の革命路線は深く人々の心に根を下ろし、毛主席の切り開いたプロレタリア革命事業は引き継がれてゆく。毛主席はわれわれに言われた。『既定方針通りにやれ』と。……すなわち毛主席のプロレタリア革命路線と各政策通りにやれということである。……」

「按既定方針辦（既定方針通りにやれ）」という言葉が繰り返し現れるだけでなく、その部分にはゴシック体の活字が使われていた。

文化大革命中、新聞紙上に登場する毛沢東の言葉はすべてゴシック体にするという慣例が確立していたから、「既定方針……」も毛沢東の言葉ということになる。

葉剣英は「既定方針通りにやれ」の下に赤エンピツでアンダーラインを引いた。そして横に大きく「？」と疑問符を付けた。四人組は毛沢東の言葉を勝手にねじ曲げ、自分たちに都合のいいように使っているのではないか——。

深夜になって、葉剣英は秘書を通じて赤線を入れた社説を華国鋒のもとに届けさせた。注意を促すためだった。

しかし、それを受け取った華国鋒は、四カ月半前に毛沢東から直接受けた指示にも同じ意味の言葉があったと思い、そのときはとくに意に介することはなかった。

一片のメモ「遺言」は、すり替えられた

毛沢東は死去する約四カ月前の一九七六年四月三十日、北京《ぺきん》でニュージーランド首相のマルドゥーンと会った。会見には中国共産党の第一副主席と国務院総理（首相）に正式就任し、毛沢東の後継者の地位を確立したばかりの華国鋒《かこくほう》も同席していた。

会見後、休憩をとった毛沢東に華国鋒は国内情勢を報告した。そのとき一部の省の現状に憂慮していることを伝えると、毛沢東は自ら紙に三つの文をしたため、華国鋒に手渡した。

「慢慢来、不要着急（ゆっくりやることだ。あわてることはない）」

「照過去方針辦（過去の方針に照らしてやれ）」

「你辦事、我放心（君がやれば私は安心だ）」

その後の政治局会議で、華国鋒はメモのうち前の二項を発表した。それからまもなく、毛沢東が死去して一週間後の九月十六日、党機関紙「人民日報」の社説に「按既定方針辦（既定方針通りにやれ）」という言葉が登場した。

華国鋒は党副主席兼国防相の葉剣英《ようけんえい》から、「毛主席の言葉とは違うのではないか」と注意喚起を受けたが、このときの華国鋒は、毛沢東のメモにあった「照過去方針辦（過去の方針

一九七六年四月三十日、ニュージーランドのマルドゥーン首相と会談する毛沢東。毛沢東はこの会談後、華国鋒（左端）に一枚のメモを手渡した

に照らしてやれ）」と同じだと考え、とりたてて注意を払わなかった。

その日、「既定方針通りにやれ」と書いたのは人民日報だけではなかった。党中央軍事委員会機関紙「解放軍報」と党中央委員会機関誌「紅旗《こうき》」もまったく同じ社説を掲げていた。

文化大革命の継続は「既定方針」であり、その毛沢東の遺志を継ぐのは自分たちだと主張する毛未亡人、江青《こうせい》たち四人組による「文攻（文筆による攻撃）」の幕開けであった。

国営通信社の新華社に電話があった。「国慶節《こっけいせつ》（中華人民共和国建国記念日。十月一日）の報道には、主席の言われた『既定方針通りにやれ』を強調するように」

江青や党政治局常務委員の張春橋《ちょうしゅんきょう》、党副主席の王洪文《おうこうぶん》とともに四人組をつくる政治局員、姚文元《ようぶんげん》からの指示であった。人民日報などがいっせいにこの言葉を取り上げた翌日のことだ。

新華社が党、政府、軍の幹部にながす「内部参考」は、清華大学政治理論組の教師の発言を引き、あたかも「既定方針……」が毛沢東の遺言であるかのように報道した。

「敬愛する毛主席は臨終の際、われわれに『既定方針通りにやれ』と教え導いてくださった」

「人民日報」や「紅旗」だけでなく、「光明日報」「解放日報」「文匯報《ぶんわいほう》」「学習と批判」もこの日以降、次々と紙面を大幅に割き、大見出しを掲げて「既定方針……」の大キャンペーンを始めた。

葉剣英は再び華国鋒に注意を促した。

四人組の喧伝《けんでん》している「遺言」は、四月にあなたが毛主席からメモで言われたあの指示とは違う。彼らは「既定方針……」こそ、臨終前に毛主席が張春橋と江青に語った遺言だと主張している——。

華国鋒もそのころになってようやく気づいた。「既定方針……」の大キャンペーンは自分を毛沢東の後継者として広く宣伝するものではまったくなく、四人組が自分たちこそ毛沢東から「遺嘱」を受けた後継者だと僭称《せんしょう》するものなのだ。

北京市党史学会理事の張湛彬《ちょうたんびん》は、『大転換の日々夜々』で華国鋒の当時の心情を、そう書いた。

九月十八日、天安門《てんあんもん》広場で毛沢東追悼大会が催された。追悼の辞を述べた華国鋒は、「過去の方針」にも「既定方針」にもまったく触れなかった。

しかし、四人組の姚文元は翌日、新華社に電話して再び指示を与えた。

「各省市で催す追悼会の重要講話を取り扱う場合は、重複を恐れることはない。例えば『既定方針通りにやれ』だ。この言葉が講話に入っていたらすべて報じ、ないなら似た言葉がなければならない」

姚文元は二十日、二十三日、三十日にも新華社に電話をかけ、「既定方針……」を強調して報道するよう念を押した。新華社側でこのときの指示を書き取ったメモが、四人組逮捕後の告発資料の中にある。

《李健《りけん》編著『紅壁紀事』（中国言実出版社、九六年）が「ある統計」として引用したところによると、その年の九月末までに「既定方針通りにやれ」を宣伝した記事は「人民日報」など六紙誌だけで二百三十六本あり、これは毛沢東追悼に関する記事の約六割を占めていた》

毛沢東が六六年に発動した文化大革命の前期には、重要な政治的動きがあると、しばしば全国から「敬意表明の手紙」の形で毛沢東への忠誠心が盛んに表明された。「既定方針……」の洪水と並行して、党中央には四人組の意向に沿うさまざまな手紙が舞い込んだ。四人組逮捕後の告発文は、それが四人組への「忠誠表明の手紙」運動だったという。

清華大学党委員会書記の遅群《ちぐん》たちは、教職員と学生の名義を勝手に使って江青あての手紙を書く一方、学生にも江青にあてて手紙を書くよう呼びかけた。姚文元も新華社の職員に「江青同志に手紙を書き、君たちが断固主席の指示通りにやり通すとの決意を表明するように」と指示を出した。

こうして送られてきた手紙のなかには、「江青同志は党主席に、張春橋同志は党副主席に、王洪文同志は軍事委第一副主席に」と四人組指導体制を〝建議〟したものもあった（李艶《りえん》ら編書『再生中国』中共党史出版社、九八年）。

毛文書を握れ　「未亡人の私に権利がある」

一九七六年九月十八日、北京《ぺきん》の空は朝からどんよりと曇り、太陽は顔を見せなかった。午後三時、中華人民共和国の建国以来、最大規模の葬儀となる「毛主席追悼大会」が開かれ、巨大な遺影が掲げられた天安門《てんあんもん》広場は、喪章を腕に、白い花を胸に着けた百万人の群衆で埋め尽くされた。

司会は党副主席の王洪文《おうこうぶん》が務め、党第一副主席の華国鋒《かこくほう》が弔辞を述べた。むせび泣きの声が広がるなか、文化大革命中に国歌のように歌われた、毛沢東をたたえる「東方紅」のメロディーが大会を締めくくった。

♪東方紅く太陽昇る、中国に出づ毛沢東……

毛沢東哀悼《あいとう》の公式行事は一段落した。が、それは同時に、空白になった権力をめぐる闘争が本格化する契機でもあった。

翌十九日、毛未亡人の江青《こうせい》は華国鋒に電話して、緊急に政治局常務委員会を招集するよう要請した。一介の政治局員が会議を招集する権限はない。だが、江青はいつも会議でするように主役然と振る舞った。

華国鋒が招集理由を尋ねても、江青は「あらかじめ言う必要はない」と答え、出席者まで指定した。

「葉（剣英）元帥は病気だから出席しなくていい。（王）洪文、（張）春橋はもちろん、私と（姚）文元も出席する」と、のちに華国鋒らに逮捕される四人組全員の名を挙げたうえ、「（毛）遠新も参加させなさい」といった。

党副主席の葉剣英《ようけんえい》を出席させないで、毛沢東のおいとはいえ、毛沢東弁公室（事務所）の主任にすぎず、政治局員ですらない毛遠新《もうえんしん》を加えろという。電話は音をたてて切れた。

その日の午後、華国鋒は人民大会堂で、王洪文、政治局常務委員の張春橋《ちょうしゅんきょう》、政治局員の江東興《おうとうこう》と毛沢東の遺体保存について話し合っていた。そこへまた江青から会議を開くよう催促の電話があった。

華国鋒が王洪文と張春橋に相談すると、すでに江青と打ち合わせてあったらしい二人は江青に同調した。そこで、華国鋒は「どんな問題があるのかここで話してもらおう」と江青をその場に招いた。

《これらの電話や、引き続いて行われた会議でのやりとりは、歴史作家の笵碩《はんせき》著『一九七六年の葉剣英』や党史研究者の曹英《そうえい》ら共著『特別別荘』に詳しい。笵碩らは個々に特定していないが、党資料や文献、詳細な証言などを典拠に挙げている》

人民大会堂にやってきた江青はひとしきり演説をした。言わんとするところは、毛沢東の文書や書籍を自分と毛遠新に引き渡せということだった。主席の未亡人である自分は当然、夫の文書や草稿を整理する権利があると主張した。

当時、毛沢東の文書類の扱いには厳格な規定があった。江青といえども勝手に見ることはできない。毛沢東の指示はすべてに優先するから、毛文書の獲得は権力の獲得につながる。

華国鋒は要求を拒否した。

「毛主席は党中央の主席であって家庭の問題ではない。毛主席の文書は中央弁公庁の主任である汪東興が処理すべきだ」

消された四人組
一九七六年九月十八日、国営通信の新華社は毛主席追悼大会で壇上で黙とうする中国指導部の写真を世界に配信した。しかし、十月六日に四人組が逮捕されると写真から江青ら四人組の姿を消し、以後、中国ではこの写真が使われた

そこで、江青は論点をずらした。「小張《しょうちょう》は信頼できるから、自分の秘書にしたい」という。小張とは張《ちょう》玉鳳《ぎょくほう》という毛沢東の晩年の女性秘書で、このとき汪東興の指示で毛沢東の文書類を保管していた。

江青側の王洪文、張春橋

は賛同したが、華国鋒と汪東興は同意しなかった。華国鋒は「過去の党中央の決定に従って、国家機密に属する主席の文書は中央弁公庁が責任をもって整理に当たり、中央に報告させるべきだ」と主張、会議を一時中断しようと提案した。

江青は言葉に詰まった。そこへ張春橋が口を挟んだ。「まず毛遠新を呼んで小張の文書登録を手伝わせるというのはどうだろう」。「私も参加する」と江青が言葉を継いだ。「毛遠新は毛沢東思想をよく理解しているし、適任だ」

議論は延々四、五時間続いた。妥協しなかった華国鋒は、毛沢東の一切の文書や資料、書籍を汪東興の責任で暫時《ざんじ》封印する、と最後に言い渡した。

《「これは華国鋒が江青ら四人組と真っ向から対立した最初だった」と「特別別荘」で著者の曹英らは言う。「華国鋒は自分の後継者としての地位が狙われていることを、もう分かっていた」》

江青と毛遠新は毛沢東死後、毎日のように中南海《ちゅうなんかい》の張玉鳳を訪ねて贈り物をしたり食事に招いたりしては、毛沢東の残した草稿や文書庫のかぎを渡すよう求めた。追悼大会が終わった後も江青と毛遠新がやってきたが、このときは「ちょっと見るだけ」という理由をつけ、強引に二つの文書を持ち去った。

一つは江青と外国人記者との会談記録の副本で、もう一つは毛沢東と武漢《ぶかん》軍区司令員の楊《よう》得志《とくし》らが、他軍区の司令員たちの評価について語り合った会談記録だった。

張玉鳳はこのことを汪東興に告げた。九月二十一日、毛沢東の文書類は封印され、汪東興の中央弁公庁が整理にあたることになった。

江青と毛遠新はさまざまな口実をもうけて、なかなか文書の返却に応じようとはしなかったが、最終的に戻ってきた文書には手が加えられており、江青が外国人記者との会談で自分を美化し、他人を攻撃している部分が削られていた。

三〇一医院の密使「目を光らせ、口を閉じよ」

毛沢東が逝った一九七六年九月、中国全土が漠《ばく》とした不安感に包まれる中で、首都・北京《ぺきん》の一角に中国共産党幹部の黒塗りの乗用車が人目を避けるように次々と出入りする〝ブラックホール〟があった。人民解放軍直属の「解放軍総医院」である。

そこの幹部専用病棟は、かつて毛沢東の文化大革命で粛清の嵐《あらし》が吹き荒れたとき、多くの要人が病気を理由に政争からの〝避難場所〟として使った。が、毛死後のこのころは、四人組（江青《こうせい》、王洪文《おうこうぶん》、張春橋《ちょうしゅんきょう》、姚文元《ようぶんげん》）粉砕に動く反文革派の重要拠点と化していた。

軍関係の医療施設に付けられる番号で通称三〇一医院と呼ばれるこの病院は、四人組が拠点としていた政府迎賓館の釣魚台《ちょうぎょだい》のほど近くにある。

《現在の三〇一医院は増改築が加えられ、正門前には地下鉄「五棵松《ごかしょう》」駅がある。幹部専用棟も、森に囲まれた重厚な装いの南楼から、道路を隔てた近代的な病棟に移設された。

各病棟間は非公開の地下道でつながり、幹部専用病棟に通じる地下道には解放軍が厳重な検問体制を敷く。その地下道には幹部専用の遺体安置室もある》

毛沢東の死から間もないある日の午後、北京軍区政治委員の傅崇碧《ふすうへき》は担当医に外出許可を申請し、車で三〇一医院を出た。向かった先は、軍長老の一人で党副主席兼国防相、葉剣英《ようけんえい》がこの時期、拠点にしていた北京西部の西山《せいざん》十五号楼である。

傅崇碧は文革発動直後の六八年、毛未亡人（党政治局員）の江青らが告発した武装蜂起《ほうき》事件の首謀者として、監禁状態で厳しい査問を受ける「隔離審査」の苦い過去を持つ。

葉剣英を訪れるにあたって、傅崇碧は三〇一医院に入院中の軍幹部との間でひそかに打ち合わせを済ませていた。

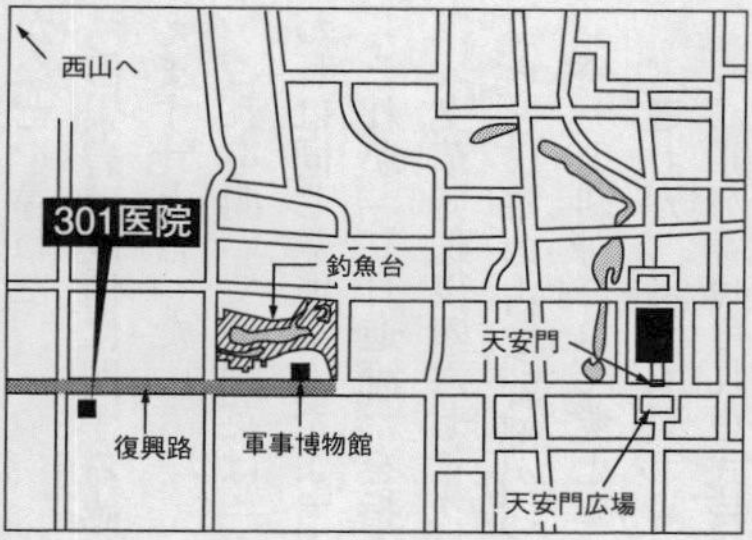

《歴史作家、范碩《はんせき》著『一九七六年の葉剣英』は、医療機関という表向き中立的な立場を利用し、「陰の通信員」の役割を果たした当時の三〇一医院院長、汪石堅《おうせきけん》の存在にも焦点をあてている。

このころ、汪石堅やその配下の病院幹部らは、たいして体が悪いわけではないのに「大事を取る」という口実で、多くの軍幹部を三〇一医院に出入りさせていたという。その汪石堅の背後には葉剣英がいた》

傅崇碧を出迎えた葉剣英は、ソファに座るよう勧め、体調や医院内の古い戦友たちが外部の状況についてどう議論しているかなどを尋ねた。

傳崇碧は政情に関する感想を率直にぶつけ、「われわれは命令があればいつでも準備を整えます」と言った。

これを聞いて葉剣英は「よろしい。崇碧、おまえも変わっていない。覚えているか。われわれは同じ党派なんだよ」と指を二本立ててみせた。

それが「二月逆流」を指すことは傳崇碧にもすぐに分かった（『一九七六年の葉剣英』）。

《文革発動後の六七年二月、党軍事委員会副主席（政治局員）だった葉剣英は他の軍長老らと、軍の古参幹部のつるし上げなど文革の急進的なあり方を痛烈に批判し、「黒い闘将」と糾弾《きゅうだん》されて党と軍の指導的任務をはく奪された。

これが、江青らいわゆる革命派（文革派）のいう「二月逆流」だが、その翌年、傳崇碧らに罪が着せられた武装蜂起事件は、江青らによって「二月逆流の復活を図ろうとしたもの」とされた》

文革で苦杯をなめさせられた互いの境遇と同志的関係を傳崇碧に強調してみせたあと、葉剣英は続けた。

「闘争するにはまだまだ機会をうかがい、念を入れる必要がある。だが、戦争を準備するという考えは片時も忘れるな。目を光らせ、耳を開き、口はしっかり閉じるのだ」

夕食の誘いを丁重に断った傳崇碧は、三〇一医院の夕食に間に合うよう帰路を急いだ。

「葉元帥と会いたかった。当時、四人組に対抗できるのは葉元帥しかいなかったのだ」と、劉志堅《りゅうしけん》はのちに述懐した。

解放軍総政治部第一副主任などの要職にあった劉志堅は、軍内の文革推進派でありながら、江青らに「文革を破壊した」などと非難され、つるし上げにされたうえに、すべての職務を解任された。

その劉志堅が面会を熱望した葉剣英と、その家族などを通じて連絡しあうことができたのも、毛沢東死後まもなくの三〇一医院であった。しかし、「葉元帥がかなり早い時期から（四人組逮捕を）決心していたと知ったのは、ずっと後になってからだった」と劉志堅は言う。

三〇一医院は反「四人組」軍幹部たちの秘密拠点だった

葉剣英は腹の奥底をだれであれ容易に悟らせることはなかった。どこに敵の落とし穴が仕掛けられているか分からない。敵も味方もあざむかねば、陰惨な権力闘争を生き抜くことはできはしない。

「四人組打倒」に向けた葉剣英の多数派工作は深く静かに潜行していた。ときには釣りを装い、あるいは茶の品評会を隠れみのにした密会もあった。息子をはじめ密使も多用した。

そうした工作のおもな対象となったのは、文革派から標的にされた軍や党中央の幹部であった。中でも最大の大物が、のちに四人組逮捕を三〇一医院で知ることになる鄧小平《とうしょうへい》であった。

軟禁から反攻へ　鄧小平が動き出した……

北京《ぺきん》市内の居宅にいた鄧小平《とうしょうへい》は、敷地内で朝食後の散歩に出た。そこへ予期せぬ客があった。国務院副総理（副首相）の王震《おうしん》だった。中国共産党の最高指導者、毛沢東の死から数日たったころだ。

王震は人民解放軍出身で、文化大革命の最中に、文革を急進的に支持する毛沢東夫人、江《こう》青《せい》らから攻撃され、下放《かほう》（党幹部のほかおもに知識人や学生の〝思想改造〟のための農村送り込み）されたことがある。

毛未亡人で党政治局員の江青たち四人組の追い落としに動く党副主席兼国防相の葉剣英《ようけんえい》は、その王震を密使にたて、鄧小平のもとに送ったのだった（范碩《はんせき》著『一九七六年の葉剣英』）。

鄧小平は、国務院総理（首相）で四人組とは距離を置いていた周恩来《しゅうおんらい》の死を悼む大衆行動が、動乱に発展したこの年（一九七六年）四月の天安門《てんあんもん》事件（第一次）の責任を負わされて失脚し、比較的ゆるやかだったとはいえ、出入りを制限される軟禁状態に置かれていた。

四人組（江青のほか政治局常務委員の張春橋《ちょうしゅんきょう》、党副主席の王洪文《おうこうぶん》、政治局員の姚文元《ようぶんげん》）による鄧小平批判が激しさを増す中での王震の訪問は、そのこと自体が危険なかけでもあった。

健康状態や生活の様子など、あたりさわりない話題を努めて選ぶ王震の気持ちを見透かしたかのように、やがて鄧小平が切り出した。

「葉元帥のところに最近行くことはあるか」

王震が葉剣英と連絡を密に取り合っていることを確認すると、鄧小平は矢継ぎ早に質問を浴びせた。

「葉元帥はいま、おもにどこに住んでいるのか」「日々の生活は？」「からだの具合は？」

鄧小平はうなずきながら、王震の語る葉剣英の近況を、ほとんど黙って聞いていただけだった。

しかし、鄧小平の状況判断はさすがに鋭く、その動きは素早かった。

「市中視察」を理由に鄧小平が居宅を出て葉剣英のもとに向かい、毛後継の座を目指す四人組の攻勢によってもたらされた事態を早急に収拾する方向で意見が一致したのは、その翌日のことであった。

葉剣英が王震を使って接触を図るより数日前、鄧小平は党の事務と情報を統括する中央弁公庁に電話を入れ、毛沢東追悼大会への参加を申し入れた。

しかし、のちに葉剣英に協力することを決断し、四人組逮捕で大いに働くことになる党中央弁公庁主任（長官）の汪東興《おうとうこう》はその時、「無理です。資格がありません」と、いかにもそ

四人組逮捕後、ともに復活した鄧小平（右）と陳雲。写真は一九七八年十二月二十二日の中国共産党第十一期三中総会でのもの。この総会で陳雲は党副主席となった。鄧小平はこの前年にすでに副主席となっている

っけない態度であった。ノンフィクション作家、師東兵《しとうへい》の『中国の命運を決した二十八日間』はそう書く。

汪東興から冷たくあしらわれた鄧小平は秘書を呼んで「車を一台用意しろ」と命じた。「どこに行かれるのですか？　中央弁公庁の指示を仰ぐ必要はありませんか」。秘書は心配したが「必要ない」と押し切った。

そのとき、鄧小平がどこに向かおうとしたのかは分からない。だが、外に出た鄧小平の車には一台の車がぴたりと追尾し、振り切ろうにも振り切れない。やむなく、鄧小平は「天安門広場を一周しろ。それで戻る」と吐き捨てるように運転手に指示した。

このとき鄧小平は七十二歳。かつて党中央委総書記として十年間も党組織の総元締であり続けたが、六六年に毛沢東が発動した文革の初期、紅衛兵《こうえいへい》の〝暴走〟にブレーキをかけようとした国家主席の劉少奇《りゅうしょうき》を支持するなどして、「資本主義の道を歩む（劉に次ぐ）党内第二の実権派」とされて失脚した。

その後、文革後退期の七三年に周恩来のもとで国務院副

総理（副首相）に復活したが、周なきあとの四人組の再攻勢でまたも失脚の憂《う》き目《め》に遭っていた。それだけに四人組が毛後継の座をうかがう当時の状況を「命運の十字路」と表現して強い危機感を抱いていたのだった。

王震を密使に送った葉剣英は、鄧小平のそうしたいらだつ心理を巧みにつかんでいた。

王震が鄧小平の次に向かったのは、かつて四人組の集中攻撃にさらされる屈辱を受けた全国人民代表大会（全人代＝国会）常務委副委員長、陳雲《ちんうん》の私邸だった。

「天下安定にどんな妙案があるか」と聞いた陳雲に、王震は「最も簡単なのは、ばか騒ぎする凶悪なあの数人（四人組）を……」と言いかけた。すると陳雲は言葉をさえぎり、「それは簡単は簡単だ。しかし、合法とは言えない」。

「政治局会議を開いて問題を解決しろとでも……」と王震がかまをかけると、陳雲は「そりゃだめだ。やぶ蛇になる」と否定し、「まず鄧小平と葉剣英の所へ行って個別に相談してみろ。彼らが立ち上がるなら私も彼らに会いに行く」と言った。

王震の報告で陳雲の支持を得たと考えた葉剣英は数日後、再び王震を陳雲邸にやり、「合法的解決の具体策」を練るようもちかけた。

その一方で、周恩来の未亡人、鄧穎超《とうえいちょう》を、当時拠点にしていた北京市郊外の西山《せいざん》にある居宅に迎えている。

「手が焼けるのはあの〝役者〟だ（江青は元女優だった）。彼女は主席との関係を利用して、主席に対する大衆の感情をも利用できる」と葉剣英が話を切り出した。

すると、「主席は生前、彼女を激しく批判したことがあったでしょう。その事実と真相を公開すれば、彼女の芝居にも幕が下りるでしょう」と鄧穎超は言い、こう付け加えた。

「葉元帥、あなたは合法であるよう努めるという。それは確かに最上の方策です。ただ、それにはまず、『あの人』が立ち上がらなければなりませんよ」

「あの人」とは、毛主席の後継者の地位にあり、党第一副主席兼国務院総理（首相）の華国《か こく》鋒《ほう》を指している。

葉剣英は言った。

「ご安心ください。『あの人』への工作は目下進行中で、その時には立ち上がりますよ」

盗聴監視　雑音で会話漏れを消せ

中国の最高権力者、毛沢東の死で、指導部内には後継を狙う権力闘争のにおいが漂い、緊迫の度を増しつつある。だれもが人との接触に神経を使った。ひそかに毛沢東の未亡人、江《こう》青《せい》たち四人組に対する包囲網構築を図る中国共産党副主席兼国防相の葉剣英《ようけんえい》には、なおさらだった。

機密保持に神経質になる葉剣英は、相手と少しでも微妙な話になると、執務室でもラジオをつけ、音量を上げるのが習慣となっていた。ラジオだけではなく、時にはテープレコーダーを回し、水道の蛇口を開け、あらゆる雑音を使って盗聴を防ごうとした。

執務室で瀋陽《しんよう》軍区司令員（司令官）、李徳生《りとくせい》と話していたとき、葉剣英は「全国の形勢は厳しく……」と言いかけると、ラジオのスイッチを入れた。そして、「現在の闘争は非常に複雑だ」と言葉を継ぎながらボリュームをさらに上げ、「やはり組織をしっかりつかむことが重要だ」と声を押し殺して言った。

スピーカーからは文化大革命を賛美する革命劇が大音量で流れていた。

毛沢東が死去して十日余りたった一九七六年九月二十一日、人民解放軍長老で「十元帥」の一人、聶栄臻《じょうえいしん》が動き出した。かつて「悪人が実権を握っている」と江青たちにあしざまに言われた聶栄臻は、ようやくこの前年に全国人民代表大会（全人代＝国会）常務委副委員長として復活していた。

聶栄臻は瀬戸際に立たされたことのある一人として葉剣英に訴えた。「彼らに先手を打たれてはならない。葉元帥が軟禁され（党第一副主席の）華国鋒《かこくほう》が駆逐されるようなことになれば大変だ。残された道は、われわれから先手を打つことだ」（李健《りけん》編著『紅墻《こうしょう》紀事』）

聶栄臻はこの言葉を葉剣英に直接、語ったのではなかった。密会が四人組に察知されるのを警戒した聶栄臻は、軍副総参謀長兼福州軍区司令員、楊成武《ようせいぶ》を「連絡参謀」として葉剣英の元に送り込んだのだった。

毛沢東や国務院総理（首相）だった周恩来《しゅうおんらい》が生前、信頼を寄せていた楊成武は文化大革命の初期に、毛に次ぐ権勢を誇っていた林彪《りんぴょう》や江青らのしっとを招き、いわゆる「楊《よう》・余《よ》・傅《ふ》事件」の首謀者として家族とともに六年間もの拘禁生活を強いられている。四人組台頭を警戒する一人であった。

聶栄臻が密使にしていた楊成武は、葉剣英が居宅にしていた西山《せいざん》十五号楼に近接する西山五号楼に住んでいた。楊成武を介したやりとりで、聶栄臻と葉剣英は互いに「事あればいつでも連絡を取り合って相談する」ことが合意され、共闘が成った。しかし、あくまで隠密で動くことが確認された。

《葉剣英が居を構える西山は人民解放軍の特別区域内にあり、国防相として軍総帥である葉剣英の牙城《がじょう》といえた。情報漏れを防ぐため、葉剣英は拠点を転々と移したが、西山は四人組に反発する軍最高幹部たちの居住地でもあり、四人組逮捕という最終局面まで、葉剣英にとって絶好の密会場所であった》

四人組は葉剣英の動向に神経をとがらせていた。とりわけ、軍への影響力が希薄な四人組にとって西山での動きが気になる。何としても活動を妨害する必要があった。そこで、「敵」の懐に飛び込んで葉剣英を牽制《けんせい》し、圧力を強めることにした。

彼らの中で当時まだ四十一歳と最も若い政治局常務委員の王洪文《おうこうぶん》が、葉剣英の居宅と目と鼻の先にある西山二十五号楼に移り住むことになった。訪問客と山中を歩くことの多い葉剣英の散策路が見通せる格好の場所だった。

西山に移った王洪文は、その足で葉剣英を訪ね、牽制のため先制攻撃を仕掛けた。

「葉副主席、こちらに住むことになり、ご報告にまいりました」

王洪文は毛沢東死去後、「剣英同志」から敬意を示す「葉副主席」に変えていた。慇懃《いんぎん》な態度が気にさわったが、葉剣英は「最近、何を忙しくしているんだ」と探りを入れた。

「上海《しゃんはい》から戻ったばかりなのです」と王洪文ははぐらかそうとしたが、葉剣英は間髪《かんはつ》を入《い》れず突っ込んだ。「(四人組の支持基盤である)上海の形勢はどうだ」

ひるまず、「とてもいいですよ」とかわした王洪文は、「葉副主席、たまには山（西山）を下りられたらいかがですか」と切り返した。

「わたしは年老いた。役立つこともない。最近は体を動かすことも減った。だから西山の研究なんだ」ととぼける葉剣英に、王洪文は「そうです。お年ですから活動には参加しなくてもかまいません。あなたに代わってわれわれがやりますよ」と刺《とげ》のある言い方で、くぎを刺

北京郊外「西山」にあった葉剣英の拠点・西山十五号楼と、その執務室の電話機。四人組逮捕の秘密工作にこの電話が使われた

した。

王洪文が去ってまもなく、葉剣英は解放軍総参謀部部長、戴鏡元《たいきょうげん》らを呼び、居宅に盗聴器が仕掛けられていないかを調べるよう指示した。捜索は、じゅうたんの裏から下水道にいたるまで徹底的に行われたが、盗聴器はなかった。

四人組と神経を消耗する駆け引きをいつまでも続けるわけにはいかない。葉剣英はそろそろ「四人組逮捕」の最終的なシナリオを書き上げる必要があった。

党や軍内で連携網を広げつつ、党第一副主席兼国務院総理（首相）の華国鋒が陣営内に飛び込んでくるのを、葉剣英は息を潜めて待っていた。

華国鋒の決断「連中が刀を研ぎ始めた」

毛沢東が逝き、中国共産党指導部が揺れ動く一九七六年九月二十一日、国務院総理（首相）の華国鋒《かこくほう》が動き出した。

華国鋒は当時、党第一副主席という、毛沢東亡きあとの党内で最高ポストにあった。毛沢東の文化大革命路線を継ぐのは自分たちだとして、権力奪取に攻勢を強める毛未亡人、江青《こうせい》たち「四人組」と、これに深刻な危機感を抱く党副主席兼国防相の葉剣英《ようけんえい》ら反「四人組」の両派とも、華国鋒を必要としていた。

葉剣英の決断を促したのは、党中央弁公庁からの報告だったと張湛彬《ちょうたんびん》著『大転換の日々夜々』はいう。報告は四人組による武装クーデター計画を告げていた。

腹を決めた華国鋒は手元の受話器を取り上げた。

「もしもし――。葉元帥に取り次いでくれないか。私は華国鋒だ」

葉剣英は北京《ぺきん》市西郊の西山《せいざん》で、反四人組派の結集を図る工作を進めていたが、折あしく西山十五楼の居宅に不在だった。この日、人民解放軍の長老らと接触する一方、北京市郊外の別の拠点、玉泉山《ぎょくせんざん》に移動していたのだった。

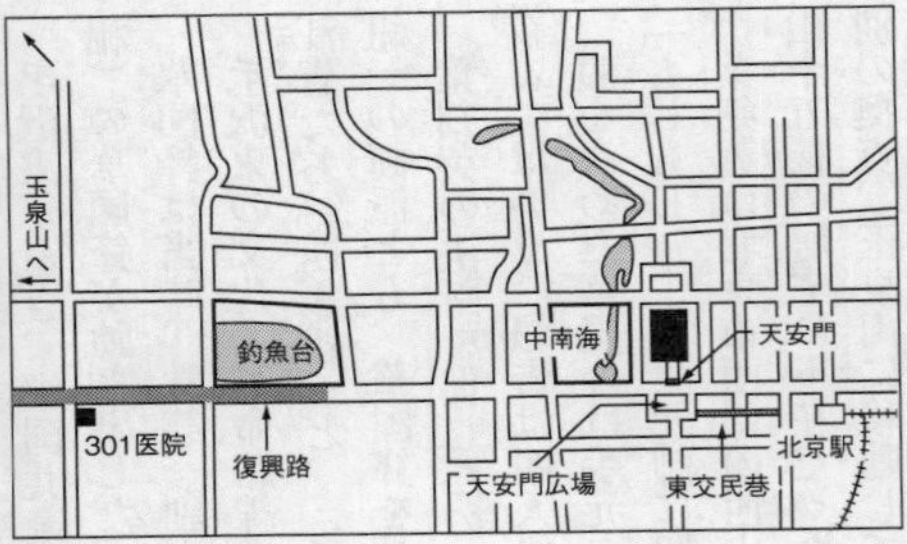

華国鋒の執務室のある北京市中心部の東交民巷から葉剣英のいる西部の玉泉山に行くには、江青の居宅がある中南海《ちゅうなんかい》や四人組が拠点とする釣魚台《ちょうぎょだい》周辺を通り抜ける必要があった。

「どう連絡を取るか……。車を出せば、彼ら（四人組）の疑念を招く」

しばらく考えた後、ある人物が思い浮かんだ。党政治局員ではあったが事実上、第一線から退いていた軍長老の李先念《りせんねん》である。

《李先念は、毛沢東が始めた文化大革命の初期、国務院副総理（副首相）兼財政部長として総理、周恩来《しゅうおんらい》の経済運営を助けたが、まもなく江青たち文革急進派に排斥された。

その後、四人組逮捕の翌七七年に党副主席（政治局常務委員）となり八三年に国家主席に昇り詰めることになる。が、四人組が逮捕される直前のこの当時、軍長老間の連絡参謀役を果たし、戦友の葉剣英とはとりわけ密接に連絡を取り合っていた》

華国鋒からの電話に、李先念は「（四人組も反四人組）みな動き出そうとしている」と事態が切迫していることを伝え、決断を迫った。華国鋒は短く言った。「分かった。すぐそちらに行く」

四人組逮捕翌年の一九七七年七月、中国共産党第十一回大会で壇上に並ぶ（左から）党主席の華国鋒と副主席の葉剣英、鄧小平、李先念、汪東興

李先念は体調を崩して入院していた。病院に着いた華国鋒は側近たちの人払いを求め、病室には二人だけになった。

「先念同志、大変なことになった。連中（四人組も）が刀を研ぎ始めたんだ」

「で、あなたの意見は？」

「剣英同志に伝えてほしい。決断してもらいたいのだ。彼の言うことを私は聞く。大急ぎで行動を起こす必要がある」

葉剣英たちにとって待ちに待った華国鋒の言葉だった。それでも李先念は「剣英同志に一筆書いていただければ、その手紙を彼の所に持っていきます」と念には念を入れた。華国鋒はその場で手紙をしたためた。

「剣英同志。われわれと『四人組』の闘争が迫っている。事は緊急を要し、すべてあなたの決心の通りに進めてほしい」

《この病室でのやりとりと、その後の李先念の行動については、中国共産党公式文献『李先念文選』、香港在住の作家、師東兵《しとうへい》著『中国の命運を決した二十八日間』、笵碩《はんせき》著『一九七六年の葉剣英』が詳しく描写している。

しかし、華国鋒が葉剣英に手紙を記したとする師東兵に対し、笵碩は「関係当局によって再三調査が行われたが、手紙は見つからなかった」と言っている》

李先念は葉剣英が戻っていた西山十五号楼に向かった。接触を自制していた李先念が前触れもなく姿を現した。かなり緊急の用件であることは明らかだった。葉剣英はソファに腰掛けるよう李先念に勧めると、ラジオのスイッチを入れ、音量を大きくして盗聴を警戒した。

華国鋒の決意を伝える李先念との会談は短時間で終わったが、葉剣英には、事の重大性が分かり過ぎるほど分かっていた。「生きるか死ぬかという闘争だ。やつらが死んでこそ、われわれが生き残ることができるのであり、妥協の余地はない」

李先念との密会後、葉剣英は四人組の行動を把握する中央弁公庁主任（長官）の汪東興《おうとうこう》、華国鋒と四人組逮捕の最終シナリオの仕上げに動き出す。

このときを静かに見守っている男がいた。「走資派（資本主義の道を歩むもの）」として元国家主席の劉少奇《りゅうしょうき》の失脚後、四人組の最大の敵とされ、軟禁状態にあった鄧小平《とうしょうへい》である。

李健《りけん》編著『紅壁紀事』によると、のちに四人組逮捕の一報を受けた鄧小平は、党中央から定期的に派遣されてくる世話係に語りかけた。

「江青は私にほらを吹き、全人類を解放すると朝から晩まで空騒ぎしたが、生産力を解放しなかった。そんなことで社会主義の優越性が語れるのか？」

永久革命による社会改造を信奉する毛沢東のプロレタリア文化大革命は、十年間にわたって全土を大混乱に巻き込んだ。粛清《しゅくせい》などによる死者は公式発表だけで三万四千人だが、それよりはるかに多いとの見方が一般的だ。何らかの迫害を受けたのは一億人にも達するとされる。

鄧小平はこの文革にピリオドを打ち、三年後には「改革・開放路線」の狼煙《のろし》を上げることになる。

文攻から武戦へ　上海は内戦準備に入った

毛沢東が死去してすぐ、「党と国家の最高指示」である毛沢東の文書類を毛未亡人の江青《こうせい》たちが狙っている、と聞いた中国共産党副主席兼国防相、葉剣英《ようけんえい》は警戒をいっそう強めた。

当時、葉剣英は状況を次のように分析していた。

――江青ら四人組は軍を掌握していない。切羽つまって無謀な行動に出る恐れがある。要人を暗殺したのち、支配下にあるメディアを利用して責任を他になすりつけ、奪権を図る可能性がある（笵碩《はんせき》著『一九七六年の葉剣英』）。

このため、葉剣英は党第一副主席兼国防院総理（首相）の華《か》国鋒《こくほう》と、毛文書を管理する党中央弁公庁主任（長官）の汪東興《おうとうこう》に「身辺に注意せよ」と警告した。さらに、広東の南に残るポルトガルの植民地マカオからひそかに入手した数丁のレボルバーけん銃と弾丸五百発を汪東興に渡し、「不測の事態に備え、毛主席の文書類を守れ」と伝えた。

毛沢東の文化大革命路線を継承するため、なんとしても権力を掌握しなければならないと考える四人組は、文革継続と自らの後継権力を正当化する毛沢東の文言とその解釈を必要としていた。それには毛文書を手に入れなければならなかった。

毛沢東の死後、その手元に最後まで残された毛文書の整理と保管について、江青は「未亡人としての権利」を主張し続けてきた。しかし、江青たちの意図をよく分かっていた華国鋒は、「毛後継者」としての自分の地位を死守するためにも、要求に応じるわけにはいかなかった。

毛文書争奪抗争は江青たちの思惑通りに進んではいなかったが、こうした「文攻」（文筆による攻撃）は四人組にとって権力掌握への一幕にすぎない。

重点は「武戦」にあった。

毛文書類が、汪東興の党中央弁公庁によって固く封印された一九七六年九月二十一日、四人組の一人で党副主席（兼上海《しゃんはい》党委員会書記）の王洪文《おうこうぶん》はひそかに上海に戻り、武装自衛組織である民兵の戦闘準備を急がせた。

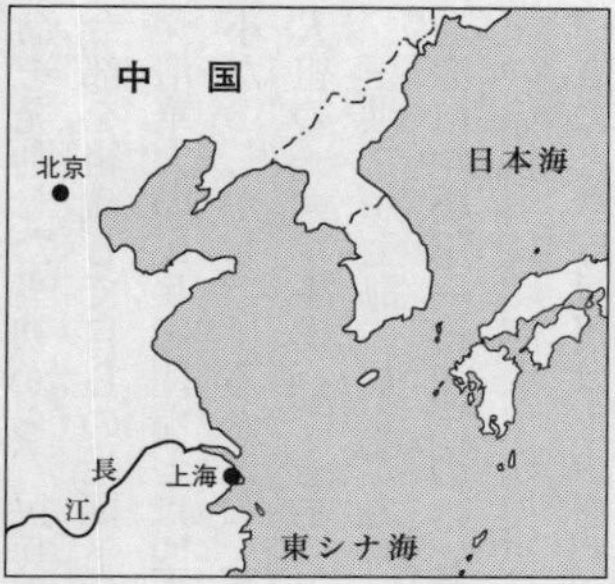

北京《ぺきん》でも民兵が動きつつあった。清華大学で四人組の宣伝工作を指揮していた清華大党委書記の遅群《ちぐん》は、毛沢東が死去した九月九日、党委幹部会の席で清華大民兵師団に早くも檄《げき》を飛ばしている。

「召集がかかればはせ参じ、よく戦い、必ず勝利せよ。各部門は戦闘に備えて当直態勢を強化せよ」（厳家祺《げんかき》、高皋《こうこう》著『文化大革命十年史』）

人民解放軍に基盤を持たない四人組は、毛沢東が文化大革命を発動した当初から、民兵を人民解放軍に対する「第二武装」と位置づけ、全国民兵総司令部を組織して自らの指揮下に置こうとしてきた。

清華大の民兵師団などは四人組の影響下にあったが、北京におけるその武力はあまりに弱小だ。しかし、はるかに強大な上海の民兵は四人組の掌中にあり、この中国最大の都市は四人組の一大軍事拠点でもあった。

王洪文が上海に飛んだ九月二十一日の午後、やはり四人組の一人で党政治局常務委員（兼上海市党委第一書記）の張春橋《ちょうしゅんきょう》は、ある会議にかこつけて北京にやってきた上海市党委書記の徐景賢《じょけいけん》に、四人組が拠点にしていた政府迎賓館の釣魚台《ちょうぎょだい》で会っている。

このとき徐景賢は上海をめぐる軍事情勢を張春橋に報告した。それによると、上海を管内に持つ人民解放軍南京軍区の司令員（司令官）、丁盛《ていせい》が「（上海周辺に展開する）第六〇軍は自分の指揮では動かず、当てにできない。上海にとって非常に脅威だ」と伝えてきたという。丁盛は四人組と意を通じていた。

張春橋は翌二十二日夜、王洪文弁公室（事務所）の工作員に上海市党委書記、馬《ば》天水《てんすい》への手紙を託す。

「上海は毛主席の文化大革命の起源となった革命闘争の伝統ある土地だ。党内の修正主義に警戒せよ。とくに中央の、それも上層部のだ。適切に準備しておくこと」

四人組とともに逮捕されたあと、上海市党委の徐景賢は長い釈明文を書いた。その中に、江青を除く四人組が人民解放軍について語ったくだりがある。

銃を手に気勢を上げる中国の民兵。四人組は上海を拠点に民兵の武装を強化し、武力闘争の準備を急いだ

「張春橋は『軍は当てにならぬ』と言い、姚文元《ようぶんげん》（党政治局員）は『軍はみな保守派を支持している』と言い、王洪文は『軍の中にわれわれの味方はいない』と言った」

四人組の頼りはやはり大規模な民兵組織を握っている上海であった。

張春橋は九月二十八日昼、王洪文弁公室の工作員を再び上海に派遣し、馬天水や徐景賢ら上海市党委幹部に「警戒を怠らず、自信を持て。……国を興すには困難が多い」と伝えた。

このときの張春橋の言葉を筆記した徐景賢のメモによると、ここで張春橋は、かつて緊密な関係にあった江青や張春橋らとの内部抗争による軍事クーデターに失敗して国外逃亡途中にモンゴルで墜死した、とされる元党副主席、林彪《りんぴょう》の話を持ち出している。

「上海では林彪も鄧小平《とうしょうへい》もうまくいかなかった。もし林彪が首尾よくやっていたら上海は大きな試練に直面し、戦争になっていただろう」

《のちに逮捕された張春橋らに対する「四人組裁判」に提出された告発資料は、この張春橋の言葉について、「だれかが上海で事を起こそうとしている、として内乱準備を呼びかけたものであり、四人組による武装奪権を企図し、上海市党委に反革命武装蜂起《ほうき》を促したものだ」と主張した》

徐景賢の釈明文はいう。

「張春橋はわれわれに、戦争の動員令を発した」

江青怒る「関係ない者は出ていけ」

毛沢東の死去後初めて迎える十月一日の国慶節《こっけいせつ》（中華人民共和国建国記念日）について話し合うため、一九七六年九月二十九日夜十一時、中国共産党政治局会議が招集された。政治局員と局員候補二十人のうち病気の一人以外はみな出席した。会議の模様は『特別別荘』（曹英《そうえい》ら共著）などに詳しい。

会議が始まってまもなく、毛沢東未亡人で政治局員の江青《こうせい》が、党第一副主席兼国務院総理（首相）の華国鋒《かこくほう》にいきなり矛先《ほこさき》を向けた。

「中央での経験が浅く、優柔不断で執務能力に欠ける」

毛沢東の後継者として華国鋒はふさわしくない、という正面切った大胆な攻撃であった。

すかさず、江青たち四人組のうち党副主席の王洪文《おうこうぶん》、政治局常務委員の張春橋《ちょうしゅんきょう》が同調した。

「江青同志に職務を割り当てて、集団指導体制を強化するべきだ」

だが、もう一人の党副主席で国防相の葉剣英《ようけんえい》は「江青同志は体が弱いから政治局員の仕事だけで大変だろう」と牽制《けんせい》した。国務院副総理（副首相）でありながら四人組によって実質的な政務から遠ざけられていた李先念《りせんねん》をはじめ何人かからも反対の表明があった。

「毛遠新《もうえんしん》の仕事はどうするのか?」。江青はいったん、話題を変えた。

毛沢東の実弟、毛沢民《もうたくみん》の息子である毛遠新は、幼いころに父を亡くしたため伯父の毛沢東にかわいがられ、江青を「マー(母さん)」と呼んで実の親子のように仲が良かった。

文化大革命を毛沢東が発動したあと、中国東北部の遼寧《りようねい》省革命委員会副主任や省党委員会書記を歴任し、七五年九月に江青が北京《ぺきん》に呼び寄せて、すでに病床にあった毛沢東弁公室(事務所)主任として政務秘書のような仕事をしていた。

毛沢東の死去で弁公室の仕事はなくなったが、江青たちには、毛沢東の血縁者である毛遠新をこのまま北京にとどめ、政治的に利用価値がきわめて高い毛沢東の残した文書に接する立場に置いておきたい、という思惑があった。

その意図を察していた華国鋒は「毛遠新の仕事は完了したので遼寧に戻るべきだ。これはわたしと葉(剣英)元帥の一致した意見だ」と言った。

これは四人組にとって計算違いだった。江青たちは前もって、毛遠新から「私は北京にとどまってもかまわない」という趣旨の手紙を華国鋒あてに出させ、暗に北京残留を要求してもいたからだ。

「毛遠新は(北京に)残さねばならない。まだ主席の遺体保存や後時の処理が残っている」。そう主張する江青に、華国鋒は切り返した。「あなたと毛遠新は毛主席の後事には参加しないと言わなかったかな?」

華国鋒の予想外の反撃に江青は驚いた。立ち上がって、「でたらめだ」と叫んだが、党中央弁公庁主任（長官）の汪東興《おうとうこう》が証言した。毛沢東の遺体保存について話し合った九月十九日の夜、江青は自分と毛遠新に毛主席の文書をゆだねないのなら主席の後事の活動にも参加しないと言った、と。

ここで張春橋がとりなしに入りながら、問題の核心に触れた。毛遠新は晩年の毛主席の身辺で仕事をしており、主席の書いたものは彼でないと分からない。しばらく北京に残して文書を整理させるべきだ――。

華国鋒（中央）をはさんで立つ江青（左）と毛遠新

毛沢東死後、再三にわたって四人組が持ち出してきた「毛文書」の管理権問題をまたも蒸し返そうというのだった。

何人かは張春橋の意見に賛同したが、葉剣英は毛主席の文書類は個人の問題ではないので中央弁公庁が保管すべきだと譲らず、李先念や汪東興も葉剣英を支持した。

会議は翌日未明まで続いた。多くの出席者は休会を提案したが、これに江青は怒った。「話し合いたくないのならいい。関係のない者は出ていけ」

四人組に会議継続を迫られた華国鋒はやむなく、高齢と病身を理由に葉剣英と李先念に退室を促した。二人は華国鋒の威信を傷つけないようこれに従い、さらに数人が席をはずして、会議室には四人組のほか華国鋒ら二、三人しか残らなかった。

江青は再び演説を始めた。

「党の三中総会（第十期中央委員会第三回総会）は全面的に毛主席の臨終前の一連の指示に学ばねばならない。そのために毛遠新が必要だ」

辛抱強く聞いていた華国鋒が口を開いた。

「結局、何がしたいのだ」

「三中総会の政治報告を起草することについて話したい」

江青は本音を漏らした。

《政治報告は党の活動を総括し、今後の政策の方向を決定づける最重要文書である。四人組が起草すれば、文化大革命路線の復活・継続と江青たちの指導体制確立を図ることは間違いなかった。そのために、毛沢東が最後に残した文書類から利用できる〝遺訓〟を探し出そうとした、と考えても不自然ではない》

華国鋒は立ち上がった。

「いつ三中総会を開催するかも政治局では話し合っていない。何の報告を準備するというのか？　それに、そちらに準備させるなどとだれが言った」

じつはこのとき、四人組は上海《しゃんはい》の執筆グループに政治報告の起草準備をさせており、党中央と国務院の人事案まで内定していた（笵碩著《はんせき》『一九七六年の葉剣英』）。

しかし、華国鋒もまた、四人組の不穏な動きを察知した葉剣英たちに促され、「四人組逮捕」をようやく決断したばかりであった。

「会議はこれまで。大多数の同志の意見に基づき次のように決定する。毛遠新同志は遼寧に戻す。三中総会で政治報告をすることがあれば私が準備し起草せねばならない。党中央の人事については政治局の討論を経たうえで三中総会を通過させる」

華国鋒はそう言い終わると一方的に散会を宣言した。

これが、四人組が参加した最後の政治局会議となった。

秋雨の国慶節　江青は「吉報」を予言した

一九七六年十月一日に迎えた毛沢東死去後初めての国慶節《こっけいせつ》（建国記念日）では、園遊会やパレードなどの祝賀行事が中止された。

もっとも、国慶節の行事が何もなかったわけではなかった。前日の九月三十日の明け方三時、国営通信社の新華社にこんな電話があった。

「三十日夜、北京《ペきん》市の主催で天安門《てんあんもん》楼閣において、労働者・農民・兵士・学生・商人の代表が参加して国慶節座談会を開く」

中国共産党政治局員、姚文元《ようぶんげん》からだった。毛沢東未亡人、江青《こうせい》とともに権力掌握を目指す四人組の一人である。

「主要な内容は、毛主席の著作を学び、主席の遺志を継承し、……主席の既定方針通りにやることである」

例年、三十日には北京の人民大会堂で前夜祭が行われていた。この代わりに毛沢東が二十七年前、新中国の成立を宣言した天安門楼閣上で、中央指導者と各界代表の座談会を開こうというのだった。

天安門広場の明かりが突然ともり、「座談会」に出席する代表者四百人余は濃い夕もやが漂う厳粛な雰囲気のなか、列をつくって天安門の楼閣に登っていった。

毛沢東死後、初めての国慶節では天安門楼閣上で「座談会」が開かれた

　中央指導者側からは三十人ほどが参加した。中山服を着た党第一副主席兼国務院総理（首相）の華国鋒《かこくほう》が先頭となり、そのあとに序列ナンバー2の党副主席、王洪文《おうこうぶん》がぴったりとくっついていた。速足で歩いていた王洪文は華国鋒を追い抜きそうになり、あわてて足を引っ込めた（葉永烈《ようえいれつ》著『王洪文伝』）。

　三番目は党副主席兼国防相の葉剣英《ようけんえい》、そして王洪文以外の四人組メンバー（張春橋《ちょうしゅんきょう》、江青、姚文元）が続いた。四人組が華国鋒に開催を迫ったとされるこの座談会は、幕を開けると四人組たち文革派の言う「右派」に対する糾弾《きゅうだん》集会となった。

　二時間以上にわたって、十数人の代表が次々に四人組の主張通りの原稿を読み上げた。小学校五年生のとき、「教師の尊厳」を「旧弊な教育制度のくびき」と批判して全国に名の知られた女子中学生、黄帥《こうすい》も学生代表で登場した。

四人組打倒を心に決めていた葉剣英は一本調子の発言の間中、じっとまぶたを閉じていた。最後を、華国鋒が講話で締めくくった。華国鋒は建国を祝うとともに毛沢東をしのび、「われわれは悲しみを力に変え、毛主席の遺志を継ぎ、無産階級（プロレタリア）革命事業をやり遂げねばならない」と述べた。

華国鋒の一分足らずの簡潔な講話は、慎重な推敲《すいこう》を重ねたものであることがうかがえた。その文言には文革派の常とう句は出てこなかった。

「四人組はこれを聞いて驚き、不機嫌になった。逆に葉剣英は、四人組流の観念的な革命論でないことに満足して笑った」（笵碩《はんせき》著『一九七六年の葉剣英』）

ところが、翌日の新華社は華国鋒の講話とはまるで反対の調子でこの「座談会」を報じた。華国鋒の講話は伝えたものの、それでは触れなかった「鄧小平《とうしょうへい》批判を掘り下げ、右傾の巻き返しに反撃する」や「毛主席の遺嘱《いしょく》『既定方針通りにやれ』を順守する」などを各界代表が表明したと書き、全体に四人組の主張が反映された形となっていた。

《かつて党中央委総書記など権力中枢にポストを占めていた鄧小平は、毛沢東の文化大革命発動後、「資本主義の道を歩む実権派」とされ、毛死後のこの当時も失脚中であったが、四人組はその動向に強い警戒心を抱いていた。

四人組が文革継続を指示した毛沢東の遺言として喧伝《けんでん》していた「既定方針……」について、華国鋒や葉剣英は、四人組が後継の正当性を主張するために毛沢東の別の言葉をすり

替えた、と確信していた》

国慶節当日の十月一日、江青は北京南方の清華大大興県農村分校で講話をした。毛沢東の残した文書の管理問題などで華国鋒や葉剣英らと物別れに終わった九月二十九日の政治局会議のあと、学校や工場などを精力的に回って演説していた。

――西太后《せいたいこう》は知っているでしょう。名は太后でも、実際は女帝なのです。

――私は毛主席の路線を執行する者。

――鄧小平が迫害したので毛主席は早く亡くなった。

――私は主席が亡くなって最初の中央会議で鄧小平を告発し、その党籍をはく奪するよう要求したが、保留になった。彼のために巻き返しを図る者がいるかもしれない。私は必ず体を鍛え、彼らと戦う。

――階級闘争、路線闘争はまだ長く続く。形勢はよろしい。しかし警戒はしなければならない。

『江青伝』（葉永烈著）は一連の巡回で江青がそのように語ったと書く。

そして、大興県農村分校を離れるさい、江青はなぞめいた言葉を残したという。

「とびっきりの吉報を待っていなさい。公報（コミュニケ）を学習する準備をして」

重大な政策や人事などは公報として新聞やラジオに発表され、一大キャンペーンが始まる。江青の言葉は政権掌握への自信を示すものであった。

中華人民共和国が二十七回目の誕生日を迎えたこの日、北京は朝から雨模様だった。天安門広場にも人影はなく、祝日らしからぬ寂しい風情がただよっていた。それは嵐《あらし》の前の静けさであったかもしれなかった。

秘密指令　装甲師団、北京に向かう

四人組（江青《こうせい》、王洪文《おうこうぶん》、張春橋《ちょうしゅんきょう》、姚文元《ようぶんげん》）による奪権闘争は最終局面を迎えていた。国慶節《こっけいせつ》翌日の一九七六年十月二日、中国共産党副主席兼国防相（中央軍事委副主席）の葉《よう》剣英《けんえい》のもとに人民解放軍の瀋陽《しんよう》軍区から電話があった。

――だれかが装甲師団を率いて北京《ぺきん》に迫ろうとしている！

葉剣英は少なからず驚いたが、まったく予想外でもなかった。

この移動は、毛沢東のおいで瀋陽軍区党政治委員の毛遠新《もうえんしん》から軍区副司令員（副司令官）の孫玉国《そんぎょくこく》に指示が通達されたものだった。毛遠新は四人組ときわめて親密な関係にある。

毛遠新は文化大革命の発動後、東北部の遼寧《りょうねい》省党委員会書記や瀋陽軍区政治部副主任などを歴任し、「東北の太上皇（皇帝の父。転じて黒幕の意）」と称されるほどの権勢を誇った。

軍移動の通達を毛遠新から受けた孫玉国は、六九年の中ソ国境の武力衝突「珍宝島《ちんぼうとう》（ダマンスキー島）事件」で軍功を上げ、三十三歳の若さで瀋陽軍区の副司令員となった。そこで毛遠新と親交を深めた。四人組の一人で党副主席の王洪文は、いずれ孫玉国を中国人民解放軍副総参謀長にすると約束していた（葉永烈《ようえいれつ》著『江青伝』）。

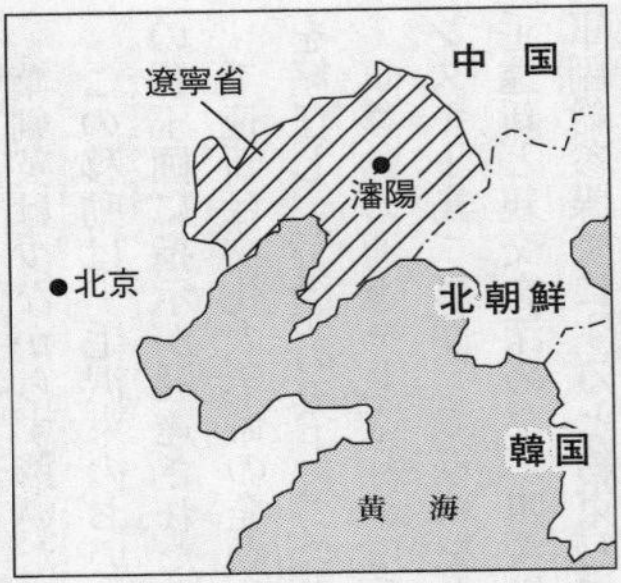

《中国本土などで出された文献をまとめ、香港で出版された趙無眠《ちょうむみん》編「文革大年表」によると、毛遠新の通達は毛沢東の死去二週間後の九月十四日に電話でなされ、野営訓練を名目としていた》

装甲師団の移動を知らされた葉剣英は、「軍事委員会を通さずに勝手に軍隊を動かすことは、だれの命令であろうと違法だ」と落ち着いて言うと、戦車を本来の持ち場に帰すよう厳命した。

瀋陽軍区司令員は李徳生《りとくせい》だった。四人組に批判されてこの前年に党副主席の地位を失っていた。葉剣英とは近い。このときの瀋陽軍区は司令官が反四人組派で、副司令官が四人組派ということになる。

四人組は北京郊外のある装甲兵部隊の師団長を交代させ、いつでも部隊を動かして東南、西北両方向から北京市街地を挟み撃ちできるよう九月末から画策していた。また、「人民に告ぐる書」も準備し、テレビ・ラジオを通じて全土に権力掌握を宣言できるようにしていたという。

毛沢東未亡人となった江青は十月初め、三十人あまりを伴って故宮の北側にある小高い人工山、景山公園にリンゴ狩りに出かけた。

中山服《ちゅうざんふく》を着た江青はリンゴの木の下でポーズをとり、十七枚の肖像写真を撮らせ、リンゴをもぎながら、「リンゴはとっておきましょう。盛大な祝日に食べるまで」と言った（范碩《はんせき》著『一九七六年の葉剣英』）。

このころ、奪権後の序列さえすでに決めていた江青たち四人組は、肖像写真や集合写真を急いで準備していた。

一九七六年十月初め、江青はリンゴ狩りのポーズ写真を撮らせた。もぎったリンゴを「盛大な祝日」までとっておこう、と言った江青は政権奪取の日を考えていたのか

装甲師団の不穏な動きを葉剣英が知った二日、王洪文も政府迎賓館の釣魚台《ちょうぎょだい》に中南海《ちゅうなんかい》撮影組のカメラマンを呼び、濃い紺色の中山服姿と軍服姿の写真を撮らせた（顧保孜《こほし》著『紅壁内の瞬間』解放軍文芸出版社、九七年）。

撮影にはあまり適さない日だったが、どうしてもと言うので不思議に思ったカメラマンが、「なぜ、そんなに急に必要なのですか」と尋ねた。

王洪文は「（自分の）葬式に使うのだ」と冗談めかして答えた。

「この言葉は奪権への不退転の決意を物語っていた」と顧保孜は書く。

《四人組逮捕後の党機関紙「光明日報」によると、王洪文がこの日、撮影させた写真は百十四枚にも達し、その中から自分が選んだ写真に丁寧な修正を加え、大量に焼き増しするようカメラマンに指示した。逮捕された王洪文に対する告発資料は、この写真撮影を「即位への準備」と決めつけている》

大量に写真を撮影させた翌日、北京郊外の平穀県に赴いた王洪文は、「今後も第二、第三の鄧小平《とうしょうへい》が出てくるかもしれないから、警戒せねばならない」と演説した。四人組は失脚中の鄧小平を「資本主義の道を歩む実権派」「修正主義」の頭目として警戒していた。

「中央に修正主義が現れたら諸君らはどうするか？」

十一年前に毛沢東が発したのと同じ問いかけを自ら口にし、王洪文は続けた。

「打倒するのだ！」

このころ、江青たちの意を受けた清華大学党委書記の遅群《ちぐん》は清華大学と北京大学のお抱え執筆グループ「梁效《りょうこう》」（発音は「両校」に通じる）に党・政・軍の高級指導者を告発するいわゆる「黒資料」の整理を連夜のようにせかしていた。

遅群の秘書はこのころ、「まもなく、指導者のある一群は罷免されて失脚し、ある一群は昇進する」と語った（『再生中国』中共党史出版社）。

毛後継権力の掌握に向けた四人組の動きは一気に加速度を増していく。

逮捕後、四人組の党政治局常務委員、張春橋が残したメモが見つかっている。

「革命と独裁。いかにして政権を打ち固めるか。人を殺すことだ」

死刑……自殺「私は法も天も恐れぬ」

人民日報など六種の新聞・雑誌は一九七六年九月半ばに始めた、中国共産党主席の毛沢東が言ったという「按既定方針辦（既定方針通りにやれ）」のキャンペーンを月末になっても続けていた。

党第一副主席兼国務院総理（首相）の華国鋒《かこくほう》は、この言葉は臨終まぎわの毛沢東が四人組の一人で党政治局常務委員、張春橋《ちょうしゅんきょう》の「手を取って」言ったのだといううわさが流されているのを聞き、背後に危険な意図が隠されていると確信していた。

十月二日、華国鋒は国務院外交部長（外相）、喬冠華《きょうかんか》が審査を求めてきた「中国代表団団長の国際連合第三十一回会議での発言」の草稿の中にこの言葉を見つけ、削除した。そして余白にこう書き付けた。

「文中に引用されている毛主席の遺嘱《いしょく》は、毛主席の自筆のものとは三文字違っている。それは『照過去方針辦（過去の方針に照らしてやれ）』だった。また間違って伝えられないように削除した」

四人組の「遺言すりかえ」を華国鋒に警告していた党副主席兼国防相の葉剣英《ようけんえい》はこれを読

んで「同意」と書いた。四人組の王洪文《おうこうぶん》（党副主席）と張春橋も事実を突き付けられては「同意」せざるを得ない。だが、張春橋は「同意」のほかに一文を付け加えた。「(華）国鋒同志の注釈は、不必要な紛糾《ふんきゅう》を起こさないために下達しないことを提案する」

民主諸党派の機関紙「光明日報」は十月四日付の一面トップに、「永遠に毛主席の既定方針通りにやろう」の大見出しの論文を掲載した。四人組のおかかえ執筆グループ、「梁效《りょうこう》」の署名入りだった。

「『既定方針通りにやれ』とは毛主席の無産階級（プロレタリア）革命路線と、その政策通りにやれということである」

「身のほど知らずにも毛主席の既定方針を改ざんしようとする修正主義の頭目はだれであれ、決してろくな末路はない」

《この後の動きについては歴史作家、葉永烈《ようえいれつ》の一連の著書『一九七八　中国命運の大転換』『王洪文伝』『姚文元伝《ようぶんげんでん》』に詳しい》

光明日報の論文を読んだ華国鋒は、四人組がついに弓に矢をつがえたとみて、葉剣英に「重要な相談がしたい」と電話した。その葉剣英のもとには別の報告も入ってきた。「上海《しゃんはい》の民兵が異常に集結している」

王洪文は「七、八、九日に北京《ぺきん》で〝特大の吉報〟がある」といううわさを流し、上海では慶事に使う赤い布や紙が先を争って買われていた。

やはり四人組の党政治局員、姚文元《ようぶんげん》も八日付の人民日報の一面トップを飾る「毛主席の既定方針通りに勇猛邁進《まいしん》する」という論文をすでに用意していた。

だが、勝負は六日についたのである。四人組は逮捕された（逮捕時の模様については連載の一回目に詳しく触れている）。

「既定方針通りにやれ」とはどういう意味か。華国鋒、葉剣英らに逮捕された姚文元は尋問に答えている。「過去に決定したことはその通りにやらねばならないという意味だと思った。具体的に何を含むのかは考えたことがない」

王洪文も尋問に「この言葉は張春橋が付け加えたのだと思う」と答えた。「張春橋は最後に毛主席と会ったとき、主席が手をとって言われたのだと言っていた。そういうことがあったのかどうか、結局のところよく分からない」

《「既定方針……」は、今の中国では、文化大革命の左傾路線を推し進めるために張春橋や江青《こうせい》らが作り上げ、遺言を受けた自分たちが正統な後継者だと主張するためのものだったと解釈されている。

だが、ノンフィクション作家の師東兵《しとうへい》はちょっと違う見方をしている。小説の形ではあるが、香港で出した著書『獄中の張春橋』で、張春橋の口を借りてこう言う。「華国鋒がわれわれを打倒するために故意に取るに足らぬ問題を大げさにしたのだ。なにが偽造だ」

そして、この言葉は毛沢東が死去前の七月に華国鋒、江青、張春橋のいる前で言ったものので、その後、華国鋒も公式の場で伝えたことがある、と江青らに言わせている》

江青らの「反革命集団事件」は逮捕四年後の八〇年十一月二日、最高人民検察院によって最高人民法院（最高裁）特別法廷に起訴され、翌八一年一月二十五日に判決が下った。

江青と張春橋は死刑（二年後、無期懲役に減刑）。王洪文は無期懲役、政治権利終身はく奪。姚文元は懲役二十年、政治権利はく奪五年。

法廷で王洪文は起訴事実を全面的に認めた。姚文元は法廷でのやりとりで細かな字句にま

一九七六年十月六日に逮捕された四人組は四年後の八〇年十一月二十日から始まった裁判の法廷に姿を見せた。江青㊤、王洪文㊨、張春橋㊧、姚文元㊦

でこだわっていたが、「罪」を認めたほうだった。

しかし、張春橋は完全黙秘を貫いた。告発資料の中に、張春橋が逮捕直前に書いたというメモがある。「反対毛主席就是現行反革命（毛主席に反対することは、それこそまさに反革命である）」

のちに流布された通説と異なり、逮捕時に毅然《きぜん》としていたと当事者が明かした江青は、裁判でも毛沢東路線を忠実に遂行したとの信念が揺らいだ様子はない。

「逮捕と裁判は毛沢東主席をおとしめ、プロレタリア文化大革命をもおとしめるものだ」と陳述し、頑として「反革命犯罪行為」を認めようとはしなかった。裁判長の訴訟指揮に怒ったとき、かつて毛沢東が語ったのと同じ言葉、「我就是無法無天（私は法も天も恐れぬ）」を発した江青は、死刑判決を言い渡されると、こう叫んだ。

「革命無罪」

《江青は病気のため保釈中の九一年、自殺したと公式発表された。七十七歳だった。翌九二年には五十七歳の王洪文が肝臓病で死亡した。逮捕時に五十九歳だった張春橋も死亡したとされるが、公式発表はない。姚文元は九六年に六十五歳で釈放され、存命と伝えられる》

第二部　司令部を砲撃せよ

【第二部　あらすじ】

中国共産党主席の毛沢東が死去したあと、毛未亡人の江青《こうせい》は毛沢東がはじめたプロレタリア文化大革命の路線を引き継ぎ、毛沢東が握っていた絶大な権力の継承を目指した。第一部では、その江青たち「四人組」が権力闘争に敗れ、ついに逮捕される一九七六年秋を中心に描いてきた。

第二部はそれから十年前にさかのぼる。毛沢東が文化大革命を発動し、またたく間に中国全土が熱狂と興奮のるつぼと化した時代である。この文化大革命はいかにしてはじまり、なぜ発動されなければならなかったのか。

文化大革命の最前線に立ったのは、「紅色政権（共産党政権）の防衛兵」を意味する「紅《こう》衛兵《えいへい》」の若者たちだった。毛沢東は理想社会の実現を求める若者の心理に巧みに火をつけたのだ。紅衛兵はまず、北京大学や北京市の共産党委員会を標的にした。毛沢東がそこの指導部を「修正主義者」とみなしていたからだ。毛沢東にすれば、修正主義者とは「共産主義の理念を踏み外した者」を指し、革命精神を捨て去った裏切り者も同然であった。

その紅衛兵を陣頭指揮し、文化大革命を積極的に推進したグループの中心には国防相の林《りん》彪《ぴょう》と江青がいた。林彪は紅衛兵に対して「すべての旧思想、旧文化、旧風俗、旧習慣をたたきつぶそう」という「四旧打破」を呼びかけ、熱狂をあおった。毛沢東が指導した共産主義革命によって生まれた中華人民共和国は、中国の旧体制を打倒し、新たな政治社会体制を築き上げると主張してきた。その実現を妨げるものが「四旧」であり、「反革命的な旧思想から抜けられない修正主義者」も当然、文化大革命によって打倒されるべき対象であった。紅衛兵の運動は首都・北京の学校内からすぐに街頭へ、地方へと広がっていく。「労働者には不要」だとして各種の高級店などが襲撃され、富裕な階級の出身者とみなされた人々が大量虐殺される事件も頻発した。「修正主義者」と名指しされた党幹部らが市中を引きずり回され、集団暴行を加えられた。社会全体に革命精神を復活させようとする毛沢東の狙いは当たり、党、政府、軍の指導部内ですさまじい粛清《しゅくせい》の嵐が吹き荒れたのだった。

しかし、毛沢東が文化大革命の発動にあたって発した「司令部を砲撃せよ」の大号令に隠された最大の標的は、じつは、毛沢東に次ぐ党内序列二位で国家主席の劉少奇《りゅうしょうき》であった。毛沢東は劉少奇こそ修正主義の元凶だと確信していた。劉少奇は監禁され、執拗《しつよう》な糾弾にさらされたあげく、行き倒れの名もない老人として悲惨な最期を遂げるのだった。

大字報の衝撃「君らに車輪は止められない」

昼食がすんだばかりの北京《ぺきん》大学の学生大食堂に再び人だかりができていた。教室や宿舎から学生と教職員が押し寄せ、騒然とした空気が広がる。

みなの目をくぎづけにしていたのは食堂の東の壁に掲げられた大きな張り紙であった。びっしりと文字が書き連ねられ、中国共産党の北京大学党委員会と北京市党委員会の幹部がそろって「君」呼ばわりで痛烈に批判されていた。

これが、文化大革命期における大字報（壁新聞）の初の出現であった。一九六六年五月二十五日。世界ではミニスカートが大流行し、日本の若者がビートルズの来日に熱狂するひと月前のことだ。

大字報はこの後、毛沢東が好んで口にした「星火燎原《せいかりょうげん》」のごとく中国全土を覆い、人々を大衆的に糾弾《きゅうだん》する手法として乱発されていく。

だが、この時期の中国にあって、党幹部への公然たる批判は、独裁権力を握る党に対する「反党行為」であり、自殺行為に等しい。キャンパス内に衝撃が走ったのは当然であった。

大字報の表題にはこうあった。「宋碩《そうせき》、陸平《りくへい》、彭珮雲《ぼうはいうん》は文化革命で一体何をやったのか」

宋碩は北京市党委員会の大学部副部長、陸平は北京大学学長であり北京大学党委書記、彭珮雲はその副書記である。七人の筆者が連名で署名をし、筆頭は北京大学の女性講師で秀才として知られた聶元梓《じょうげんし》だった。

大字報は言う。

「集会や大字報は最良の大衆的で戦闘的な方法であるのに、君らはそれをさせないよう〝指導〟することによって、大衆的革命を弾圧している」

「君らに言っておく。カマキリは車輪を止めることはできず、アリには巨木を揺り動かすことはできない、と」

「毛沢東思想の偉大な赤旗を高く掲げ、すべての妖怪変化《ようかいへんげ》とフルチショフ流の反革命修正主義分子を一掃し、社会主義革命を最後までやり抜こう」

要するに、陸平の北京大学党委とそれを指導する北京市党委は、毛沢東が発動したばかりの「無産階級（プロレタリア）文化大革命」を破壊しているというのだった。

「大字報を書いたらどう？」

一週間前、哲学部講師の聶元梓は大学近くの宿泊・会議施設、西頤賓館《さいいひんかん》で曹軼欧《そういつおう》からそう促された。曹軼欧はこの直後の五月末に発足する党中央直属の「中央文化革命指導小組（中央文革小組）」顧問で党政治局候補委員、康生《こうせい》の妻である。

《康生は、毛沢東の妻の江青と同郷の山東省諸城県出身で、《建国前から党中央組織部や情

一九六六年五月二十五日、北京大学の女性講師、聶元梓らが張り出した党幹部批判の大字報

報部などで特務活動に凄腕《すごうで》を振るい、「整風（思想整とん）運動」で自白を強要して大量のえん罪事件を起こした。文革中も江青ら四人組の側で黒幕的に反対派の摘発を進めるが、四人組逮捕前年の七五年に病没した》

文革急進派の中央文革小組にとって、北京市と北京大学の党委員会は右派の巣窟《そうくつ》であった。その「罪状」を収集し、攻撃を仕掛けるため、康生は妻を「中央理論小組調査組」の名で大学に送り込んだ。聶元梓と接触するよう妻に指示したのも康生だった。

《中央文革小組は、文革の指導綱領となった「中国共産党中央委員会通知」（5・16通知）で設置が

決められ、筆頭副組長の江青のほか、張春橋《ちょうしゅんきょう》、姚文元《ようぶんげん》も加わっており、のちの四人組のうち三人がそろっていた》

大字報を書くよう勧められた聶元梓は左派であった。北京大学党委の哲学部総支部書記でもあった彼女は、社会主義教育運動のあり方をめぐって大学党委を握る学長の陸平と対立し、陸平を支持する市党委にも強い不満を抱いていた。

康生はその確執を利用しようと考えた。聶元梓もまた陸平と勝負する機会をうかがっていたし、何より「北京大学から全国の学校に文化大革命の火をつける」という使命感に燃えた。すぐに同志を募り、大字報を張り出したのだった（李暁文《りぎょうぶん》ら共著『山河を指す』中国工人出版社、九八年）。

大字報で痛罵《つうば》された陸平らは反撃に出た。その日のうちに千枚を超す大字報が学内にびっしりと張られ、聶元梓らの大字報を覆い尽くした。

騒ぎを知った国家主席で党副主席の劉少奇と国務院総理（首相）の周恩来《しゅうおんらい》は、深夜零時に担当者を北京大学に派遣した。周恩来は聶元梓のやり方は党の規定に反する、と厳しく批判した。

集会に引きずり出された聶元梓は「党の裏切り者」などと攻撃され、危機に立たされた。

北京市党委を後ろ盾とする大学党委が聶元梓ごときの手でひっくり返せるものか――。自信満々だった陸平に一週間後、思いもよらない情報が北京市党委幹部からもたらされた。

「聶元梓らの大字報が今晩ラジオで放送され、明日は新聞に載る」

六月一日夜八時、陸平の耳に中央人民放送局のニュースが飛び込んできた。自分を罵倒《ばとう》したあの大字報が「全国初のマルクス・レーニン主義の大字報」と称賛されているではないか。翌日の党機関紙「人民日報」にも聶元梓らの大字報が「歓呼を送る」との論評つきで大々的に転載された。

党中央が陸平ら三人を名指しで批判し、北京大学委と北京市党委を攻撃したに等しかった。陸平の心は凍った。いったいだれの指図で?

毛沢東の指図であった。

紅衛兵登場「乱れるがままにまかせればよい」

「文化大革命を妨害している」として北京《ぺきん》大と北京市の中国共産党幹部を公然と批判した壁新聞（大字報）がラジオと党機関紙で大々的に称賛され、執筆の中心となった北京大哲学部女性講師の聶元梓《じょうげんし》は一躍、寵児《ちょうじ》となった。大字報などひねりつぶせる、と甘く見ていた北京大党委書記で学長の陸平《りくへい》と、副書記の彭珮雲《ほうはいうん》は大学を追われた。

背後に党主席、毛沢東の指示があった。大字報を読んだ毛沢東は、「ここから北京大学という反動的堡塁《ほうるい》（堅固なとりで）を打破することができる」と賛辞を贈ったのだった。

毛沢東はこのころの北京を「水もはじき、針も通さない修正主義の独立王国」とのち表現している。

《修正主義はマルクス主義の異端を言う。マルクスの思想を理論的支柱とする共産党や党員にとって「修正主義」との批判は〝裏切り者〟の意味さえ持つ。毛沢東は、スターリン独裁を批判し、米国との平和共存を模索したフルシチョフ以来、ソ連共産党を現代修正主義と批判してきた。毛のいう「修正主義者」には「右派」のほか「ソ連と意を通じる者」の意味もある》

毛沢東には、意のままにならない北京市や北京大の党委員会を許しがたいと思いながら、手を出せないいらだちが募っていた。聶元梓の大字報はその毛沢東にとって格好の突破口となった。

「われわれは紅色政権（赤い政権）を防衛する衛兵である」

聶元梓らの大字報が現れて間もない一九六六年六月初め、北京の清華大学付属中学の校内に張られた大字報である。

その署名は「紅衛兵《こうえいへい》」。文化大革命に加わろうと結成された付属中生徒の自主組織だった。のちに文革の代名詞として名をとどろかせる紅衛兵の誕生であった。紅衛兵はまたたく間に全国へと広がっていく。

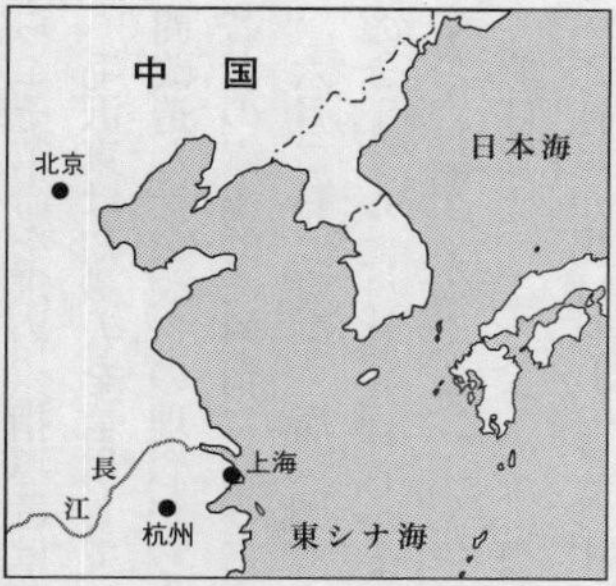

初期の紅衛兵メンバーの多くは学業成績も優秀な党幹部の子弟だった。毛神格化が強まる中で育った彼らにとって、「革命事業の後継者」としての自負は「毛思想の絶対権威を打ち立てる」熱狂へと容易に転化した。

善かれ悪しかれ、毛沢東は革命家であった。共産主義社会実現までプロレタリアート（無産階級）とブルジョアジー（資産階級）の闘争が続くとして永続革命を主張する毛沢東は、「一窮二白」（一に貧しく、二に知識がない）の人民だからこそ革命を求め、指導者は革命思想を注入できる、と言った。

毛沢東は知識人を信用していなかった。文革はおもに、彼らの性根をたたき直すという人間改造と社会改造の理念から生まれた。そして、理想を求めて現状への不満が胸にくすぶる若者の直線的な熱情に巧みに火を放つ。狙いは的中した。

六月二日、党副主席（国家主席）の劉少奇《りゅうしょうき》は中南海《ちゅうなんかい》の執務室で物思いに沈んだ。かたわらのテーブルには聶元梓らの大字報が「歓呼を送る」との論評つきで一面に載った党機関紙「人民日報」が置かれていた。

前日には、「すべての牛鬼蛇神（妖怪変化《ようかいへんげ》）を一掃せよ」というおどろおどろしい題のついた社説が掲げられ、この中で初めて「無産階級（プロレタリア）文化大革命」の呼称が使われていた。人民日報は「中央文革小組」組長の陳伯達《ちんはくたつ》らに乗っ取られたのだった。

聶元梓らのあんな大字報が称揚されるなど考えもしなかった。注意深くせねば対応を誤り、政治生命に致命傷を負う。劉少奇は秘書を呼び、今後文革に関する資料があればすぐに届けるよう言いつけた。

《劉少奇の当時の行動については、秘書だった劉振徳《りゅうしんとく》の回想録『私は少奇の秘書だった』（中央文献出版社、九四年）が記している》

事態はしかし、劉少奇の想像をはるかに超える速度で展開していった。

人民日報は「ブルジョア階級の『学者』や『権威』を一掃しよう」など、文革を鼓舞する社説を五日連続で発表した。学校には大字報があふれ、あらゆるものが「権威主義的」「修正主義的」と片っ端から学生や生徒に糾弾《きゅうだん》された。街に繰り出してデモをする者も出て、授業もできない混乱に陥った。

深刻に受け止めた劉少奇は党各部の幹部から成る「工作組」を組織して鎮《しず》めようとした。緊急招集した党政治局常務委拡大会議で派遣が決まり、「大字報は学内に張ること」「街頭でのデモ行進は禁止」「大規模な糾弾集会は禁止」などの「八カ条指示」も打ち出された。

しかし、工作組の進駐に学生たちは「革命の抑圧」と反発し、各地で衝突が相次ぐ。工作組派遣はかえって火に油を注ぐ結果となった。

毛沢東は中国南方、浙江《せっこう》省の杭州《こうしゅう》から、劉少奇ら党中央の対応を冷ややかに見つめていた。毛沢東は冬の間、温暖な杭州に出かけるのを好んだが、今年は初夏になっても北京に戻ってこなかった。

今回の騒動は毛沢東が火をつけたことは明らかだった。次の手を下しかねた劉少奇は六月九日、党総書記の鄧小《とうしょう》平《へい》と杭州に飛び、毛沢東に事態の収拾に乗り出すよう求めた。

しかし、毛沢東は軽く手を振り、「乱れるにまかせればよいではない

毛沢東の肖像の前で毛沢東語録を読み上げる紅衛兵。文化大革命における毛沢東の先兵だった

か」と言い放った。工作組についても「急いで派遣する必要はない」とあいまいに答え、しばらく帰京する気はないので二人で臨機に問題を処理するように、とつれなかった（黄峥《こうそう》著『劉少奇冤罪《えんざい》事件始末』中央文献出版社、九八年）。

劉少奇らがあわただしく北京に戻ると、情勢はさらに悪化していた。学校幹部や教師、学生が糾弾集会に暴力的に引きずり出され、死亡したり自殺したりする者まで出た。「こんなことは封建社会にもなかった」「これが党の政策でないことを祈る」。党中央には連日、犠牲者の家族らから、憤激の手紙が舞い込んだ。

劉少奇は追い詰められつつあった。

造反有理「学生を鎮圧するのはだれだ」

文化大革命が発動され、首都・北京《ぺきん》の学校から全国に拡大しつつあった紅衛兵《こうえいへい》の急進的な「権威否定」で学校は荒れた。

北京から南に約千五百キロ離れた浙江省《せっこうしょう》の杭州《こうしゅう》から〝高みの見物〟を決め込んでいた中国共産党主席、毛沢東のお墨付きを得られないまま、党副主席兼国家主席の劉少奇《りゅうしょうき》は学内秩序回復のため党中央などから「工作組」を送り込んでいた。

そのさなかの一九六六年六月十八日、北京大学学長と大学党委員会書記を解任されたばかりの陸平《りくへい》をはじめ四十数人の党幹部、教師、学生が北京大学のキャンパスで、急進的な学生らに「黒幇《こくばん》」（黒い一味）としてつるし上げられる事件が起きた。黒幇はこの場合、反革命・反動グループを意味する。陸平らの解任には毛沢東の意向が働いていた。

「闘鬼台」「斬妖台」と名づけられた台の上で、ある者は顔に墨を塗られ、紙を巻いた三角帽子をかぶせられ、首に名前や〝罪名〟が書かれた看板を下げられた。衣服を引き裂かれる辱《はずかし》めを受けた女性もいた。

騒ぎを知った工作組はすぐに駆けつけてやめさせ、全校大会を開いて「むやみなつるし上げは革命運動を損なう」と非難した。劉少奇はこの事件の報告書に「処理は正確で、すばやかった。(今後の)参考とするように」とのコメントをつけ、党中央の名で全国に流している。自分の判断に間違いはないと思っていた。

だが、学校の党委員会に代わって「秩序ある」文化大革命を指導しようとした工作組と、自分たちこそ毛沢東の文革を誠実に実行しようとしている、と固く信じる紅衛兵などが、互いに相手を「反革命」と非難する奇妙な現象が生まれ、衝突は激しさを増していく。

反工作組の機運が全国で高まるにつれ、毛沢東から「臨機応変に対処せよ」と突き放されていた劉少奇も、しだいに強硬手段に出ざるを得なくなった。工作組派遣から二十日ほどの間に、北京の二十四大学で一万人以上の学生と数千人の教員が工作組から「右派」「反革命」とされ、その強大な圧力のもとで自殺する学生も出た。

北京の清華大学構内で人ごみに交じって大字報(壁新聞)を読む角刈り頭の二十一歳の青年がいた。工程化学部三年九〇二組の蒯大富《かいだいふ》だった。

江蘇省の農民の家庭に育ち、祖父が中国共産党の抗日戦争戦士、父母も建国前からの党員ということを誇りにし、恐れを知らない性格だった。

蒯大富は一枚の大字報の前でペンを取り出すと、余白に書き付けた。「革命の主要問題は奪権である。いま権力は工作組の手中にある。この権力はわれわれを代表しているか。そうでなければ奪権せねばならない」

一九六六年六月一日、北京市や北京大の共産党委員会幹部を名指しで「反革命集団」と糾弾し、打倒を呼びかける北京大の学生たち。一枚の大字報から始まった「造反」は清華大など他校にも広がり、「紅衛兵」を生む

その六月二十一日、劉少奇の妻で秘書の王光美《おうこうび》が、工作組の一員として清華大学にやってきた。毛沢東に次ぐ党内序列第二位の国家主席夫人である。多くの学生は党中枢への橋渡しを期待し、意見を聞いてもらいたいと望んだ。蒯大富もその一人だった。

翌日のクラス会への出席を求める蒯大富の申し入れに王光美は快諾した。反工作組の急先ぽうとして知られた九〇二組の状況を知りたいと考えたのだった。が、蒯大富が奪権を主張していると聞き、当日になって参加を取りやめてしまう。

《このクラス会をめぐる経緯は九八年に中国工人出版社が出した図們《ともん》ら共著『山河を指す』などが描いている》

歓迎準備までして待っていた九〇二組の学生は憤慨し、蒯大富はさっそく大字報で工作組を非難した。このため、工作組は一部の教員や学生を動員してデモを組織し、「反革命分子蒯大富の狂気の進攻を撃退せよ」と激しく責め立て、二日続けて糾弾《きゆうだん》大会も開いた。

清華大で蒯大富が工作組に攻撃され、劣勢に立たされていた六月二十四日、付属中学に「革命すなわち造反。毛沢東思想の魂は造反である」という紅衛兵の大字報が登場する。

当時、党機関紙の「人民日報」が掲載を始めていた毛沢東語録に「マルクス主義の道理は入り組んでいるが、つまるところ一言に尽きる。造反有理《ぞうはんゆうり》（反乱には理がある）だ」があった。付属中の紅衛兵もそれを読んだ。

文革中に最も流行し、六〇年代後半の日本に燃え広がった学園闘争でも盛んに叫ばれたスローガン「造反有理」は、抗日戦争中の一九三九年、革命根拠地の延安《えんあん》で開かれたスターリン生誕六十年祝賀大会で語られた言葉だった。

毛沢東は文革を発動する数カ月前にも、こう話している。「中央機関がよくないことをしでかしたら、わたしは地方が造反して中央に進攻するよう呼びかける。各地はたくさんの孫悟空を送り出して大いに天宮を騒がせるべきだ」

全国の中学（日本の中・高校に相当）、大学に現れた紅衛兵は、まさしく毛沢東の待ち望んだ「孫悟空」だった。

杭州にいた毛沢東には毛の妻の江青《こうせい》たち文革急進派で固める「中央文革小組」が北京の状況を逐一伝えていた。

七月十八日、八カ月ぶりに北京に現れた毛沢東は、劉少奇らを呼んで工作組の派遣を厳しく批判する。

「学生運動を鎮圧するのはだれか。（袁世凱《えんせいがい》の）北洋軍閥と（蔣介石《しょうかいせき》の）国民党だけだ」

工作組派遣は辛亥革命や共産革命のかつての敵、つまり「反革命」と同じだという。

劉少奇は冷水を浴びせかけられたようだった。

故郷潜行　江青同志へ「文革は演習だ」

湖南《こなん》省の韶山《しょうざん》に三方を山に囲まれた五平方キロほどの土地がある。昔、常に水が滴っている小さな洞くつがあったことから、この一帯は「滴水洞《てきすいどう》」と呼ばれる。静寂で、夏は涼しく避暑に適している。

一九六六年六月十八日午後、韶山から滴水洞に続く一本しかないアスファルトの自動車道を、三台の乗用車と何台かのジープ、マイクロバスが駆け抜けていった。厳重な警備で守られた乗用車には、体躯《たいく》のがっしりした老人が乗っていた。七十二歳の毛沢東だった。

韶山は毛沢東の生まれ故郷である。少年時代に牛を追ったり芝を刈ったりして過ごした滴水洞に格別の思い入れがあった。五九年、三十二年ぶりに帰郷したとき、滴水洞に来てこう漏らした。「引退したら静かなこの場所に庵《いおり》を結びたい」

これを聞いた中国共産党の湖南省党委員会は一億元を投じて滴水洞に三棟からなる別荘を建てた。工事は極秘で進められ、一般人は入れず、うっそうとした樹木に覆われて上空からも建物は見えなかった。

今回は二度目の帰郷である。四年前に落成した別荘に毛沢東が足を踏み入れるのは初めてだった。滴水洞への潜行は党中央の指導者らも知らなかった。

毛沢東は滴水洞の別荘に十一日間滞在した。三棟のうち「一号楼」と呼ばれた、灰色の屋根に白い壁の平屋が毛沢東専用の居宅だった。毛沢東はここにこもり、故郷の人たちともほとんど会わなかった。

随行した中央警衛隊長の張耀祠《ちょうようし》が書いた『毛沢東を追想する』（中共中央党校出版社、九六年）によれば、毛沢東は読書をするか、毎日北京《ぺきん》から届けられる新聞や書類に目を通す以外、ずっと思索にふけっていた。ときには焦燥《しょうそう》感にかられているようにも見えたという。

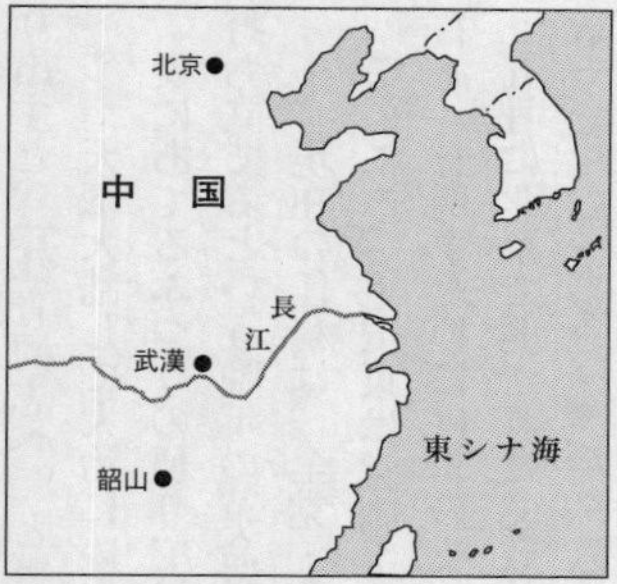

毛沢東はプロレタリア文化大革命の青写真を描いていたのだった。三週間前、毛沢東は「すべての牛鬼蛇神（妖怪変化《ようかいへんげ》）を一掃せよ」との号令で文革に火をつけた。

これに呼応して沸き起こった紅衛兵《こうえいへい》らの運動は党中央の思惑を超えて急進化し、右派とみなされた党や学校幹部たちが暴力的な個人攻撃にさらされた。

党副主席（国家主席）の劉少奇《りゅうしょうき》は、毛沢東の意向をつかめないまま、秩序回復を理由に「工作組」を組織して学校に派遣し、規制に出ていた。

毛沢東は執務室の引き出しのなかから縦書きの便せんを取

り出すと、「江青《こうせい》同志へ」と書いた。

——天下大乱して大治にいたる。

妻にあてるふつうの便りではなかった。既存の社会秩序を壊して自らの理想とする社会を打ち立てるという晩年の革命思想を書き表したのだった。政治的な「遺言状」ともいえた。

——現在の任務は、全党・全国で主要な（全部は不可能だ）右派を打倒することだ。

このころ、毛沢東は党副主席兼国防相の林彪《りんぴょう》を「友人」と呼び、重用していた。「主要な右派」を倒すためには軍の支持を得なければならなかった。

五月に北京で開かれた党政治局拡大会議で、林彪は大演説をぶった。いわゆる「5・18講話」で、「毛主席はマルクス・レーニン主義の理論を広く運用した無産階級（プロレタリア）の天才である」と毛沢東を完全に神格化したのだった。

——私は高いところに押し上げられた。どうやら同意しないとだめなようだ。

毛沢東はもともと個人崇拝には反対していた。だが大衆を立ち上がらせるために多少の個人崇拝は必要だった。毛沢東は六五年に『中国の赤い星』を著したアメリカ人ジャーナリストのエドガー・スノーにそう語っている。

五六年の第二〇回ソ連共産党大会で党第一書記のフルシチョフが行ったスターリン批判の「秘密報告」は毛沢東を激怒させた。偶像としてのスターリンは徹底的に破壊され、遺体も運び去られてしまった。同じ共産主義国の領袖《りょうしゅう》として毛沢東の衝撃は大きかった。

中国にも修正主義が現れるのだろうか？

自分の死後に秘密報告がなされ、死体にむち打たれるのだろうか？

毛沢東は疑心にとらわれた。だれが中国のフルシチョフなのだ？

自分が育ててきた党は革命の先進性をしだいに失っている、と毛沢東は思った。毛沢東の永続革命路線と対立する党中央指導者は少なからずいる。その筆頭が劉少奇と党中央委員会総書記の鄧小平《とうしょうへい》だった。毛沢東は指導部内で孤立しつつあった。マルクス・レーニン主義の道からはずれた「修正主義分子」打倒への思いは強まっていった。

《党史や軍史などの史料を典拠にしたという天華《てんか》編著『毛沢東と林彪』（内蒙古人民出版、九八年）は、毛沢東の心情を以上のように推し量っている》

――今回の文化大革命は真剣な演習だ。

――左派、右派、それにぐらついて定まらない中間派も、それぞれが教訓を得るだろう。

――結論：前途は光明だが、道は曲がりくねっている。

こう締めくくられた毛沢東の長い手紙は翌七月、江青に届けられた。

六月二十八日、毛沢東は武漢《ぶかん》に発つ。滴水洞には二度と戻ることはなかった。

突如 北京へ 劉は批判され、形勢は逆転した

その前年暮れに七十二歳となったばかりの中国共産党主席、毛沢東は一九六五年の初め、米国人ジャーナリストのエドガー・スノーと会談した際、「もうすぐ上帝（神）に会いに行く」としきりに強調した。

これが西側で報じられ、それを新華社が党幹部向け情報で伝えたため、指導部内に一時期、本当に毛沢東は重病で死期も近いのだと思う者も出た。

天華《てんか》編著『毛沢東と林彪《りんぴょう》』（内蒙古人民出版社、九八年）はそう書き、毛沢東の言葉は指導部の反応を見るための観測気球だった可能性を指摘する。事実、翌六六年には毛沢東を〝名誉主席〟とする動きが指導部内にあったともいう。

だが、党内外の「右派」や「修正主義者」を打倒しようと、プロレタリア文化大革命という大事業に晩年の命運をかけた毛沢東は、ここで実権を奪われるわけにいかないのだった。

六六年夏、南方での長い沈黙から一転、健在ぶりを全世界にアピールする。

人民日報は七月二十五日、毛沢東が湖北《こほく》省の省部、武漢《ぶかん》を流れる長江《ちょうこう》（揚子江《ようすこう》）に遊び、十五キロを一時間五分で泳いだという「特大の吉報」を報じた。電撃的な再登場だった。

毛沢東の中央警衛隊長、張耀祠《ちょうようし》著『毛沢東を追想する』などによると、七月十六日に武漢で「長江横断水泳大会」が行われ、滞在中の毛沢東も快速艇から参加者を観閲した。やがて自らも護衛に付き添われ、川に入って泳ぎ出したという。

《当時、死亡説もあった西側で「毛沢東現る」の報は別の意味で話題を呼ぶ。「毛沢東の泳ぎは世界記録より速いではないか」と。ちなみに、いまも伝記などに記される数字は当時の「人民日報」の報道通りである》

長江を遊泳した翌々日の七月十八日、毛沢東はふいに北京《ぺきん》に舞い戻る。六五年十一月に南方〝巡視〟に出てから、実に八カ月ぶりの帰京だった。

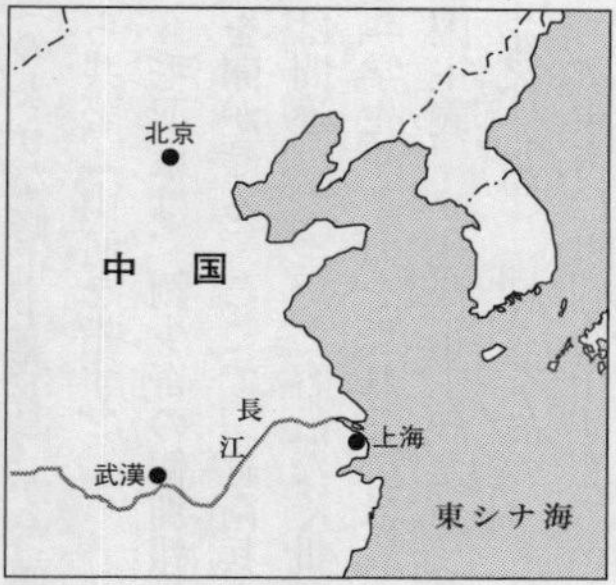

党副主席で国家主席の劉少奇《りゅうしょうき》は、さっそく報告のため中南《ちゅうなん》海《かい》の毛沢東の住居、豊沢園《ほうたくえん》に向かったが、「主席はもうお休みになった」と面会を断られた。建物の前には何台か訪問者の車が止まり、部屋には明かりがついている。劉少奇は釈然としない気持ちで引き揚げた。

このとき毛沢東は陳伯達《ちんはくたつ》ら中央文革小組の報告を受けていたのだった。「劉少奇が学生運動を鎮圧している」と聞くと机をたたいて言った。「この文化大革命はやり続けねばならない。さもなければ（元ソ連共産党第一書記）フルシチョフ

（のような修正主義者）が台頭して中国共産党はブルジョア政党に変わってしまう」（李暁文《りぎようぶん》ら共著『山河を指す』）

毛沢東は、劉少奇の個別報告は受けつけないまま、翌十九日から劉に文化革命状況報告会を開かせる。ここで、紅衛兵《こうえいへい》などの急進的行動を抑制しようと劉らが組織した工作組の派遣は間違いだったと容赦なく批判した。

「学生や革命を恐れるのは真の共産党ではない。文化大革命に反対するのはだれか？　米帝国主義、ソ連修正主義だ。反動派だ。学生を鎮圧するのはだれか？（袁世凱《えんせいがい》の）北洋軍閥だ。（蔣介石《しようかいせき》の）国民党だ」

劉少奇は批判を予想していなかった。これまでも党内で矛盾が生じたときは工作組を派遣して問題を解決してきたし、今回の派遣も毛沢東は反対しなかったではないか。

劉少奇は党中央の責任者から意見を聴取するなどして対応を考えた。そうして出した結論は、「工作組そのものの派遣を毛沢東は否定したのではない」というものであった。ただ、工作組の中には指導を誤ったものもあると認め、工作組の矛先を学内の「黒い一味」に向けさせ、造反学生と共闘させる形で軌道修正を図ったのだった。

業を煮やした毛沢東は二十四日から二日間、党政治局常務委員会と中央文革小組を招集し、強い調子で言い放った。「工作組は運動を阻害し、悪い作用を及ぼす。すべて追放すべきだ」

形勢はにわかに逆転した。反工作組の潮流はもはや押しとどめられず、党政治局常務委拡大会議は工作組の撤収を決定した。四日後の七月二十九日、党中央は人民大会堂で「北京市大学高専と中等学校の文化革命積極分子大会」を開く。

《この模様は李《り》剣《けん》ら編『中共歴史転換点』（中共中央党校出版社）などが伝えている》

中央大ホールは一万人もの教師・学生で三階席まで埋まった。党中央委総書記の鄧小平《とうしょうへい》、国務院総理（首相）の周恩来《しゅうおんらい》が順に壇上で話し、それぞれ工作組を派遣した責任を認める。

続いて劉少奇が立った。

「プロレタリア文化大革命を最後まで推し進めることはわれわれ党中央の方針である。ただどう進めるかということになると、君たちもよくは知らない。君たちは私にどう革命するか尋ねる。正直に言うが、私にも分からないのだ」

会場はしんと静まり返り、参加者は率直に戸惑いを吐露した中央首長の言葉に聞き入った。

一九六六年七月十六日、毛沢東（上写真）は武漢で長江を遊泳し（下写真の手前）、健在ぶりをアピールした

このとき参加者は、工作組の問題で劉少奇が毛沢東に厳しく批判されたことなど知るよしもなかったのだ。

大会終了まぎわ、毛沢東が突然、会場に現れた。青年たちは実物を目の当たりにして興奮した。劉少奇に対したときの静まりようとは対照的に、感激の拍手はいつまでも鳴りやまず、毛沢東を賛美する「大海航海靠舵手（大海を行くには舵手《だしゅ》に頼る）」の勇壮な曲と歓声がホール中にこだました。

「毛主席万歳！　万々歳！」

毛沢東は満足げに手を振りながら会場を離れた。

『海瑞罷官』を評す　狼煙は上海で上がった

《一九六六年五月、中国共産党の北京《ぺきん》市党委員会幹部らを名指しで批判する衝撃的な大字報（壁新聞）が出現し、翌六月には急進的な「紅衛兵《こうえいへい》」運動が登場して全土に猛威を振るいつつあった。党と社会に大乱を起こし、革命的に再編しようという毛沢東のプロレタリア文化大革命は、ついに火を噴《ふ》いた。

ここで、文革の導火線はどう準備されたか、について触れなければならない。話は半年前の六五年十一月にさかのぼる》

晩秋の上海《しゃんはい》。一台の乗用車が康平路《こうへいろ》の中国共産党上海市党委員会の大きな門から外灘のほうに駆けていった。車は上海市党委機関紙「解放日報」社の印刷工場を目指していた。

乗っていたのは、のちに毛沢東未亡人の江青《こうせい》らと「四人組」と呼ばれることになる張春《ちょうしゅん》橋《きょう》と姚文元《ようぶんげん》のほか、解放日報の編集長と副編集長だった。

このとき張春橋は解放日報を指導する上海市党委書記であった。解放日報の二人の編集責任者は、張春橋に「急いで組版印刷してほしい論文がある」と呼ばれたのだ。

二人はその論文が「極秘」で、「一つの句読点の間違いも許されない」ということ以外、内容などはいっさい知らなかった。ましてやこれが「プロレタリア文化大革命」の導火線になろうとは想像さえできなかった。

その論文を書いた姚文元は解放日報の編集委員兼文芸部主任をしていた。左翼作家を父親にもつ姚文元は、批判にたけていることで名の知られた青年文芸評論家だった。

副編集長は半年ほど前、姚文元が「市党委から書きものを頼まれたので暇が欲しい」といってきたときのことを思い出した。とくに理由も聞かなかったが、この論文を書いていたのか――。

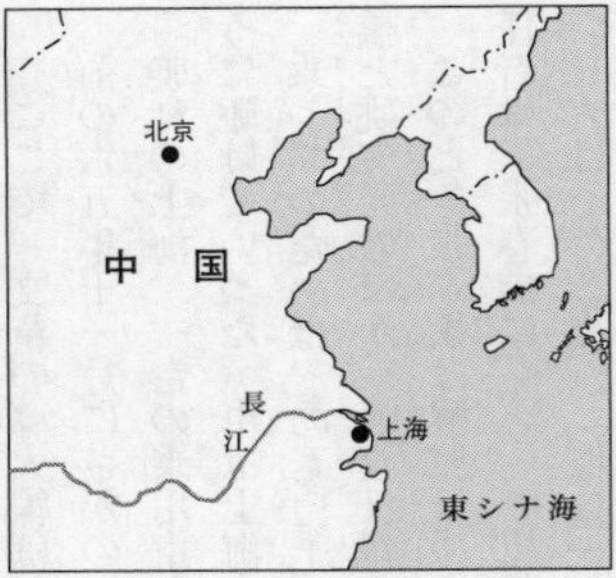

《歴史作家の葉永烈《ようえいれつ》は当時の状況を『姚文元伝』の中で描いている。多くの姚文元周辺の人物にインタビューしたという》

印刷工場で、姚文元は提《さ》げていた包みの中から分厚い草稿を取り出した。

――「新編歴史劇『海瑞罷官《かいずいひかん》』を評す」

論文は数日後の一九六五年十一月十日、まず上海の日刊紙「文匯報《ぶんわいほう》」に掲載され、解放日報には二日遅れで載った。張春橋は解放日報だけでなく文匯報にも影響力があった。

これが、その後十年に及ぶ「文革」の狼煙《のろし》であった。

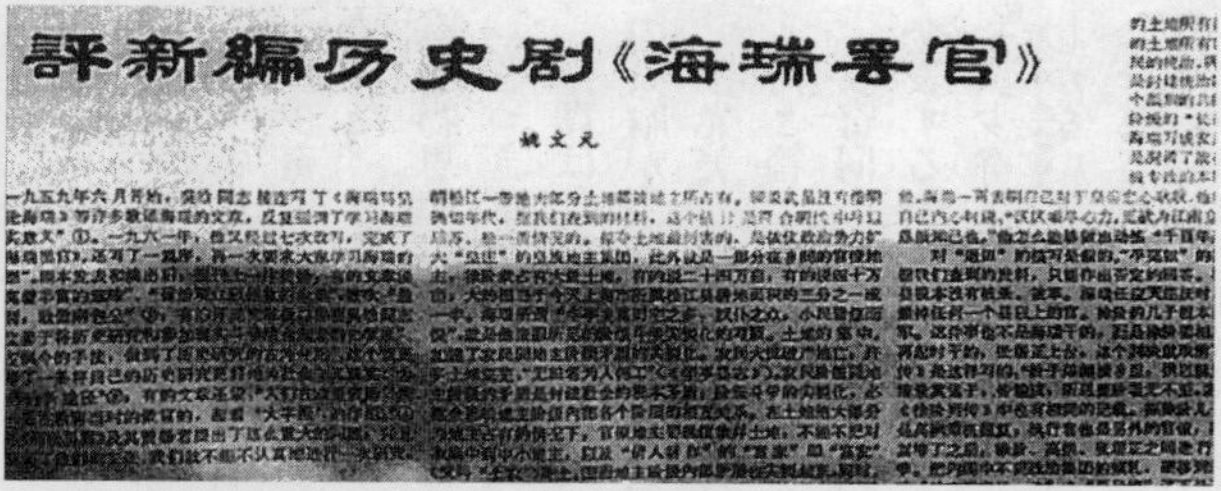
評新編历史剧《海瑞罢官》

姚文元

上海で発表され、文化大革命の発火点となった姚文元の「新編歴史劇『海瑞罷官』を評す」

『海瑞罷官（海瑞、官を罷免さる）』は、首都北京の副市長で明代史の専門家でもある呉晗《ごがん》が六〇年に書いた京劇の脚本のタイトルである。姚文元の論文はそれを批評したものだ。

海瑞は、皇帝が民をかえりみないことを諫《いさ》めたために怒りを買い、罷免、投獄された明朝の嘉靖《かせい》帝（一五〇七―一五六六年）時代の高官である。

姚文元は論文で『海瑞罷官』とこれが書かれた当時の「右翼的」風潮を結びつけて批判を展開していた。封建時代の役人を肯定して描いた呉晗は「地主階級国家を美化し、革命を不要とする階級調和論を宣伝した」のであり、『海瑞罷官』はプロレタリア独裁と社会主義に反対する「毒草」である、と。

姚文元のこの論文が発表された当初、史学界や文学界は沈黙していた。ほどなく、北京や各地の新聞が論文を転載し始めたが、人々は単なる学術論争にすぎないと考えており、さらに多くの人々は、学術論争になるとさえ思っていなかった。

だが、水面下では、学術論争を超えた政治闘争が始まりつつあった。

北京。党幹部ら要人が住む中南海の「福禄居」で、姚文元の論文を一語一句、丹念に読んでいる者がいた。党副主席で国家主席の劉少奇《りゅうしょうき》だった。

《李健《りけん》編著『紅船交響曲』（中共党史出版社、九八年）は次のように描く》

劉少奇は秘書に呉晗が書いた『海瑞罷官』を探させ、六一年に出版された単行本を細かく読んだ。窓には深紅のカーテンがかかり、古典から現代まで多くの書物が並んでいた。劉少奇が物思いに沈んでいると、夫人の王光美《おうこうび》が入ってきた。

「さっき彭真《ほうしん》同志から電話で、『海瑞罷官』批判に対するあなたの意見を求めてきたわ」

彭真は党内公式序列九位の党政治局員で、北京市党委第一書記兼北京市長である。副市長の呉晗が突然、上海で名指しの批判をされたのに黙っているわけにいかなかった。

王光美の言葉に劉少奇は目を見開いた。

「何と答えた?」

「少奇同志はまだその文章を読んでいないだろうし、呉晗のこともよく知らないから意見を発表するのは難しい、と。これで良かったのかしら?」

劉少奇は立ち上がり、ゆっくり歩きながら独り言のようにつぶやいた。「今はそう答えるしかない。この（姚文元による『海瑞罷官』批判の）文章は毛主席が支持しているものだ」

そして王光美に言い含めた。「だから人に話すときはとくに慎重にしないといけない」

劉少奇は実際には毛沢東が支持したかどうか知らなかった。が、毛沢東の影を敏感に感じ取っていた。

論文が発表された六五年、毛沢東はほとんど北京にはおらず、南方を巡回していた。毛沢東に言わせれば、革命精神を忘れた「実権派」が政務を取り仕切る北京は、「水もはじき針も通さない修正主義の独立王国」だったからだ。

毛沢東は六五年九月の中央工作会議で、「もし中央に修正主義が現れたら」と仮定の話を装いながら、「地方からの造反を望む」と発言していた。

一時北京に戻っていた毛沢東は、姚文元の論文が「文匯報」に掲載された三日後、再び専用列車で南方に向かった。華東地方の山東《さんとう》、安徽《あんき》、江蘇《こうそ》各省を経て、一週間足らずで上海に着いた。そこは夫人の江青や張春橋の〝基地〟であった。

「諫言」拒絶「左派の『海瑞』なら歓迎だ」

「副市長を批判するのに、市の党委員会に連絡もないとはどういうつもりだ」

北京《ペきん》市長の彭真《ほうしん》は、副市長の呉晗《ごがん》が五年前に書いた歴史劇『海瑞罷官《かいずいひかん》（海瑞、官を罷免さる）』を批判する文芸評論家、姚文元《ようぶんげん》の論文が突然、上海《しやんはい》で発表され、いたく不満であった。

彭真は中国共産党政治局員で北京市党委員会第一書記という党最高首脳の一人である。その自分の直属の部下が名指しで批判された。しかも、上海の「文匯報《ぶんわいほう》」（一九六五年十一月十日付）と「解放日報」（十二日付）に掲載された問題の論文は、「皇帝を諫《いさ》めた封建時代の役人である海瑞を美化したのは、右派分子による資本主義復活のたくらみの反映である」と、思いもかけぬ言い掛《が》かりをつけられていた。

彭真は党中央の実務問題処理などで近い立場にあった党副主席兼国家主席、劉少奇《りゆうしようき》の意見を聞こうと電話したが、このときは話ができなかった。その彭真に北京市党委の機関紙「北京日報」社社長の範瑾《はんきん》から電話がかかってきた。姚文元の論文を北京日報でも転載すべきかどうか、判断を仰ぐものだった。

一介の文芸評論家が、著名な明代史研究者で北京市副市長の著作を正面切って批判するというのは尋常ではない。背後に何らかの政治的意図が働いているのではないか、と考えたのだった。

毛沢東の中国共産党では、革命根拠地の延安《えんあん》時代以来、反対派追い落とし策動が往々にして文芸批判に名を借りて始まった過去を持つ。範瑾もそれを疑い、背景を探るため姚論文を掲載した文匯報の知人に二度電話したが、回答を断られていた。

しかし、彭真は強気だった。「(党中央機関紙)「人民日報」の重要社説でもあるまいし、転載する必要はない」と範瑾の電話に答えた(葉永烈《ようえいれつ》著『江青伝《こうせいでん》』)。

彭真から電話がある前にすでに姚論文を注意深く読んでいた劉少奇は、背後に党主席、毛沢東の影を感じてはいたが、その真意をはかりかね、中央紙などへの転載の指示はとくに出さなかった。

動いたのは毛沢東、劉少奇に次ぐ党内序列三位の党副主席兼国務院総理(首相)の周恩来《しゅうおんらい》であった。周恩来は姚論文が発表されたあと、毛沢東から電話があり、この論文に毛沢東が関係しているらしいことを知った(厳家祺《げんかき》、高皋《こうこう》著『文化大革命十年史』)。

二年前に毛沢東は文芸界の非革命的な風潮を改めるよう「整風(思想整とん)」を指示しており、党中央はすでに彭真を組長とする「文化革命五人小組」を設けていたが、彭真たちはほとんど活動していなかった。

姚文元の論文問題でも、彭真は呉晗の書いた『海瑞罷官』が問題とは思っていない。が、周恩来が説得に乗り出したことから、十一月二十八日に党中央宣伝部と北京市党委の責任者を集めて会議を開き、北京の各紙に姚論文を転載する、と決めざるを得なかった。

それでも、彭真は「(姚論文に)どんないわくがあろうと、真理の前にはだれもが平等だ」と言い、転載に当たっては各紙編集者の言葉を添え、問題を政治闘争ではなく学術討論とするよう指示した。姚論文が呼び捨てにした呉晗に「同志」と付け加えるよう求めてもいる。

翌日、つまり姚文元の論文が発表されて十九日目にしてようやく、北京でも「北京日報」と党中央軍事委員会機関紙の「解放軍報」が論文を転載し、「人民日報」なども続いた。

姚文元は呉晗が海瑞を美化していると批判したが、かつて、その海瑞をたたえるよう言い出したのは、じつは毛沢東であった。

六年前の五九年四月、上海で湘劇(湖南《こなん》省の地方劇)を見た毛沢東は、海瑞が皇帝の悪政を諌める場面に感銘を受けた。

「海瑞は皇帝をののしったが、それは忠心からきたものだ。忠誠にして剛直、おもねらずに諌言《かんげん》する海瑞精神を提唱しなければならない」

真実をなかなか語ろうとしない党内の風潮をこう批判した毛沢東は、秘書の胡喬木《こきょうぼく》(文革で失脚したが、のちに中国社会科学院院長、党政治局員)に海瑞を宣伝するよう指示した。

呉晗が海瑞について書いたのは胡喬木の依頼がきっかけだった。

まず「海瑞、皇帝をののしる」という一文を「人民日報」に発表した呉晗は、続けて七月に「海瑞を論ず」を書いて胡喬木宅に届けた。このとき胡喬木は北京を留守にして江西《こうせい》省の廬山《ろざん》にいた。廬山では党政治局拡大会議が開かれていた。

この会議では当時、党政治局員兼国防相の彭徳懐《ほうとくかい》が、いわゆる「大躍進」期の急進的な経済政策のゆがみを指摘する毛沢東あての意見書を出して毛の怒りを買い、引き続き廬山で開催された党八期中央委員会第八回総会（八期八中総会）で「反党グループ」の頭目とされ、失脚することになる。

《このとき、党指導部内の空気が彭徳懐に同調的なのを毛沢東が悟ってがく然とし、「失権」への強い危機感にかられたことが、権力闘争としての文化大革命発動の遠因となるのだが、ここでは詳しく触れない》

批判された呉晗の著書『海瑞罷官』

彭徳懐の諫言を受けながら、それをとがめたことについて毛沢東は再び海瑞を持ち出してこう言った。

「私は海瑞を奨励もするが好きでもない。右派の海瑞の言うことは聞かない。左派の海瑞は歓迎する。マルクス主義の立場に立って欠点を批評すること、これは正しい」

毛沢東は、かつて自分が称揚した海瑞の皇帝への諫言が、彭徳懐の自分への意見書と重ね合わせて見られることを恐れていたのだ。

廬山から北京に戻った胡喬木は、留守中に届けられていた呉晗の「海瑞を論ず」を目にする。毛沢東はなおも海瑞精神を提唱してはいたが、皇帝を諫めた海瑞を評価することで、彭徳懐の弁護をしていると受け取られないともかぎらない。

胡喬木は念のため「海瑞と彭徳懐は同じではない」という意味を込めて呉晗の論文に「海瑞は右派ではない」という内容の一節を付け加えて発表した。

そして、その後も問題は起きず、呉晗は北京京劇団の名優、馬連良《ばれんりょう》に請われて歴史劇『海瑞罷官』の脚本を書いたのだった。このときも問題にはならかった。

矢は思わぬところから飛んできた。批判すべきだと強硬に言い出したのは毛沢東の妻、江青であった。

「実権派」に照準　「誤りは徹底的に攻撃する」

最初に京劇『海瑞罷官《かいずいひかん》（海瑞、官を罷免さる）』を見て、「重大な政治的過ちを抱えている」と毛沢東に〝注進〟したのは、妻の江青《こうせい》だった。一九六二年のことだ。三年後に江青が文芸評論家、姚文元《ようぶんげん》に書かせた『海瑞罷官』の批判論文が、皇帝に諫言《かんげん》した封建時代の役人を美化して描いているのは右派による資本主義復活の陰謀、としていた。

毛沢東は当初、江青の話を受け流していたが、このころを境に毛沢東の考えが変わっていった、と陳明顕《ちんめいけん》著『晩年毛沢東』（江西人民出版社、九八年）は指摘する。国内と国外情勢という二つの要因からだった。

国内的には、自ら提起した「大躍進」という名の急進的な経済政策の失敗があった。現実路線を採って国民経済を立て直そうとする党副主席兼国家主席の劉少奇《りゆうしようき》や、党中央委員会総書記の鄧小平《とうしようへい》ら「実権派」（のちに毛沢東が劉少奇らに張ったレッテル）に多数派を形成されつつあると毛沢東は感じていた。

対外的には、フルシチョフによるスターリン批判以来、マルクス主義の道をはずれて「修正主義」化したと毛沢東がみなすソ連共産党との対立激化と、共産陣営内で中国の孤立化が進んだことがあった。

そのような状況下で、党内の実権派とソ連修正主義が結びつくことは悪夢であった。かつて五九年に、毛沢東に意見書を突き付けて国防相を解任された彭徳懐《ほうとくかい》がまさにそうだ、と毛沢東は思っていた。

ここから毛沢東の当時の心境を推し量ることができる。

彭徳懐に同調する者はいまも党内に少なからずいる。明《みん》代の嘉靖《かせい》帝の悪政を諫《いさ》めて罷免された海瑞を主人公とする『海瑞罷官』は、彭徳懐の意見をいれずに解任した毛沢東へのあてつけに書かれた、という者もいる。

そうかもしれない、そうでないかもしれない。だが、確かなことは、『海瑞罷官』を書いた明代史研究者の呉晗《ごがん》が副市長を務める北京《べきん》市の市長で北京市党委員会第一書記、彭真《ほうしん》は「実権派」の劉少奇につながる人物ということだ。

彭真は文芸界の非革命的風潮をただすため六四年に結成された指導グループ「文化革命五人小組」の組長でありながら、活動らしい活動はしていない。五人小組のメンバーである毛沢東・江青派の党政治局候補委員、康生《こうせい》も『海瑞罷官』は毛沢東への皮肉だといっている。

少なくとも、『海瑞罷官』は反党分子の彭徳懐を擁護するものだ、との批判を通じて実権派に対する政治闘争を仕掛けることができる、と毛沢東は考えるようになった。党内権力強化と反対派排除のため、思想・文芸上の「整風（作風の整とん）」運動を発動するのは、革命根拠地の延安《えんあん》時代からの毛沢東の常とう手段であった。

かつて「同志」だった彭真（前列右）と毛沢東（後列左）。彭真が失脚する三年前の一九六三年十二月三日の中国第二期全国人民代表大会第四回会議で（前列左は朱徳、後列右から鄧小平、董必武、劉少奇）

『海瑞罷官』を批判する姚文元の「新編歴史劇『海瑞罷官』を評す」の執筆には、江青や上海《しゃんはい》市党委書記、張春橋《ちょうしゅんきょう》が全面的に関与した。文化大革命が始まると、この三人は急進派「四人組」の中核となる。

六五年十一月に突然、姚論文が発表されたあと張春橋らが巧妙に中立を装い、反対意見も積極的に誘い出す方法で議論をたきつけたおかげで、論議は全国に広がっていく。

自分が標的の一人となっているのに気づいた彭真は、懸命に防戦に努めた。執筆グループを組織し、議論を学術問題に絞って慎重に政治からそらそうとした。だが毛沢東は姚論文支持の立場を明らかにし、論文発表の翌十二月、滞在先の杭州《こうしゅう》で秘書の陳伯達《ちんはくたつ》らに言った。

「(呉晗の書いた)『海瑞罷官』の核心は『罷官』だ。嘉靖帝は海瑞の官職を罷免した。五九年にわれわれは彭徳懐を罷免した。彭徳懐も海瑞だ」

彭真は翌六六年二月に、放置していた文化革命五人小組を招集し、『海瑞罷官』論争について何らかの報告を出さざるを得なくなった。

「五人小組」拡大会議での討論に基づいて出された「当面の学術討論に関する文化革命五人小組の報告提綱」（二月テーゼ）はなおも、「実事求是（事実に基づいて真理を追究する）を堅持し、独断と権勢をもって人を押さえ込んではならない」と、あくまで学術論争の枠内に押しとどめようとした。

「二月テーゼ」の報告を受けた毛沢東はこのときはとくに反対しなかったから、彭真は一連の問題は落着した、と安堵《あんど》した。が、それはいかにも甘かった。文化大革命で秩序を破壊する中から、新たな革命社会の建設を目指す毛沢東の意志は、彭真らの小手先の報告ぐらいで止められはしなかった。

六六年三月末、上海西郊にある別荘で康生と会った毛沢東は、彭真らの「二月テーゼ」は「階級区分をあいまいにし、是非を分かたず、誤っている」と批判し、彭真が指導する北京市党委員会も「五人小組」も解散すべきだと言った。

四月十六日、毛沢東は突然、杭州で中央政治局拡大会議を招集する。多くはいぶかしがったが、彭真は「私が事を起こしてしまった」と漏らし、開催の理由を察知していた。当時党中央委員だった蕭克《しょうかつ》ら著『私の体験した政治運動』（中央編譯出版社、九八年）によると、彭真は杭州に着くとすぐ毛沢東に面会を申し入れたが聞き入れられなかった。

この杭州会議で彭真らの「二月テーゼ」は全面的な批判を受け、取り消しが決まった。追い打ちをかけるように「彭真は自分の世界観で党を改造しようとしたが、流れは逆だった。彼の誤りは徹底的に攻撃せねばならない」と毛沢東は語った。

会議に出た各地方党委員会の書記たちは同じホテルに泊まっていたが、もはや彭真と肩を並べて歩く者も、言葉を交わす者もいなかった。

半月足らずのちの「五一節」（メーデー）の祝賀行事で北京の天安門《てんあんもん》楼閣上に居並ぶ党主導者の中に、彭真の姿はなかった。党内序列九位という党最高指導部の一人である彭真の失脚はしかし、やがて始まる大規模な粛清《しゅくせい》のほんの幕開けに過ぎなかった。

彭真解任　一大権力闘争が始まった

北京《ぺきん》市副市長、呉晗《ごがん》が五年前に書いた歴史劇『海瑞罷官《かいずいひかん》』を「社会主義に反する毒草」と決めつけた論文が一九六五年十一月に上海《しゃんはい》で発表され、背後には毛沢東の妻の江青《こうせい》がいた。中国共産党主席の毛沢東はこの文芸批判を突破口に党指導部内の「右派」を攻撃する政治闘争を開始する。これが文化大革命の発火点であったことは、のちに分かる。

毛沢東たちの攻撃は呉晗だけにとどまらなかった。北京市党委員会機関紙で呉晗とともに、故事に託して現代を風刺する随筆「三家村札記《さんかそんさつき》」を執筆していた編集長の鄧拓《とうたく》、市党委統一戦線部長の廖沫沙《りようまつさ》にもごうごうたる批判が及ぶ。

このとき、毛沢東たちの真の標的は党政治局員で北京市党委を率いる北京市長の彭真《ほうしん》であり、その先には党副主席で国家主席の劉少奇《りゆうしようき》が見えていた。

毛沢東らの文芸界に対する批判は、つまるところ「ぬくぬくとブルジョア的世界に安住し、人民の立場に立った革命精神を忘れている」というもので、それは党内右派への批判にも通じていた。

彭真は呉晗らの問題を「学術論争」にとどめ、政治闘争化を回避して自身の立場も守ろうとしたが、その姿勢を毛沢東らに糾弾され、万事休した。六六年五月四日から北京で開かれた党政治局拡大会議で彭真は北京市長を含め、いっさいの職務を解任される。

《「彭真解任」はしばらく公表されず、六月三日になって、北京市党委が改組され彭真に代わって第一書記に党中央華北局第一書記から李雪峰《りせっほう》が就いたとの発表があった。

日本の新聞各紙は単に「文芸批判をめぐる責任問題による失脚」などとみたが、産経新聞の柴田穂《しばたみのる》は「大権力闘争の開始だ」と判断、産経新聞だけは解説つきの一面トップ記事という際立った扱いとなった。

柴田はこの直後、北京支局長として赴任するが、翌六七年、「一貫した反中国報道」を理由に国外退去処分となった。産経新聞北京支局の閉鎖はその後三十一年間続いた》

彭真が解任された政治局拡大会議の最初の全体会議で、人民大会堂に集まった政治局員らはめいめいの机の上に一枚の紙片が置かれているのに気づいた。紙にはクルミ大の大きな字でこう書いてあった。

「わたしは以下を証明する。葉群《ようぐん》は私と結婚したとき純潔な処女で、結婚後も一貫して品行方正であった……」

葉群は党政治局員兼国防相、林彪《りんぴょう》の妻であり、字は林彪の筆跡だった。

「こんなものを配って何をするのだ！　片づけろ」

中央軍事委員会副主席の聶栄臻《じょうえいしん》は怒りをあらわにし、紙片はすぐに回収された。

《この会議の模様は彭真に代わって北京市党委第一書記になる李雪峰自身が『私が体験した政治運動』で書いている》

林彪の妻の葉群には、品行をめぐって建国以前からとかくのうわさがあった。党中央宣伝部長、陸定一《りくていいっ》の妻、厳慰氷《げんいひょう》は葉群あてに匿名で二十三通もの手紙を送って執ように批判していた。

会議の少し前にこれが表ざたになって厳慰氷は「反革命罪」で逮捕され、陸定一も関与していた嫌疑がかけられていた。

林彪は会場で配った「証明書」で「厳慰氷の反革命手紙に書かれていることはすべてデマである」と反論したのだった。

陸定一はこの政治局拡大会議で彭真と同じく、いっさいの職務を解任された。彭真が組長を務めていた「文化革命五人小組」のメンバーだった陸定一は、呉晗批判の問題で、呉晗らを強く擁護したことが罪状に挙げられた。しかし、この処分には明らかに林彪の私怨《しえん》も影響していた。

会議では文化大革命の指導綱領となる「5・16通知」が採択された。すべて事前に手はずを整えていた毛沢東は杭州《こうしゅう》にとどまったまま、政治局候補委員の康生《こうせい》を通じて会議の詳細を把握していた。

会議で職務解任されたのは彭真と陸定一だけではなかった。

この一年前に人民解放軍総参謀長の羅瑞卿《らずいけい》は「積極防衛」の立場から軍近代化を主張した。これは国家主席の劉少奇や、七年前に毛沢東に意見書を出して国防相を解任された彭徳懐《ほうとくかい》と近く、「攻勢的包囲」の人民戦争方式を信奉する毛—林路線とは相いれなかった。

林彪のライバルでもあった羅瑞卿は、毛沢東の意向に沿って政治思想工作に力を傾注する林彪に「軍事訓練がおろそかになる」と意見を述べたことがある。その後、林彪夫妻らに「毛沢東思想を敵視する野心家」と批判され、六五年の十二月に上海に呼び出されて隔離審査を受けた。弁明の機会も与えられないままその後、北京で糾弾会議が開かれ、激しく責め立てられた。このためビルから飛び降り自殺を図るが果たせず、左足を骨折する。

また、六五年十一月に突然、情報統括機関である党中央弁公庁主任（長官）を解任された楊尚昆《ようしょうこん》も、盗聴器を仕掛けたり、機密文書を部外者に写させたりしたなどとして機密漏えい罪で処断された。

林彪は政治局拡大会議の演説で、彭真、陸定一、羅瑞卿、楊尚昆の四人を「反革命集団」とひとまとめにし、「彼らは陰謀をたくらんでおり、たったいまも人殺しを考えている」と決めつけた。

産經新聞
彭真北京第一書記を解任
後任に李雪峰氏
市委員会を改組
整風、党中枢に及ぶ
"政治闘争"の性格明確に

彭真解任を一面トップで報じる産経新聞の一九六六年六月四日付朝刊

《文革中、この四人はたびたび紅衛兵《こうえいへい》らの残酷な拷問や迫害を受けて苦しみ抜いた。しかし、江青ら四人組逮捕後に名誉回復されて復活し、彭真は全人代（国会）常務委員会委員長に、陸定一は全国政治協商会議副主席に、羅瑞卿は中央軍事委秘書長に、楊尚昆は国家主席にまでなった》

政治局拡大会議のさなか、呉晗の歴史劇を批判した姚文元《ようぶんげん》が、呉晗、鄧拓、廖沫沙の「三家村」を糾弾した論文が発表された。

鄧拓は北京市内の自宅で妻と彭真らにあてた二通の遺書をまくらの下にはさみ、悲憤を抱きながら五十四歳の生涯を絶った。毛沢東が発動した文化大革命で死に追い込まれた最初の犠牲者だった。

「偉大で光栄ある、正しい中国共産党万歳！　われらが敬愛する領袖《りょうしゅう》毛主席万歳！」遺書はこう結ばれていた（葉永烈《ようえいれつ》著『姚文元伝』）。

私の大字報　劉少奇打倒宣言が発せられた

《ここまでの第二部を出来事の流れに沿って整理してみる。

急進的な工業化や農業集団化など経済建設の失敗から、中国共産党内での不満の高まりに直面した党主席の毛沢東は、社会全体に再び革命の熱気を喚起し、それを通じて反対派を一掃するため「プロレタリア文化大革命」の発動を決心する。

北京《ぺきん》を離れた毛沢東は一九六五年十一月、まず文芸批判の形を借りて反対派攻撃の狼煙《のろし》を上げた。翌六六年五月には党中央に文化大革命の指導要綱を採択させ、若者の現状打破の熱情を鼓舞して「造反」を奨励し、大字報（壁新聞）や紅衛兵《こうえいへい》による旧秩序破壊の風潮を促した。

こうして、党内反対派の包囲網を周到に敷いたうえで六六年七月、毛沢東は八カ月ぶりに北京に現れ、公然と党中枢への攻撃を開始する》

長期の不在から戻った毛沢東は六六年八月一日から北京の人民大会堂で党第八期中央委員会第十一回総会（八期十一中総会）を開催した。参会者は総会中の七日、会場に配られた資料を見て、驚がくする。

表題にはこうあった。

「司令部を砲撃せよ――私の大字報」

毛沢東自身が書いたものだった。政治討議の場としてはただならぬ表現の〝指令文〟は次のように言う。

「一部の指導者の同志は反動的資産階級（ブルジョア）の立場から文化大革命運動をたたきつぶし、無産階級（プロレタリア）の士気をくじいて得意になっている。なんと悪らつなことか」

名指しこそないものの、毛沢東が党副主席兼国家主席の劉少奇《りゅうしょうき》「司令部」を攻撃していることは、だれにも見て取れた。公然たる打倒宣言であった。

この文章は、もとは二日前に毛沢東が「北京日報」（六月二日付）一面の余白に書き付けたものだった。そこには文革称賛の人民日報社説「すべての牛鬼蛇神（妖怪変化《ようかいへんげ》）を一掃しよう」が転載されていた。毛沢東は走り書きしたものを秘書に清書させ、印刷して配るよう指示したのだった。

《「司令部を砲撃せよ」の大字報は、毛沢東が中南海《ちゅうなんかい》に張り出したというのが通説だったが、最初は会場で配られたものだった。毛沢東の警衛隊長だった陳長江《ちんちょうこう》らの回想録『毛沢東最後の十年』によると、会場で配布されたすぐあと、毛沢東の工作員数人が赤い紙に墨書きした写しを中南海の人目につきやすいプール近くの大食堂の外側に張り出したという。これが誤解のもとになった》

総会は異例ずくめだった。

党中央委員と委員候補百四十一人の正規資格者以外に、文革で最初に大字報を大学構内に張り出した急進派の北京大講師、聶元梓《じょうげんし》ら「革命的教員・学生の代表」四十七人も参加していた。さらに政治局員でもない毛沢東の妻の江青《こうせい》ら中央文革小組のメンバーも加わっていた。会議の様子は李剣《りけん》ら編『重要会議体験実録』（中共中央党校出版社、九八年）に詳しい。

劉少奇が政治報告を行うと、緊迫した空気に包まれた。毛沢東が途中、何度も厳しい調子で詰問したからだ。参会者は党内序列一位と二位のやりとりをかたずをのんで聞いていた。

毛沢東が北京に不在中、大学などで文革急進派の過激な活動が拡大したとき、劉少奇が主導する党中央は「工作組」を組織して派遣した。その是非が焦点となった。

当時、毛沢東の考えがつかめなかった劉少奇にしてみれば、秩序ある文革の推進を図ろうとしたのだが、毛沢東は厳しい口調で言い放った。「九〇パーセント以上の工作組は完全に誤りだ。大衆を鎮圧し、運動を妨害し、悪い影響を与えた」

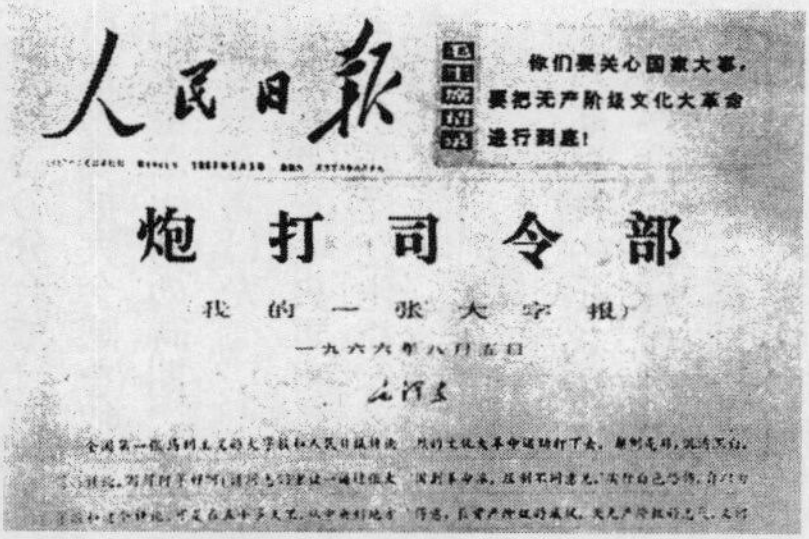
人民日报

你们要关心国家大事，要把无产阶级文化大革命进行到底！

炮打司令部

（我的一张大字报）

一九六六年八月五日

毛泽东

毛沢東の大字報「炮打司令部（司令部を砲撃せよ）」を人民日報は一年後の六七年八月五日に掲載した

その後の分会では中央委員たちの自己批判が相次ぐ。四日、毛沢東は予定を変更して政治局常務委拡大会議を招集し、再び工作組の派遣は「路線の誤り」だったと厳しく叱責《しっせき》した。劉少奇が「あの時期、主席は不在で、主な責任は私にあります」と自己批判すると、毛沢東は声を荒らげた。「お前は北京で独裁を敷いたのだ。よくやったものだ！」葉剣英《ようけんえい》（中央軍事委副主席）が「われわれには毛主席の指導があり、数百万の軍隊もおります。妖怪変化など恐れはしません」ととりなそうとしたが、毛沢東は険《けわ》しい顔で言った。「妖怪変化は一座の中にいる」

八期十一中総会は予定の五日間を過ぎても終わらなかった。正規メンバー以外の急進派が詰めかける異様な雰囲気のなかで、八日には「プロレタリア文化大革命に関する決定」が採択された。「展開中のプロレタリア文化大革命は人々の魂に触れる大革命で、わが国の社会主義革命の新段階である」に始まる決定（略称「十六条」）は、「党内の資本主義の道を歩む実権派の打倒」を運動の主眼だと強調していた。

このころから、劉少奇は中南海の居宅にこもり、中庭や執務室の廊下を黙々と歩き回ったり、寝いすにもたれて物思いに沈むことが多くなった。もともと寡黙《かもく》だったが、いっそう口数が少なくなった（劉振徳《りゅうしんとく》『私は少奇の秘書だった』中央文献出版社、九四年）。

八月十二日、毛沢東はまたも意外な挙に出た。ふいに党中央機構の改組を提案したのである。参会者は驚いたが反対意見を述べる者はいなかった。政治局員、政治局常務委員の投票が行われた。しかし、名簿は毛沢東が一方的に作り、序列は選挙結果とは無関係に決まった。劉少奇は国家主席のままとはいえ党内序列は二位から八位に転落し、党中央での実権を失った。一方、六位だった政治局常務委員の林彪《りんぴょう》が二位に躍り出た。常務委員は増員して十一人となったが、増えた四人のうち三人が陳伯達《ちんはくたつ》ら文革急進派の中央文革小組メンバーだった。

こうして党中央の指導機構は毛沢東の意図通りに大改組され、会議はこの日閉幕した。第一線に復帰した毛沢東の神格化はこの後、いっそう強まり、それとともに文化大革命は熱狂的な高揚期を迎えることになる。

中国共産党8期11中総会で決まった党政治局の公式序列　（1966年）

【旧】		【新】		
【政治局常務委員】				
1	毛沢東	1	（1）	毛沢東
2	劉少奇	2	（6）	林彪
3	周恩来	3	（3）	周恩来
4	朱徳	4	(—)	●陶鋳
5	陳雲	5	(21)	●陳伯達
6	林彪	6	（7）	鄧小平
7	鄧小平	7	(22)	●康生
		8	（2）	劉少奇
		9	（4）	朱徳
		10	(11)	李富春
		11	（5）	陳雲
【政治局員】				
8	董必武	12	（8）	董必武
9	×彭真	13	(10)	陳毅
10	陳毅	14	(13)	劉伯承
11	李富春	15	(14)	賀竟
12	×彭徳懐	16	(15)	李先念
13	劉伯承	17	(16)	李井泉
14	賀童	18	(17)	譚震林
15	李先念	19	(—)	徐向前
16	李井泉	20	(—)	聶栄臻
17	譚震林	21	(—)	葉剣英
【政治局候補委員】				
18	ウランフ	22	(18)	ウランフ
19	×張聞天	23	(23)	薄一波
20	×陸定一	24	(—)	李雪峰
21	陳伯達	25	(—)	謝富治
22	康生	26	(—)	宋任窮
23	薄一波			

×は失脚　●は中央文革小組メンバー
(　) 内は旧序列

百万人の熱狂「人民の思想革命化」を目論む

北京《ペきん》中心部の広大な天安門《てんあんもん》広場が、見渡す限りの人と紅旗《こうき》に埋め尽くされた。発表で百万人という大群衆は、目を輝かせ、天安門の楼閣に立つ毛沢東の姿を懸命に追った。立ちのぼる異様な熱気が時間と空間を支配し、それが再び群衆に投射して熱狂をさらにかき立てているようであった。

「毛沢東主席！」「毛主席万歳！」……。叫び声が途切れることなく続く。

中国共産党主席の毛沢東が周到に準備し、自ら火を放った「プロレタリア文化大革命」の導火線が弾薬に達して、ついに大爆発を起こしたのだった。

「文化大革命祝賀群衆大会」が開かれた一九六六年八月十八日は、早朝から微風が吹き、晴れてはいたが真夏の北京にしてはしのぎやすい天気だった。

毛沢東が上機嫌で人民解放軍の軍帽を振る天安門楼閣上には、毛沢東の妻の江青《こうせい》もいた。江青は、十年後に毛沢東が死去するとすぐ、文革急進派「四人組」の頭目《とうもく》として逮捕されることになる。だが、このときは文革推進の〝先兵〟として得意の絶頂にあった。

開会の二時間以上も前の午前五時過ぎ、東の空が朝焼けに染まった。党・国の機関や要人の居宅がある中南海《ちゅうなんかい》で、前夜から寝ていなかった毛沢東は早々と車に乗り込み、すぐ東側にある天安門に行くよう指示した。

毛沢東が着いたときはまだ会場整備の最中だったが、夜明け前の薄暗い広場には、すでに大学生や中学生（日本の中・高生に相当）を中心とする文革支持の「紅衛兵《こうえいへい》」が全土から続々と集結、その数は数十万人にもなっていた。

「ちょっと見てこよう。大衆の中に行くぞ」。側近があわてているうちに、毛沢東は天安門楼閣から要人専用エレベーターで地上へ降り、前触れもなく紅衛兵の前に姿を現した。

「あれが毛主席か？」「本物か？」。付近にいたあどけなさの残る紅衛兵たちはお互いに顔を見合わせ、ざわめきは広場中に広がる。

とまどう紅衛兵に毛沢東は微笑をたたえ、手を振って応えた。一瞬の間をおいて歓喜がはじけた。「毛主席だ」。手に手に毛語録を掲げ、「毛主席万歳！」と叫びながら握手を求める無数の手が毛沢東を取り囲んだ。

混乱の危険を感じた側近が引き返すよう進言したが、毛沢東はさらに前に進んでいく。警護陣も熱狂する紅衛兵たちに囲まれ、身動きがとれなくなった。このとき、中央警衛隊の機動部隊が到着して紅衛兵たちをより分け、毛沢東はようやく群衆の入れない警備区域内にある天安門前の金水橋に戻った。

♪東方は紅く、太陽昇る、中国に出づ毛沢東……

日の出とともに天安門広場に毛沢東と党をたたえる曲「東方紅《とうほうこう》」が流れた。朝日を浴びる天安門楼閣上には、東方紅そのままに、緑色の人民軍軍服を身にまとった毛沢東が立つ。巧みな演出であった。

毛沢東の警護隊長だった陳長江《ちんちょうこう》ら共著『毛沢東最後の十年』(中共中央党校出版社)によると、四九年の中華人民共和国建国以来、中山服を愛用していた毛沢東は祝賀大会前日の八月十七日深夜、「軍装を着る」と突然言い出した。

大柄でかっぷくのいい毛沢東に合う軍服は手近にはなく、党中央弁公庁主任の汪東興《おうとうこう》ら側近が軍の総後勤部に協力を求めたが、深夜とあって担当者は不在だった。そこで、毛沢東の体形に似た中央警衛隊の中隊幹部、劉雲堂《りゅううんどう》の軍服を取り寄せると、毛沢東はさっそく試着し、気に入った。

十八日午前七時半、祝賀大会は開幕した。天安門楼閣上の毛沢東は、党副主席兼国防相の林彪《りんぴょう》、党副主席兼国務院総理(首相)の周恩来《しゅうおんらい》ら党と国家の最高首脳を従えている。党副主席兼国家主席の劉少奇《りゅうしょうき》もいたが、劉少奇は六日前に閉幕した党八期中央委第十一回総会で毛沢東から「(紅衛兵ら)学生運動の鎮圧」を厳しく批判され、名指しこそされなかったものの「(修正主義)司令部」として打倒の対象とされていた。

この祝賀大会に参加した指導者の名簿は翌日報じられ、人々は劉少奇が毛沢東に次ぐナンバー2の座から八位に転落する異変を知ったのだった。

一九六六年八月十八日の文革祝賀大会で、毛沢東の腕に「紅衛兵」の腕章をつける宋彬彬。この直後に宋要武と改名した

開会宣言は、党中央宣伝部副部長で党中央直属の「中央文革小組」組長、陳伯達《ちんはくたつ》が行い、毛沢東を「偉大な指導者」「偉大な教師」「偉大な舵《かじ》取り」と賛美した。続いて講話に立った林彪は「文化大革命の最高司令官は毛主席である。毛主席は統帥である」とさらに肩書を増やした。

高揚した調子の林彪は紅衛兵を「文革の急先ぽう」と位置づけ、旧来の思想、文化、習慣の破壊を呼びかけたが、対照的に周恩来は「相互学習、相互支援をもとに革命経験の交流を行い、団結を強化してほしい」と低い調子に終始した。

二人の講話には毛沢東が事前に目を通している。「火薬に火を付けた林彪」と「火消し役の周恩来」と後に人物評価される二人を毛沢東は巧みに役割分担させたが、毛沢東自身は文化大革命のアクセルを緩める気持ちなど、このときはなかった。

歓喜と興奮のるつぼの中で紅衛兵の行進が始まると、毛沢東はこう林彪に語りかけている。「今回の運動の規模は大きく、確実に大群衆を立ち上がらせる。全国人民の思想革命化に大きな意義があるぞ」（董保《とうほ》存《そん》著『天安門に登る』中国青年出版社、九八年）。

天安門楼閣には紅衛兵代表ら千五百人も登楼を許されていた。開会から三十分以上が過ぎたとき、中の一人が進み出た。

「紅衛兵が腕章をお着けしたいと申しています」と側近に耳打ちされた毛沢東は、笑って左腕を差し出し、北京師範大付属中学の女子紅衛兵、宋彬彬《そうびんびん》が赤地にだいだい色で「紅衛兵」と染め抜かれた腕章を毛沢東の腕に着けた。

毛沢東はこのとき、宋彬彬に「ビンビンは文質彬彬（上品で礼儀正しい）の彬彬か？　要武（武が必要）じゃないか」と意味深長に言った。彬彬はすぐに要武と改名し、この「革命美談」は翌日、主要紙にいっせいに報じられたのだった。

この日から紅衛兵の嵐《あらし》のような破壊的な実力行使が中国全土を覆っていく。

四旧打破　狂気の破壊が全土を覆った

天安門《てんあんもん》広場の「百万人集会」で中国共産党主席、毛沢東の接見を受け、急進的な社会改造精神を鼓舞された学生や生徒たち紅衛兵《こうえいへい》の若者は、高ぶる気持ちを抑え切れず、軍服姿で北京《ペキン》市中に繰り出していく。

集会から一夜明けた一九六六年八月十九日、北京市第二中学（日本における高校も含む）の紅衛兵によって北京の街頭のいたるところに「旧世界に宣戦する」と題した壁新聞（大字《だいじ》報《ほう》）が張り出された。

「われわれは旧《ふる》い世界の批判者である」と自ら任じ、前日の集会で党副主席兼国防相の林《りん》彪《ぴょう》が呼びかけた「すべての旧思想、旧文化、旧風俗、旧習慣をたたきつぶそう」という「四旧打破」を高らかに宣言していた。

旧世界への宣戦布告が大字報でなされたその日、天安門広場南側の前門大街にある北京烤鴨《ダック》のしにせ「全聚徳」が北京第二、第二十五、第六十三中学の紅衛兵に占拠された。「いったいだれがこんな高い料理を食べるというのか。労働人民には不要だ」と口々に叫ぶ。「資本家が労働人民の血と汗を搾取した象徴」という理由をつけ、七十余年の歴史を刻んだ

「全聚徳」の看板を引きずり降ろした紅衛兵は、代わりに「北京烤鴨店」と書かれたペンキ塗りの木製看板を掛けた。

さらに、店内にあった山水画を次々に破り捨てたうえ、「革命を徹底させる」として紅衛兵の中から「治安員」や「毛沢東思想宣伝員」を選出し、その指揮下で従業員に毛沢東の肖像画や毛語録の紙を店中に張らせたりもしている。

中央美術学院付属中学の紅衛兵たちは、書画・骨とう・文具店が密集する瑠璃廠《るりしょう》にある書画の名店「栄宝斎」を襲った。

厳家祺《げんかき》・高皐《こうこう》著『文化大革命十年史』によると、紅衛兵は「資産階級のお嬢ちゃん、お坊ちゃん、奥様、だんな様、反動的学術権威に奉仕する店」と断罪し、伝統ある店名の看板は「人民美術出版部第二小売部」とすげ替えられた。

「旧世界」のイメージを一新するとして、紅衛兵は店舗だけではなく市内各所の施設や街路の看板にも張り紙をして名称を次々と変えていく。

例えば、東安市場は毛沢東が言った「東風（共産主義）は西風（資本主義）を圧する」の「東風市場」に、同仁医院は「工農兵医院」と〝命名〟された。天安門前を通って北京を東西に貫く長安街は、毛沢東賛歌の曲名から「東方紅大路」、沿道に外国公館の多い東交民巷は反帝国主義を意味する「反帝路」、中国が修正主義と糾弾《きゅうだん》するソ連大使館のある揚威路は「反修路」に、といった具合だ。

こうした動きは、またたく間に地方にも拡大した。四川《しせん》省成都《せいと》では、名物料理の麻婆《マーボー》豆腐

「旧文化を破壊する」と叫ぶ紅衛兵は孔子の故郷、山東省曲阜の孔子廟にかかる額「萬世師表」（永久の模範）を燃やした

の発祥である陳麻婆豆腐飯店にも紅衛兵らが殺到し、看板の「陳麻婆」の三文字が削り落とされた。

封建時代から伝統銘柄の「麻婆」豆腐は旧社会をひきずっているという理由で、単に四川の辛みを指す「麻辣」豆腐とされ、店名は文革勝利を記念するとして「文勝飯店」と改名された。

紅衛兵の「四旧打破」と「四新（新思想、新文化、新風俗、新習慣）確立」は、封建社会からの旧弊だけでなく、資本主義や修正主義の腐臭を放つ、とみなしたものを「破壊し、革命化する」とされた。しかし、その思考様式は逆にきわめて旧式の硬直化したもので、ときには幼稚でこっけいでさえあった。

ある紅衛兵の一団が「赤は革命の象徴なのに赤信号で停止するのはおかしい」と言い出し、事故を多発させた。国務院総理（首相）の周恩《しゅうおん》来《らい》が見かねて乗り出し、「今後解決の方法を考える」と紅衛兵を説得して収めた（『文化大革命十年史』）というのもその一例だ。

ジーンズや長い髪、パーマもブルジョア的という紅衛兵の主張は革新性とはほど遠く、むしろ「反近代性」が色濃く漂い、そこでは人権さえブルジョア思想と切って捨てられた。

八月二十三日、紅衛兵は「四旧打破」の一環として北京市文化局に保存されていた演劇の大道具や小道具を市内の孔子廟《こうしびょう》で燃やし、文化局の責任者や著名な芸術家たち三十人以上をつるし上げた。

首から「牛鬼蛇神（妖怪変化《ようかいへんげ》）」「反動分子」などと書かれた看板をかけ、頭髪の半分をそり上げる「陰陽頭」にした。その頭から墨汁をかけ、燃えさかる火の前にひざまずかせてベルトで殴打した。

暴行を受けた中に『駱駝祥子《らくだしようし》』や『四世同堂《しせいどうどう》』などで日本にもよく知られた世界的な作家の老舎《ろうしや》がいた。六十七歳だった老舎は頭から血を流し、力尽きて倒れた。このため「態度が悪い」とされ、深夜にいたるまで虐待が続いた。翌朝になって老舎は傷だらけで帰宅したが、その日のうちに入水自殺したのだった。

わがもの顔でかっ歩する紅衛兵に北京は占拠されていた。さまざまな主張や提言、呼びかけが書き込まれた大字報がべたべたと張られ、狂信的な行為が横行した。しかし、これらはまだ序の口に過ぎなかった。

「百万人集会」から三日後の八月二十一日、林彪の影響下にある人民解放軍総参謀部は、「革命学生運動を武力弾圧してはならない」との命令を発し、謝富治《しやふじ》が部長を務める国務院公安部も二十二日、「警察による革命学生の弾圧厳禁」との通達を出す。

党中央の文革急進派が主導権を握ってお墨付きを与えた「紅《あか》い旋風」は二十三日以降、地方にも吹き荒れ、中国全土でいっそう激しい暴風を起こすことになる。

暴虐の嵐　公安部長「撲殺は制止しない」

中国共産党主席の毛沢東が紅衛兵《こうえいへい》から熱狂的な歓呼に迎えられた一九六六年八月十八日の天安門《てんあんもん》百万人集会から間もないある日、国家主席の劉少奇《りゅうしょうき》が北京《ぺきん》・中南海《ちゅうなんかい》の居宅で家族と食卓を囲んでいた。

そのとき、当時学生だった娘の劉平平《りゅうへいへい》と息子の劉源源《りゅうげんげん》が「夜になったら同級生と『抄家』に行ってくる」と言い出した。「抄家《しょうか》」とは家宅捜索のことで、百万人集会後、「四旧（旧思想、旧文化、旧風俗、旧習慣）打破」を叫んで街頭に繰り出した紅衛兵が四旧の〝証拠〟探しに住居などを襲撃することをいう。

「行くな！」。劉少奇は強い口調で子どもたちの言葉をさえぎると、食卓を離れ、一冊の本を取り出してきた。「中華人民共和国憲法」だった。子どもたちを近くに呼び寄せ、苦渋に満ちた面持ちで諭すように言った。

「君たちが『四旧』を打ち破ろうと私は反対しない。しかし、抄家などをするな。人を殴ったりするな。私は国家主席だ。私には憲法を守る責任があるんだ。私の境遇で君たちを阻むことはできない。しかし、はっきり言っておく必要がある。私は君たちに対しても責任がある」

《この一幕は、黄峥《こうそう》編『劉少奇の最後の歳月』（中央文献出版社、九六年）の中で劉平平、劉源源、劉亭亭《りゅうていてい》の三人の子どもが「勝利の生花をあなたに贈る——私たちの父、劉少奇をしのぶ」として述懐している》

劉少奇が「私の境遇」と言ったのは、「（紅衛兵らの）学生運動を鎮圧した」と毛沢東から厳しく批判されたことを指している。劉少奇は百万人集会の直前に行われた第八期党中央委第十一回総会で、党内序列の二位から八位に転落していた。

紅衛兵らの「四旧打破」はさらに「四類分子」や「黒五類（五類分子）」などを攻撃の直接対象にし始めた。四類分子とは地主、富農、反革命分子、悪質分子を指し、黒五類はこれに右派分子が加わる。

紅衛兵による造反の嵐が中国全土を席巻しつつあった六六年八月二十七日、北京南部の大興県で集団虐殺事件が起きた。

当時、大興県党委員会の農村工作部にいた張連和《ちょうれんわ》は、者永平《しゃえいへい》ら編『あの年代のわれわれ』（遠方出版社、九八年）にこの血塗られた情景を切々とつづっている。

八月三十一日夜、県党委から「四類分子」とその家族が虐殺されているとの一報が農村工作部に入り、県党委幹部らと合流して現場に急行した。村内の一軒の民家に「四類分子」が連行され、そこが〝処刑場〟と化していた。

目に入ってきたのはおびただしい血と散乱する死体だけではなかった。その隣には、鮮血に染まった村民が縄で縛り上げられていた。尋問する側の村民は、何本ものくぎが付いた革製のむちのようなものやこん棒を手にしている。これで「四類分子」を殴りつけ、土地の所有権証書や武器などの隠し場所を自白するよう迫っていたのだ。

別の部屋では、両手を縛り上げられた七十過ぎの老女に身を寄せる十四、五歳の男の子が、鉄棒を持った若い男に尋問されていた。「早く言え。お前らの『変天帳《へんてんちょう》』はどこにあるんだ」

「変天帳」というのは財産目録のことで、「資産家などが天下の情勢変化を願って隠し持っている」として、こう名付けられた。

「分からない」と子どもが言うと、男は容赦なく子どもの手を鉄棒でたたいた。子どもの左手の薬指と小指がちぎれ、たちまち鮮血が噴き出した。

いくつもの死体を中庭で手押し車に積んでいる男もいた。息絶え絶えながらまだ生きている人もいたが、男はシャベルで一撃を加え、絶命させて外に運び出した。

集団的なある種の狂気が人々を支配していた。なにしろ、毛沢東がお墨付きを与え、称賛した文革急進派や紅衛兵たちが敵とみなす者は「牛鬼蛇神（妖怪変化《ようかいへんげ》）」であって人間ではない。それらを人間扱いすれば、そうした者が敵とされて攻撃される側になりかねない。自分の命を守るためには、常に攻撃する側に身を置いていなければならないのだ。虐殺現場にかけつけた張連和たちはほとんどなすすべさえなかった。

大興県で集団虐殺が起きる直前の六六年八月下旬、党政治局候補委員で国務院公安部長の謝富治《しゃふじ》は、北京市公安局拡大会議で「だれかを殴り殺すことに賛成はしない。だが、人々が悪人を心底憎んでいるならわれわれは制止しきれないから、無理やり止めることはない」とし、同時に「警察は紅衛兵の側に立ち、情報を提供しなければならない」とも語っている（厳家祺《げんかき》、高皋《こうこう》著『文化大革命十年史』）。

一九六六年九月、黒竜江省省長の李範五（伍）は「黒幇分子（黒い仲間）」の看板を首にかけられ、頭髪を刈られて紅衛兵につるし上げられた。毛沢東はこの後、李範五を「三反分子（党、社会主義、毛沢東思想に反対する者）」と批判した

大興県の公安組織にもこの謝富治の講話が伝えられ、「四類分子」の公安情報が急進派に流されたことから大虐殺が引き起こされた。八月二十七日から九月一日にかけ、大興県の各地で二十二世帯の八十歳から生後三十八日の乳飲み子まで三百二十五人が犠牲となった（『あの年代のわれわれ』）。

こうした地獄絵は中国全土に広がった。文革後に公表された数字によると、北京市だけでも八月二十四日から九月一日までの間、撲殺《ぼくさつ》された人は千五百二十九人にのぼる。失脚した党や軍の幹部たちにも、名前や罪状を書いた三角帽を頭にかぶせては引き回し、あらゆる肉体的、精神的な拷問を加えて次々と死に追いやっていった。

この政治・社会混乱をもたらす深刻な影響を危機感を持ってみている人物がいた。国務院総理（首相）の周恩来《しゅうおんらい》である。

宰相 二面相 周恩来は幹部救済に動いた

北京《ペキン》・中南海《ちゅうなんかい》に国務院（政府）が居を構える。この国家行政機関の中枢を率いるのが、中華人民共和国の建国以来、十七年間にわたって国務院総理（首相）の座にある周恩来《しゅうおんらい》である。紅衛兵《こうえいへい》による造反旋風が吹き荒れる一九六六年九月のある日、周恩来から国務院内に緊急指令が飛んだ。「ウランフ（烏蘭夫）を救出せよ」

モンゴル族出身の中国共産党政治局候補委員で、モンゴル自治区党委員会第一書記を兼任するウランフは、文革急進派から「民族分裂を進め、独立王国を建設しようとした」として「党内に埋め込まれた時限爆弾」と激しく糾弾《きゅうだん》されていた。これに扇動された内モンゴルの紅衛兵ら造反派がウランフの自宅を襲撃し、拉致《らち》しようとしていた。

このとき、国務院弁公室（事務局部門）に所属して周恩来の身辺で連絡員をしていた高富《こうふ》有《ゆう》が当時の状況を語った『宝塔山から中南海』（趙桂来《ちょうけいらい》著、中央文献出版社）によると、周恩来のウランフ救出指令を受けた国務院秘書長の周栄鑫《しゅうえいきん》から高富《こうふ》有《ゆう》は呼ばれた。

高富有は人民解放軍を動員するよう提案し、その場で旧知の軍総参謀部管理局副局長の高《こう》克功《かっこう》に電話をかけた。「ウランフ一家を中南海まで連れ出してくれ」。急行した部隊によってウランフ一家は造反派の包囲網から着の身着のままで救出され、中南海経由で北京郊外にある宿泊施設に軍用車両で護送され、偽名で一時、身を隠した。

賀竜

造反の波を全土に拡大し、反対派一掃を狙う毛沢東は当時、北京と地方の紅衛兵の往来を活発化させるよう指示し、「大串連《だいせんれん》（経験大交流）」の党中央通達が出されていた。ウランフを襲った内モンゴルの造反派はこうして首都に押しかけてきた。周恩来の国務院も鉄道車両を大動員するなど経験大交流の推進に協力してはいたが、周恩来は同時に、暴走する造反活動の軌道修正に奔走《ほんそう》してもいた。

この直前の八月三十日、無秩序な造反活動から保護すべき幹部のリストを作成していた周恩来は、ウランフのように自己批判を強要され、つるし上げに遭っていた高級幹部らの救出のために動いていく。

そうした中でまもなく、党中央軍事委副主席（党政治局員）で「十元帥」の一人である賀《が》竜《りゅう》が突然、党副主席兼国防相の林彪《りんぴょう》や毛沢東の妻の江青《こうせい》ら文革急進派の標的とされ、窮地に陥った。

賀竜は、中国共産党が初めて独自の軍隊をもって江西省《こうせい》の南昌《なんしょう》で武装蜂起《ほうき》した一九二七年八月一日の「南昌暴動」を朱徳《しゅとく》、周恩来とともに指揮したことで知られる。中華人民共和国ではこの日を人民解放軍の「建軍節《けんぐんせつ》」としている。

一九六六年八月十八日、天安門での紅衛兵百万人集会で壇上に立った周恩来（右から三人目）は、毛沢東（右端）の文化大革命を支持しつつ、林彪（右から二人目）や江青（左から二人目）、康生（左端）らの台頭には危ぐを抱いていた

気さくな将軍として、党中央軍事委副主席（政治局常務委員）の朱徳と並んで人望のあった賀竜は、この年（六六年）八月三十一日にも、林彪とともに毛沢東を挟んでオープンカーに乗り、紅衛兵に接見していた。

だが、軍を総動員して毛沢東の文化大革命を忠実に遂行し、権力闘争に勝ち抜こうとする林彪にとっては目障りな存在であった。賀竜は九月以降、林彪や江青らから「野心家」のレッテルを張られていく。危機を察した周恩来は賀竜擁護に動き出したが、文革急進派の勢いは止まらなかった。

十二月末、周恩来の指示を受けて「賀竜保護」の緊急会議が中南海で招集された。国務院から国務院秘書長の周栄鑫と高富有、党から中央弁公庁主任（長官）の汪東興《おうとうこう》、軍からは北京軍区衛戍《えいじゅ》区司令の傅崇碧《ふすうへき》が参加し、政府、党、軍がそろっていた。

保護する場所の候補にあがったのは、北京郊外の西山《せいざん》からさらに奥に入った北京衛戍区部隊の地下施設だった。「場所としてはいいが、あそこには兵士しかいない。大根や白菜のいため物ぐらいなら作れるが、要人の食事など作れない」と難色を示す傅崇碧を、汪東興が「それは大目に見よう」と押し切った（『宝塔山から中南海』）。

《賀竜は妻とともに翌六七年一月、北京衛戍区の部隊が練った作戦に従って地下施設にかくまわれた。しかし、人民解放軍内における反林彪派幹部に対する攻撃はいっそう厳しさを増し、保護もままならないまま、逆に事実上の軟禁状態に陥り、六九年六月、不遇のうちに病死する。文革後に名誉回復》

《周恩来は結局、何を考えていたのだろうか。自分の行動に毛沢東との食い違いが出ると、すぐに修正して忠実な服従者を演じた。こうして毛沢東との対立を巧みに避けながら、同時に文革のもたらす破壊の拡大を強く危ぐしていたことも確かだ》

当時の周恩来の心情をよく表す発言がある。紅衛兵の造反が始まった直後の六六年八月、紅衛兵の活動に秩序をもたらすため、北京の労働人民文化宮内に設立した紅衛兵の「連絡総所」成立式でこう言った。

「われわれは無産階級による専制国家であり、政権はわれわれの手中にある。したがって、必要なのは文闘（言論による闘争）であり、武闘や人を殴ったりすることではない」

「黒五類（紅衛兵が「敵」とみなす地主や反革命分子ら）とその家族を一掃することなどで

きない。これは無政府主義であり、毛沢東思想ではない。毛主席が一貫して主張しているのは彼らの改造なんだ」（安建設《あんけんせつ》編『周恩来の最後の歳月』中央文献出版社、九五年）

だが、毛沢東自身はそう思ってはいない。国慶節《こっけいせつ》の祝賀大会が天安門《てんあんもん》広場で行われた六六年十月一日、天安門楼閣上に招かれた人民解放軍総医院（三〇一医院）の李宗仁《りすうじん》に歩み寄った毛沢東は「さあ、お茶を飲もう」と誘い、休憩室でこう言った。

「大衆が動き出したようだ。大衆がひとたび動き出すと、自分の考えだけではどうにもならなくなる。火をつけたのは私で、火はもうしばらく燃やす必要がある。だが、火をつけても災いは容易に消せるんだ。祖国はかつてより強大になったが、十分じゃない。再建設にはあと少なくとも二、三十年をかけ、ようやく真に強大になるんだ」（董保存《とうほそん》著『天安門に登る』）

文革の標的「劉鄧打倒」は奔流となった

天安門《てんあんもん》広場で毛沢東が「百万人祝賀大会」を開催し、大号令のもとで全面発動されたプロレタリア文化大革命は、二カ月後の一九六六年十月には早くも大きなやま場を迎えた。中国共産党主席、毛沢東の「プロレタリア革命路線」と敵対する、打倒の対象である「ブルジョア反動路線」の頭目が、国家主席（党政治局常務委員）の劉少奇《りゅうしょうき》と、党中央委員会総書記（党政治局常務委員）の鄧小平《とうしょうへい》だと初めて名指しで表明されたのだ。国家と党組織の最高首脳を「敵」であると認定するこの発言は、各省、市、自治区の党委員会責任者を集めて北京《ぺきん》で開催中の中央工作会議で六六年十月十六日、文革急進派の「中央文革小組」組長、陳伯達《ちんはくたつ》が行った。

毛沢東はすでに七月、急進化する学生運動を規制する「工作組」を学校などに派遣した問題で劉少奇と鄧小平を批判していた。八月には、党中央委員らに配布した大字報（壁新聞）で、ブルジョア反動路線の「司令部」を砲撃せよと主張し、党指導部内に打倒すべき敵がいると宣言していたが、具体的に名指しはしていなかった。それが陳伯達によって劉少奇と鄧小平を指すことが確認された。

「プロレタリア文化大革命が生まれた中で、私は路線面の過ちを犯し、事実上、反動的ブルジョア階級の立場にあった」。劉少奇は陳伯達の名指し批判から一週間後の十月二十三日、中央工作会議でそう自己批判し、鄧小平もまた、「毛主席の壁新聞は、少奇同志と私の二人の司令部を砲撃するためのものであった」と認めたのだった。

《劉少奇は毛沢東、朱徳《しゅとく》、周恩来《しゅうおんらい》とともに中華人民共和国建国の最高首脳である。五〇年代末、毛沢東は強引に進めた人民公社化や急進的な生産拡大を目指す「大躍進」政策の失敗から、党主席と兼務していた国家主席の座を劉少奇に明け渡した。

その後、劉少奇は国民経済立て直しのため、鄧小平らと穏健な経済調整政策を選択する。「非毛沢東化」への危機感を深める毛沢東は、これを資本主義復活の道、修正主義だとして文化大革命の発動による劉少奇主流派排除に動くのだが、そこにいたる過程については第三部で詳しく描く。

ここでは毛沢東と劉少奇の〝体質〟の違いに触れる。農民運動など大衆動員を信奉する革命家である毛沢東に対し、劉少奇は都市労働運動の組織者であった。「組織の劉少奇」といわれるように党組織に確固とした基盤を築き、そのことがまた毛沢東に警戒心を与えることにもなった》

中央工作会議で陳伯達らが劉少奇と鄧小平を名指しで批判しても、毛沢東自身は二人を直接批判することは慎重に避けていた。沈黙してはいたが、二人が自己批判する前日には事前に自己批判書の原稿に目を通す周到さはもちろんあった。

二人の自己批判書に同意した毛沢東は二十二日午前四時、執務室でペンをとった。「小平同志へ」の書き出しで始まる手紙には特別に指示を与えていた。

「次のような言葉を加えよ。例えば……、自らの努力と同志たちの積極的な力添えのもと、私は過ちを正すことができると信じます。時間をいただけるなら、私は立ち直ることができます」

《この手紙について『鄧小平と毛沢東』の著者、余世誠《よせいせい》は、鄧小平の実務能力を高く買っていた毛沢東が、将来、劉少奇と区別されて鄧小平に復活の道が開けるよう配慮を示したのだという。

しかし、違う見方もある。現在の中国共産党は、文革発動について毛沢東の指導の誤りを指摘しているが、その罪より功績のほうが大きいとしてたたえている。いまの改革・開放路線を敷いた鄧小平が毛沢東から完全に否定されたというのでは、鄧路線の〝正統性〟が揺らぎかねず、著者の余世誠の解釈はそこに配慮したという可能性である》

国家の行政機関を預かる国務院総理（首相）の周恩来は、相変わらず文革の急進化に伴う生産低下など経済混乱を最小限にくい止めようと腐心していた。

「労働者や農民が生産を停止し、休みをとって革命をするとなれば、われわれは何を食い、何を使うのか。生産を正常に行うため、紅衛兵《こうえいへい》や革命学生は工場に行くべきではない。秋の収穫期を迎えた農村に行って労働に参加し、貧しい農民の革命への意気込みと勤労の本質を学ぶべきだ」

周恩来は紅衛兵にこう呼びかけていた。生産の維持と文革の意義をともに強調した微妙な玉虫色の提案であったが、毛沢東の妻の江青《こうせい》は、ある会議で猛然と周恩来に食ってかかった。

一九六六年末から劉少奇批判の集会は中国全土で繰り返し行われた。写真のスローガンには「打倒、裏切り者、スパイ、労働者の敵、劉少奇」とあり「少」の字がさかさまになっている

「あなたは生産、生産と言って革命をないがしろにしている」

はずみのついた文革急進派の勢いが止まるはずもなかった。中央工作会議での「劉・鄧ブルジョア反動路線」批判は、街頭に張られた大字報によって意図的に外部に漏らされ、中国国内だけでなく世界中に衝撃を与える。初めは疑《ぎ》心暗鬼《しんあんき》だった大衆も、それが毛沢東の意志だと分かるようになるにつれ、雪崩《なだれ》をうって「劉・鄧打倒」一色に染まっていく。

それでも毛沢東は本心を隠すように名指しの批判を回避していた。十一月三日、天安門楼閣上で百万人を超す紅衛兵を接見していた毛沢東は、ゆっくりと劉少奇のほうに向き直り、親しげに語りかけた。

楊篠懐《ようしょうかい》ら編『聚焦中南海《ちゅうなんかい》』（中国青年出版社、九八年）によると、家族の近況を尋ねる毛沢東にていねいに答えたあと、劉少奇は「文化大革命が始まり、私も大衆の中に入って鍛える必要があります」と毛沢東に言った。毛沢東は「あなたももう年なのだから、行く必要はないさ」と答え、休憩室に戻るよう勧めた。

休憩室には鄧小平も姿を見せた。劉少奇が近況を聞くと、「どうせ何もないさ」と鄧小平は笑って言った。「何もないなら学習しろ」と劉少奇も笑って言った。

しかし、劉少奇の心は、毛沢東が何を考えているのか分からず、かき乱されたままだった。

紅衛兵 迷走　江青らにも反旗が翻った

「今日もまた処罰台に行かなきゃならんな……」

肌を刺すような寒風が吹き始めた一九六六年十一月のある日、北京《ペキン》・中南海《ちゅうなんかい》の邸宅で庭を散歩する毛沢東は、側近にこう言ってため息をついた。

まもなく七十三歳になる毛沢東は途切れることのない紅衛兵《こうえいへい》の大群衆に天安門《てんあんもん》楼閣上から手を振り、接見することが苦痛になり始めていた。だから楼閣を〝処罰台〟と言ったのだった。

毛沢東による接見はこの時期すでに七回を数え、延べ一千万人近い紅衛兵から歓喜と称賛の声を浴び続けてきた。毛沢東の警衛官だった二人が書いた『毛沢東の最後の十年――警衛隊長の回想』によれば、筆者の一人の陳長江《ちんちょうこう》はこの時、「主席、（接見するときは）必ずしも立っている必要はないのではありませんか」と毛沢東を気遣った。

毛沢東は笑って答えた。「座りたければ座るおまえたちのような自由は私にない。座れば頭が低くなり、私が見えなくなる。疲れても会わねばならない。そうしなきゃ、ひよっこたちは動こうとしないじゃないか」

中国共産党組織の中枢を握る国家主席（党政治局常務委員）の劉少奇《りゅうしょうき》や、党中央委員会総書記（党政治局常務委員）の鄧小平《とうしょうへい》らを排除するため、毛沢東自身が若者の熱情に火をつけ、「造反有理（造反には理がある）」を盛んに鼓舞して生まれた紅衛兵も、いまでは「ひよっこ」呼ばわりであった。

毛沢東はこの日、国務院総理（首相）の周恩来《しゅうおんらい》とも紅衛兵との接見について会話を交わしている。数百万人もの紅衛兵が続々と北京に流れ込み、その膨大な人口移動で経済活動や行政機能が深刻な影響を受けていることを周恩来は強く懸念していたが、本音を隠して「あなたを見なければ、みんな動きませんよ」と言った。

毛沢東は周恩来の胸の内を見透かしたように、「大串連《だいせんれん》（紅衛兵に北京と地方を往来させる経験大交流）をやめ、もといた革命の地に戻すべきだな」と漏らした。運賃が無料だった紅衛兵の中には北京見物を楽しみにしている者も少なくなかった。

周恩来と相談の結果、八回目となる十一月二十五、二十六日の紅衛兵接見で、毛沢東は天安門から北京西部の西郊空港までを車で移動しながら一日百五十万人、計三百万人の歓呼にこたえ、それを最後に接見大会を終了させることになった。

紅衛兵運動は混迷し始めていた。十月下旬、地方の党委員会責任者を集めて開かれた党中央工作会議で、「劉少奇と鄧小平はブルジョア反動路線」だとする名指しの攻撃がひとつの大きなきっかけであった。

一九六六年十二月二十四日、軍学校の紅衛兵は、自殺未遂で足を骨折した元人民解放軍総参謀長の羅瑞卿をつるし上げ大会に引きずり出した

建国前からの革命闘士で党中枢の最高幹部である二人が反革命であるなら、〝真の革命〟などどこにあるというのか。

毛沢東にぴったり寄り添い、劉少奇に代わって党内序列二位にのし上がった党副主席兼国防相の林彪《りんぴょう》は「党内には『劉・鄧』のように大衆を圧迫する反革命路線と、大衆に依拠し大衆を発動するプロレタリア革命路線という二つの路線の対立がある」とし、「全国は一時期、『劉・鄧路線』が支配的な地位を獲得した」と言う。

であるなら、いったいどちらの路線が正統で、どちらが正統でないのか。

党への信頼が大きく揺らぐ中で、その林彪への批判を北京農業大学付属中学（日本における中・高校）の学生二人が公開質問状の形で提示した。「林彪は毛沢東を持ち上げ過ぎであり、文革の中で起きている問題を理解していない」

これに呼応する形で、文革発動初期に活動した北京の〝古参紅衛兵〟たちが「首都紅衛兵聯合行動委員会（聯動）」を結成、中央文革小組への批判を開始する。

中央文革小組は毛沢東の肝《きも》いりで設置され、「劉・鄧」名指し批判の先鞭《せんべん》をつけた陳伯達《ちんはくたつ》を組長に、毛沢東夫人の江青《こうせい》など文革急進派の牙城《がじょう》だ。

聯動の紅衛兵は党や人民解放軍幹部の師弟が多く、親や家族が中央文革小組による「ブルジョア反動路線」批判や、林彪らによる古参軍幹部批判にさらされ、そのことで新参者の紅衛兵から標的にされていた。

互いに相手を「反革命」とののしり合う紅衛兵同士の武力抗争があちこちで頻発《ひんぱつ》し、迷走が深まるなかで、先鋭的な大字報が登場した。十一月二十七日、北京林業学院の学生、李洪《りこう》山《ざん》が張り出したもので、そこにはこうあった。「中央文革小組をほうり出し、自分たちで革命を起こそう」

党指導部に扇動され、利用される紅衛兵運動から、自ら主体的に独自の文化革命を打ち立てようという主張に、際立った特徴があった。

自立を主張する紅衛兵の登場は波紋を広げ、北京鉄鋼学院、清華大学、北京大学、北京航空学院などの紅衛兵組織が「中央文革小組こそブルジョア反動路線」などとして、攻撃の対象を公然と文革小組や林彪、江青らに向けていった（厳家祺《げんかき》ら著『文化大革命十年史』）。

紅衛兵の反旗に、文革急進派の中央文革小組は強い危機感を抱いた。多数派紅衛兵は「死を賭して毛主席、林彪、中央文革小組を守ろう」などと称号し、街頭に繰り出しては反対派紅衛兵と武闘を展開した。

同時に、中央文革小組は治安部隊を出動させて李洪山ら反対派紅衛兵の一斉逮捕に踏み切り、これに反発して「血をもって血に報い、命をもって命を償う」などのスローガンを掲げた聯動による公安当局襲撃事件は年明けまでに六件も発生するなど事態は混乱を極めた。

これを乗り切るため、文革急進派の江青、林彪やその影響下にある紅衛兵らによる党、政府、軍の指導部に対する容赦ない弾圧が十二月に始まった。

北京の工人体育場では、十二日に元党政治局員兼北京市長の彭真《ほうしん》らが、十四日には元政治局候補委員の陸定一《りくていいつ》らが、それぞれ集団でつるし上げを受けた。

二十四日には軍事学校や首都の紅衛兵ら約十万人が集まり、自殺未遂で足を骨折した元人民解放軍総参謀長の羅瑞卿《らずいけい》を網かごに乗せて連行し、暴行を伴う容赦ない拷問を行った。

失脚幹部らに対する迫害はその後も執拗《しつよう》に繰り返されることになる。

上海攻略　「革命とは暴力的行動である」

プロレタリア文化大革命は、既成の権威や秩序に反抗しようとする若者の「造反《ぞうはん》」心理に火をつけた。社会全体に革命精神を新たに吹き込もうとする中国共産党主席、毛沢東の狙いは当たった。学校や職場で左翼急進的な文革を支持する「紅衛兵《こうえいへい》」が生まれ、いたるところで造反活動が展開されていた。

紅衛兵の熱狂的な行動が国民大衆を揺り動かす効果は大きかった。だが、秩序破壊だけでは単なる騒乱で終わりかねない。すでに紅衛兵同士の対立も激化し、江青《こうせい》らが主導する文革の中核組織「中央文革小組」に叛旗を翻す紅衛兵さえ出てきて、混迷状態が生まれつつある。

毛沢東が「実権派」と呼ぶ国家主席（党政治局常務委員）の劉少奇《りゅうしょうき》や、党中央委員会総書記（党政治局常務委員）の鄧小平《とうしょうへい》ら党中枢の多数派を打倒するためには、彼らが握る党中央や地方党委員会の組織をつぶし、新たな革命組織を構築せねばならなかった。

一九六六年末、上海《しゃんはい》で動きが始まった。

文革支持の造反派が中国共産党の上海市党委員会に闘いを挑み、争いが先鋭化したのだ。十二月初めには造反派が市党委機関紙の解放日報を武力封鎖し、情勢は一気に緊迫度を増した。

上海造反派の中心は労働者（工人）組織の連合体である「上海市工人革命造反総司令部」（工総司）で、指導部の中心は、のちに毛沢東夫人の江青、張春橋《ちょうしゅんきょう》、姚文元《ようぶんげん》と四人組を構成する王洪文《おうこうぶん》であった。解放日報を最初に襲ったのは紅衛兵組織「上海紅衛兵革命委員会」（紅革会）だったが、工総司がこれに合流した。

文革急進派の攻撃を受けた上海市党委は配下の労働者組織「上海工人赤衛隊」（赤衛隊）を動かして反撃に転じ、二日間におよぶ解放日報の争奪をめぐる衝突の末、赤衛隊が解放日報を奪い返した。

上海における文革急進派による市党委への攻撃は、江青らの中央文革小組を奮い立たせた。毛沢東による劉少奇指導部に対する批判と文革の盛り上がりの中で、党政治局常務委員（十一人）に三人を送り込んでいた中央文革小組は、解放日報に対する文革急進派の攻撃は「革命事件である」と主張し、これを党中央決定とすることに成功した。

党中央から「反革命行為」と非難された形の上海市党委は、解放日報を文革急進派に明け渡さざるを得なくなったが、収まらないのは、体を張って解放日報の防衛・奪還闘争を行いながら上海市党委に裏切られた赤衛隊であった。赤衛隊は市党委書記兼市長の曹荻秋《そうてきしゅう》らをつるし上げ、上海市康平路《こうへいろ》にある市党委を二万人以上で包囲した。

北京《ぺきん》にいて上海の動きを注視していた中央文革小組の張春橋は十二月二十八日、上海の自宅に電話を入れ、妻の李文静《りぶんせい》に言った。「（赤衛隊に）勝利の果実を奪われてはならない、労働者造反派を康平路に結集させよ、と王洪文に伝えるように」。張春橋は当時、上海市党委書記も兼務しており、文革急進派に大きな影響力があった。

伝言を受けて王洪文らが率いる工総司は二十九日、十数万人を結集して赤衛隊が包囲する上海市党委のある康平路周辺を埋め尽くした。日付が変わった三十日午前二時、夜空に向けて二発の信号弾が打ち上げられ、これをきっかけに赤衛隊と工総司の全面衝突が引き起こされた。

乱闘は午前六時まで続き、負傷者は九十一人にのぼったが、人数で圧倒的に優勢の工総司の勝利に終わり、赤衛隊幹部二百四十人以上が拘束された。

《上海の「解放日報事件」と「康平路事件」の一部始終は李健《りけん》編『紅船交響曲』が詳しく描いている》

上海市党委主流派は指導力を失った。文革急進派にとって上海を掌握する好機であった。康平路事件から五日後の翌六七年一月四日、毛沢東は中央文革小組の張春橋と姚文元を上海に急派する指示を出す。姚文元もかつて解放日報の編集委員兼文芸部主任をしており、上海に活動拠点があった。

五日付の解放日報は一面に「ブルジョア反動路線の新たな反撃を徹底的に粉砕しよう」と呼びかける「上海全人民に告ぐる書」を掲載し、上海市党委に対する宣戦布告を行った。

翌六日には王洪文らの工総司が人民公園で百万人集会を開いて「反革命の罪行を告白せ

よ」と曹荻秋ら市党委最高幹部をつるし上げ、三角帽子をかぶせて市中を引き回すなどし、政治生命を絶った。数百人以上の市の幹部も責任を問われて糾弾《きゅうだん》され、上海の権力は全面的に張春橋ら文革急進派が奪った。

「革命とは食事に客を招くことではない。文書を書くことでもない。そんなに優雅で、お上品なものではない。革命は暴動である。ある階級が別の階級を転覆させる暴力的行動である」。一九二七年に毛沢東はこう述べたことがある。

上海における「革命の勝利」に毛沢東は上機嫌であった。中南海《ちゅうなんかい》の執務室に中央文革小組組長、陳伯達《ちんはくたつ》を呼び出して「上海に祝電を打て」と命じた。

文革支持の造反派の集会でつるし上げられる上海市党委書記兼上海市長の曹荻秋

党中央、国務院、中央軍事委の連名による祝電の案文が党中央政治局拡大会議で了承された直後、毛沢東が突然、姿を見せ、「署名に中央文革（小組）も書き加えよ」と指示した（葉永烈《ようえいれつ》著『陳伯達伝』）。

二月五日、文革急進派は張春橋を主任、姚文元と王洪文を副主任とする「上海人民公社（上海コミューン）」の成立を宣言し、毛沢東はこれを「上海市革命委員会」と命名した。

これは労働者階級国家であるはずの中華人民共和国内部に樹立した〝労働者権力〟という奇妙な存在ともいえた。しかし、毛沢東や中央文革小組は一八七一年の労働者政権「パリコミューン」以来の歴史的勝利とたいへんな興奮ぶりであった。

上海を震源とする文革急進派による地方権力の「奪権闘争」はこの後、北京などに飛び火し、「実権派」を包囲していくことになる。

劉夫人拉致　罠を仕掛けたのは江青だった

黒塗りの車が北京《ペきん》市北西部にある清華大学西門を出て市中心部に向かった。車は三十分後、中国共産党や国の機関が集まる中南海《ちゆうなんかい》に滑り込んだ。

文化大革命推進の党機関「中央文革小組」の張春橋《ちようしゆんきよう》がわざわざ出迎えた。降り立ったのは清華大の紅衛兵《こうえいへい》組織「井岡山兵団」を率いる二十歳の学生、蒯大富《かいだいふ》であった。

一九六六年十二月十八日午後二時前。二人はそれから約二時間にわたって密談した。

「中央にいる資産階級（ブルジョア）反動路線のあの二人がいまだに投降しない。君ら革命少将（紅衛兵）は連合して革命精神を発揮し、水に落ちた犬を打ちのめすのだ」

「わ、わたしは……、か、必ずやり遂げます」

緊張して聞いていた蒯大富にも「あの二人」が国家主席（党政治局常務委員）の劉少奇《りゆうしようき》と、党中央委員会総書記（党政治局常務委員）の鄧小平《とうしようへい》を指すことは分かった。

清華大に戻った蒯大富は、緊急幹部会を開き、張春橋の指示を実行に移すよう求めた。

「劉少奇は国家主席で、政治局常務委員じゃないか。反劉少奇の大字報を出すなんて無理だろう」という慎重論もあったが、蒯大富は「張春橋は中央文革小組の代表だ。彼だけの意見じゃない」と押し切った。

二十五日午前、五千人の紅衛兵が天安門《てんあんもん》広場に向けて行進した。先導した蒯大富は「身は八つ裂きになろうとも皇帝を馬から引きずり降ろそう」と気勢を上げた。その後、デモ隊は分流して王府井《ワンフーチン》や西単《シータン》の繁華街でそれぞれ街頭演説を行い、「打倒劉少奇」のスローガンが声高に叫ばれた。

それから一週間後の翌六七年一月一日早朝、劉少奇が居宅兼執務室に使っている福禄居に二人の男が押しかけた。警護員が制止に入る間もなく、庭を囲む壁にビラを張り、地面には墨で黒々と劉少奇批判を書きなぐって去った。「中国のフルシチョフ（スターリン独裁を批判した元ソ連共産党第一書記）、劉少奇を打倒せよ」「毛沢東思想に反対する者の末路は決してよくない」

劉少奇攻撃の第二派は二日後の夜に襲った。中南海の中にある各機関の文革急進派二十人以上がこんどは居宅内まで突入したのだ。党内の空気を察知した警備員が〝手抜き〟をしたのは明らかだった。集団は劉少奇と妻の王光美《おうこうび》を廊下に立たせて「毛沢東語録」を暗唱させるなど、つるし上げは一時間近くに及んだ。

劉少奇の秘書だった劉振徳《りゅうしんとく》の著書『私は（劉）少奇の秘書だった』（中央文献出版社）によると、劉少奇への攻撃が激しさを増していた六日夜、劉少奇邸の電話が鳴った。劉少奇夫妻は不在だった。警衛官が受話器を取ると、相手は「北京医科大学付属第二医院の職員」と

ファーストレディー（国家主席夫人）として外交舞台で活躍していたころの王光美（右端）と夫の劉少奇（中）。一九六三年四月のインドネシア訪問で

名乗った。

「劉平平《りゅうへいへい》（劉少奇の娘）が学校から帰宅途中、車に足をひかれました。緊急切断する必要があるので病院に来ていただき、手術同意書に署名してください。手術台の準備はもう整っています」

不在の劉少奇夫妻に代わって二人の息子が急いで病院に向かったあと、夫妻が帰宅した。そのとき再び電話が鳴った。「早く来て署名をしなければ、平平の処置はもう手遅れになります」と「医院の職員」は告げた。

病院に向かった二人の子どもたちから連絡はなかった。劉少奇は「車を用意しろ。すぐに病院に向かう」と言った。しかし、劉少奇は国務院総理（首相）の周恩来《しゅうおんらい》から「何があっても中南海を離れてはならない」という厳しい注意を受けていた。王光美がそのことを気にすると、劉少奇は「君が行かないのなら私が行く。あんな小さな平平が私のために批判を受けてきたんだ」と聞き入れなかった。

警衛官たちは劉少奇の強い決意を見て取り、中央警衛局と北京市公安局に理由は明かさず、「劉主席は北京医科大付属第二医院に向かう」と一方的に通告し、二人は数人の警衛官を連れ、病院に向かった。

病院に到着した劉少奇夫妻を見つけ、真っ先に声を上げたのは、先に来ていた息子の源源《げんげん》だった。

「父さん、こいつら母さんを捕まえるつもりだよ」

劉少奇夫妻を出迎えた医者と看護士は白衣をまとっていたが、清華大学の紅衛兵だった。

「平平の交通事故」は、王光美を捕らえるための罠《わな》だった。

しかし、紅衛兵側も、国家主席の劉少奇が突然、目の前に現れて戸惑っていた。その紅衛兵に向かって王光美が厳しい口調で言った。「私以外は全員、外に出しなさい」

王光美は自分一人で事態に対処しなければならないと思った。夫の劉少奇を巻き込んではならないと考えたのだ。

半年前の文革初期のころ、劉少奇ら党指導部が秩序維持のため派遣した「工作組」として清華大に赴いた王光美は蒯大富らに対する批判闘争を組織したことがある。

紅衛兵は王光美の要求を受け入れ、劉少奇や子どもたちを病院の外に出した。王光美は清華大に連行され、批判集会に引きずり出された。そのやりとりの中で、この拉致《らち》を指示したのが毛沢東の妻の江青《こうせい》であることが分かった。

王光美拉致を知った周恩来は激怒した。清華大に電話を入れ、「やり方が公明正大ではない。これじゃまるでブルジョア階級のごろつきじゃないか」と非難し、王光美をただちに解放するよう命じた。

電話を受けたのは清華大の紅衛兵指導者、蒯大富だった。彼には毛沢東の庇護《ひご》下にある中央文革小組の江青や張春橋らの後ろ盾があった。

「総理、では伺いますが、王光美を擁護して何の利益があるのですか。彼女を守れば守るほど、あなた自身の本性を露呈します。いずれご自身すら守れなくなりますよ」

周恩来は秘書を清華大に派遣して造反派と直談判させたが、その交渉も難航した。王光美が中南海の居宅に戻ったのは、一夜明けた七日明け方だった。

劉少奇に対する攻撃がさらに激しさを増すのは、まだこれからであった。

最後の会見「真剣に学習し、体をいたわれ」

プロレタリア文化大革命も二年目の一九六七年に入ると、中国共産党主席の毛沢東が文革を発動した最大の目的が、国家主席（政治局常務委員）の劉少奇《りゅうしょうき》と劉少奇指導部の打倒にあることがだれの目にも明らかになってきた。

一月十二日午後八時、中南海《ちゅうなんかい》にある懐仁堂《かいじんどう》の南門周辺で集団が騒ぎ出した。怒号はしだいに大きくなり、劉少奇が私邸にしている福禄居《ふくろくきょ》に達した。

「われわれの任務は中央指導者を守ることだ。命令がない限り、君たちを通すわけにはいかない」

福禄居の前に立つ歩哨《ほしょう》は、「打倒劉少奇」と気勢を上げながら邸宅に立ち入ろうとする集団に立ちはだかった。しかし、劉少奇は職務権限を失いつつあり、歩哨にも迷いがあった。押しかけた集団は、中南海内の国家機関や党組織の文革急進派（造反派）であった。「保皇狗（走資派を擁護する犬）め」。この一言が揺れる警備網を突き崩し、造反派は外門を突破して庭の中になだれ込んだ。保皇《ほこう》とはもともと清《しん》末の光緒《こうちょ》帝を守る政治団体を指した。走資派は「資本主義の道を歩む者たち」をいう。

《当時の劉少奇の姿は黄峥《こうそう》編『劉少奇の最後の歳月』（中央文献出版社、九六年）に詳しく描かれている》

このとき劉少奇の邸宅の中にいた秘書の劉振徳《りゅうしんとく》は中南海を受け持つ中央警護局に電話で救援を求めた。だが、副局長の李樹槐《りじゅかい》は「ドアを開け、彼らを中に入れろ。もはや阻止できない」とつれない返事であった。

家の中に押し入った造反派は口々に劉少奇に自己批判を迫ったり、「これからは炊事、便所掃除、洗濯など何でも自分でやれ」などと毒づいたりした。執務室にも寝室にもわが物顔で自由に出入りした。劉少奇はこの夜を境に国家主席としての威厳を完全に失った。

造反派に屈辱的な扱いをされた翌十三日夜、毛沢東から劉少奇に突然、連絡があった。電話を受けた劉振徳に毛沢東の秘書、徐業夫《じょぎょうふ》は「（毛）主席が人民大会堂でお話しになる。これから迎えに行く」と告げ、こう付け加えた。「あんたのところの歩哨に言っておいてくれよ。くれぐれも出迎える私を阻止するなって」。前夜の出来事はすべて毛沢東側に筒抜けだった。

秘書から報告を受けた劉少奇は驚いたようで、「何だって？　もう一度言ってくれ。聞き取れなかった」と言った。間違いなく毛沢東から面会の連絡であることを確認すると、期待と不安が入り交じった様子で「主席は何を考えているのか」と腕組みした。

ほどなく車でやってきた徐業夫は「私がご一緒します」と劉少奇に同乗するよう促した。見送りに出た妻の王光美《おうこうび》は、着替えたばかりの劉少奇の上着をさすり、夫の気持ちを気遣った（『劉少奇の最後の歳月』）。

人民大会堂で劉少奇を出迎えた毛沢東は、まず「平平の足は治ったかね」と尋ねた。劉の娘の劉平平が交通事故に遭ったという偽電話で清華大の紅衛兵《こうえいへい》におびき出され、妻の王光美が一時、拉致《らち》された事件はどうやら耳に入っているようだが、とぼけているのか。

このとき二人の間で何が話されたかについて、王光美は翌十四日、秘書の劉振徳に次のように明かしている。

穏やかな笑顔を見せる毛沢東に、劉少奇は二つの希望を申し出た。

一つは「今回の路線の誤りは自分が責任を負うので、早く広範囲な幹部を解放し、党が受ける損失を減らしてほしい」。

二つ目は「国家主席、党政治局常務委員、『毛沢東選集』編集委員会主任の職をすべて辞し、妻や子どもたちと（かつての革命根拠地の）延安《えんあん》か郷里（湖南《こなん》省寧郷県）で畑仕事でもして暮らしたい」。

しきりにたばこをふかしながら黙って聞いていた毛沢東がようやく口を開いた。「真剣に学習し、体をいたわるんだ」。「路線の誤り」についても辞職願についても何も触れなかった（劉振徳著『私は少奇の秘書だった』）。

これが劉少奇にとって毛沢東との最後の会見となった。

毛沢東のもとを辞した劉少奇は、かつて毛沢東が言った「批判は厳しく、処分は寛容に」

という方針に希望を託した。

だが、造反派の攻撃はその夜も劉少奇を襲った。邸宅に乱入した中南海の一団は、劉少奇夫妻を脚が折れて不安定な机の上に立たせ、批判を繰り返した。

劉少奇は反論した。

「私はこれまで一度も毛沢東思想に反対したことはない。毛沢東思想にときに反したことはあったが、仕事上の食い違いがあっただけだ」

国と党を二人でともに率いていたころの劉少奇（左）と毛沢東。一九六〇年十二月九日、ソ連訪問から帰国した劉を毛が出迎えた

《劉少奇にしてみれば、たしかにその通りであったろう。毛沢東を畏敬《いけい》もし、忠実であろうともしてきた。文化大革命も真剣に取り組もうとしてきた。ただ、若干の行き過ぎを是正しようとしただけだ。

しかし、毛沢東はまさにその「ただ……」の部分を理由に、劉少奇を打ちのめそうとしたのだ。それは権力者の報復だったのか、それとも、強固な党を作り上げるうえで劉少奇は害毒しかないとする確信だったのか》

造反派は十九日には党中央とをつなぐ専用電話回線の撤去を要求した。

「これは党政治局の電話だ。毛主席と周（恩来）総理の指示がなければ、だれも電話を取り外せない」と抗議すると、「われわれはあなたに造反する者だ。造反有理《ぞうはんゆうり》（造反には理がある＝毛沢東の言葉）。だれの指示も必要としない」と突き放した。

直訴した中央警衛局も「関知しない」と取り合わず、側近たちも身の危険を感じて次々と劉少奇の元を去っていった。

劉少奇は周恩来に手紙をしたためた。

「最近の（造反派の）大字報（壁新聞）を見ると、私は憂慮と不安を感じる。中南海は党中央と毛主席の居場所なのに厳粛さを欠いた大字報が現れている。彼らは私を敵とみなしているが、どうすればよいか」

二日後、短い返信が届いた。

「あなたはよく休み、自分を抑えてほしい。あなたの意見は毛主席に報告してある」（『劉少奇の最後の歳月』）

しかし、劉少奇を取り巻く状況はこの後、さらに悪化の一途をたどっていく。

陶鋳の悲劇　党内序列九十五位―四位―失脚

中華人民共和国の社会全体を「革命思想化」しようという毛沢東のプロレタリア文化大革命に鼓舞された造反派（文革急進派）が、中国共産党の地方党委員会から権力を奪う「奪権」闘争が本格化しつつあった。

その一九六七年初頭、党政治局常務委員（党中央宣伝部長）という最高首脳の一人、陶《とう》鋳《ちゅう》が突然、失脚した。文革発動とともに党内序列九十五位の目立たない地位から、いきなり周恩来《しゅうおんらい》に次ぐ四位へと高速エレベーターのように大抜てきされたものの、わずか五カ月足らずで全職務を奪われ、迫害の中で不遇の死を遂げた。文革は無数の酷薄で悲惨な悲喜劇を生んだが、そのひとつの象徴である。

年明け早々の六七年一月四日午後、中央文革小組の顧問でもあった陶鋳は人民大会堂で会議に出ていた。政治局会議に向けた文革関連議題の検討会であった。中央文革小組からは組長の陳伯達《ちんはくたつ》、毛沢東の妻で第一副組長の江青《こうせい》、顧問の康生《こうせい》が出席し、国務院総理（首相）の周恩来も加わっていた。

葉永烈《ようえいれつ》著『陳伯達伝』によると、会議が始まってまもなく、陳伯達、江青、康生の三人が立ち上がり、「別室で紅衛兵《こうえいへい》との接見がある」と退室した。

三人が向かった人民大会堂東側の会議室は「王任重《おうにんじゆう》を引きずり出す革命造反団」の熱気であふれていた。北京《ペきん》市文化革命委顧問の王任重は中央文革小組の副組長を兼任していたが、江青らと対立することが多く、造反派の批判を浴びていた。

江青が発言した。「王任重の後ろ盾はだれだ？ 陶鋳だ。あれこそブルジョア反動路線の新たな代表人物だ」。陳伯達は「陶鋳は中国最大の保皇《ほこう》派である」と断じた。保皇派とは「資本主義の道を歩む走資派を保護する者」といった意味である。

そのとき、陶鋳は周恩来らとともに安徽省から上京した学生たちと討論を続けていた。しばらくして江青ら三人が戻ってきたが、ついさっきまで近くの会議室で江青たちが口をきわめて陶鋳批判をしていたなど陶鋳本人は知る由もなかった。

その日の夜九時を回るころ、「打倒陶鋳」のスローガンは中国全土に組織的に伝えられ、突然、三千人もの造反派が党中央宣伝部に押し掛けて陶鋳の引き渡しを要求した。

以来、陶鋳は国家主席（党政治局常務委員）の劉少奇《りゆうしようき》、党中央委総書記（党政治局常務委員）の鄧小平《とうしようへい》と並べられ、「劉・鄧・陶」批判集会が連日、各地で開かれる騒ぎとなった。

陶鋳はまるで訳が分からなかった。どうしてこんな事態になってしまったのか、いくら説明されても理解できなかった。

もちろん伏線はあった。

文革発動当初の対応を問題にされた劉少奇と鄧小平が、さらに「ブルジョア反動路線」だと攻撃され、自己批判したことが大衆に漏れ出した六六年秋のことだ。陶鋳は、それが毛沢東の意思だという背景事情もよくつかめないまま、「打倒劉・鄧を叫び、彼らを攻撃する大字報（壁新聞）を張り出すのは賛成できない」と語ったのだった。

一九六六年九月十五日、天安門楼閣で周恩来（右）と話す陶鋳。序列四位に抜てきされて一カ月後だ。この四カ月後には早くも失脚する

それを知った紅衛兵らによって陶鋳批判の大字報などが張られたが、陶鋳自身は若者の単純な反応とみて深刻には受け止めていなかった。まして、そのことで江青らと亀裂《きれつ》が生じるなどとも気づかなかった。陶鋳は毛沢東の指示通り、文革を最大限に遂行しようと考えていたが、それが「劉・鄧打倒」といわれると、頭と行動がついていかないのだった（厳家祺《げんかき》ら著『文化大革命十年史』）。

陶鋳は当時五十八歳。広東省党委員会第一書記などおもに華中・華南地区や宣伝畑で働いてきた。六四年二月、人民日報に書いた論文「人民公社は前進する」が毛沢東に気に入られたともいわれ、六六年に党中央書記処に引き上げられると中央文

革小組の宣伝担当顧問に就いた。

劉少奇が序列二位から八位に転落した八月の第八期中央委員会第十一回総会では、政治局常務委員を十一人に拡大し、増やした四人のうち三人が中央文革小組から抜てきされたが、この中にいきなり陶鋳も入った。

しかも、毛沢東は自ら筆をひょいと取り上げ、序列名簿の周恩来と陳伯達の間に「陶鋳」と書き入れた。この一瞬、陶鋳より上位には毛沢東、林彪《りんぴょう》、周恩来しかいないことになった。

毛沢東の側近、権延赤の『文化大革命中の陶鋳』（中共中央党校出版社）によると、十二月二十九日早朝、毛沢東は陶鋳を中南海《ちゅうなんかい》に呼び出し、「陶鋳よ。なんでおまえは（自分でも）理解できないような過ちを犯してしまった、と言わないんだ」と切り出した。そして、同席した江青にも「まったくわがままで、人を傷つけることが好きだ。陶鋳は政治局常務委員だぞ。過ちを犯したなら、会議で批判したらいいじゃないか」と言った。

会見後、「ちょっと残らんか」と陶鋳を引き留めた毛沢東は、「江青というやつはまったく度量が狭い。ちょっと言葉に注意していないと、すぐに爆竹を鳴らして人を非難するんだ」と慰めるように言い、ふと、「地方に行ってみてはどうだ」と勧めた。陶鋳は「年明けとともに北京を離れます」と、ほっとしながら答えた。

しかし、こぶしを振り上げた江青らはそう簡単に陶鋳を逃がそうとはしなかった。造反派をたきつけ、年明けの一月四日から大々的な大衆批判闘争を開始し、息の根を止めようとしたのだった。それが、陶鋳を驚かせた激しい攻撃の洪水であった。

そして、陶鋳に地方に出ることを勧めたばかりの毛沢東も急に態度を変えた。一月八日になって、党中央に陶鋳問題の緊急会議を招集させ、そこでこう語ったのだ。

「陶鋳は鄧小平が中央に紹介した男だ。陶鋳問題をわれわれはだれも解決できなかったが、紅衛兵がちょいと立ち上がって解決してしまった」

二日後、陶鋳の自宅と党政治局をつなぐ専用電話は撤去され、陶鋳は全職務を解任された。陶鋳はまたも何がなんだか分からなかった。

その後も事あるごとに攻撃されたが、六九年に安徽《あんき》省に移封されたまま病没した。名誉が回復されたのは、江青ら「四人組」が失脚した後の七八年であった。

軍長老の抵抗「軍が混乱すれば大乱を招く」

「至急電——昨晩九時、数千人の造反派学生が瀋陽《しんよう》軍区施設に突入。警備兵を殴打し、軍区指導部をつるし上げた。副司令員（司令官）が重い傷を負い危篤。突撃は現在も継続中。中央軍事委の指示を求む。一九六七年一月一日午前二時二十分」

李健著《りけんちょ》『紅船交響曲』（中共党史出版社、九八年）によると、受信したのは中国共産党中央軍事委員会の副主席兼秘書長（党政治局員）、葉剣英《ようけんえい》の執務室である。葉剣英のもとには南京軍区からも造反派に襲撃されたという至急電も入っていた。

プロレタリア文化大革命の発動とともに生まれた紅衛兵《こうえいへい》など文革支持の急進左派運動は、しだいに既成の党機関から実権を奪う「奪権闘争」へと向かった。上海《しゃんはい》では造反派（文革急進派）の労働者組織が上海市党委員会に激烈な攻撃を挑んでいた。その波がついに人民解放軍にも襲ってきた。

葉剣英からの報告を受けた党副主席兼国防相の林彪《りんぴょう》は「私はこのところ体調がすぐれないんだ」と言い、軍区襲撃事件であまり突っ込んだ意見も言わなかった。そして矛先《ほこさき》をかわすかのように「軍長老を集め、部隊において文化大革命をどうすべきか考えてくれ」と逆に注文をつけた（『紅船交響曲』）。

党主席の毛沢東が発動したプロレタリア文化大革命とは、つまるところ「革命的な毛沢東思想で社会の隅々まで染め上げる」ことにあるが、軍内部でそれが思うように進まないのは、葉剣英ら軍長老が抵抗しているからだ、と林彪は考えていた。

林彪は前年の十二月、ある座談会で、国家主席の劉少奇《りゅうしょうき》や党中央委員会総書記の鄧小平《とうしょうへい》に代表されるような反動的ブルジョア思想に毒された「実権派」のせいで「われわれの多くの組織と幹部が深い影響を受けてしまった」と言った。

造反派による軍機関に対する襲撃は、その後も続いた。林彪はこれを、軍内における文革推進の不徹底さの問題と関連づけ、軍長老や幹部を打倒する批判攻勢に利用していく。

毛沢東夫人の江青《こうせい》らが主導する中央文革小組に人民解放軍から副組長として参加していた劉志堅《りゅうしけん》は六六年六月、全軍文化革命小組ができると、その責任者（組長）となった。

林彪と連携する江青は、劉志堅に攻撃の矛先を向けた。劉志堅が軍長老らと結んで文革の軍内浸透を妨害していると見たのだ。一月四日、江青は軍学校の造反派らを前に、「軍内でブルジョア反動路線を実行しているのが劉志堅の全軍文革小組である」と批判し、全軍文革小組の改組を主張した（厳家祺《げんかき》ら著『文化大革命十年史』）。

数日後に開かれた中央軍事委員会拡大会議で、林彪も「劉志堅は事実上、ブルジョア反動路線の軍内における代理人だ。彼は左派でないものを支持し、左派を攻撃した」と糾弾《きゅうだん》した。

一月十一日、全軍文革小組は改組され、中央軍事委副主席（党政治局員）の徐向前《じょこうぜん》が後任の組長となった。朱徳《しゅとく》、葉剣英らとともに軍の最元老で「十元帥」の一人である。これは林彪、江青らによる軍長老おびき出しの策略だった可能性が強い。江青らは「軍内にいる一握りの資本主義の道を歩む実権派を徹底的に暴き出せ」というキャンペーンを張り、配下の造反派が徐向前を含む軍長老への攻撃を繰り返したのだった。これに軍長老たちは黙っていられなかった。

一月十九日に北京《ぺきん》の宿泊・会議施設、京西賓館で開かれた中央軍事委拡大会議の席上、軍長老と文革小組が激突した。

『紅船交響曲』によると、会議の模様は次のようなものだった。

「一つ伺いたいことがある」。冒頭、いきなり江青が発言を求めた。機先を制して流れを自分のペースに引き込むのは、江青のいつもの作戦だった。

「蒯大富《かいだいふ》を議場に入れないよう命令したのはだれ?」

党指導部の専用施設である京西賓館は軍の管理下にあり、出入りは厳しく制限される。清華大の過激な造反派「井崗山《せいこうざん》兵団」を率いる二十歳の学生、蒯大富は、江青の指示で入場を試みたが門前払いにされていた。

「私だ」。中央軍事委副主席兼外相(党政治局員)の陳毅《ちんき》だった。「なぜ入場を許されなかったのでしょう」と江青。陳毅は反問した。「江青同志、私もあなたに伺いたい。蒯大富は、いったい何の資格をもって軍事委会議に参加するのか」

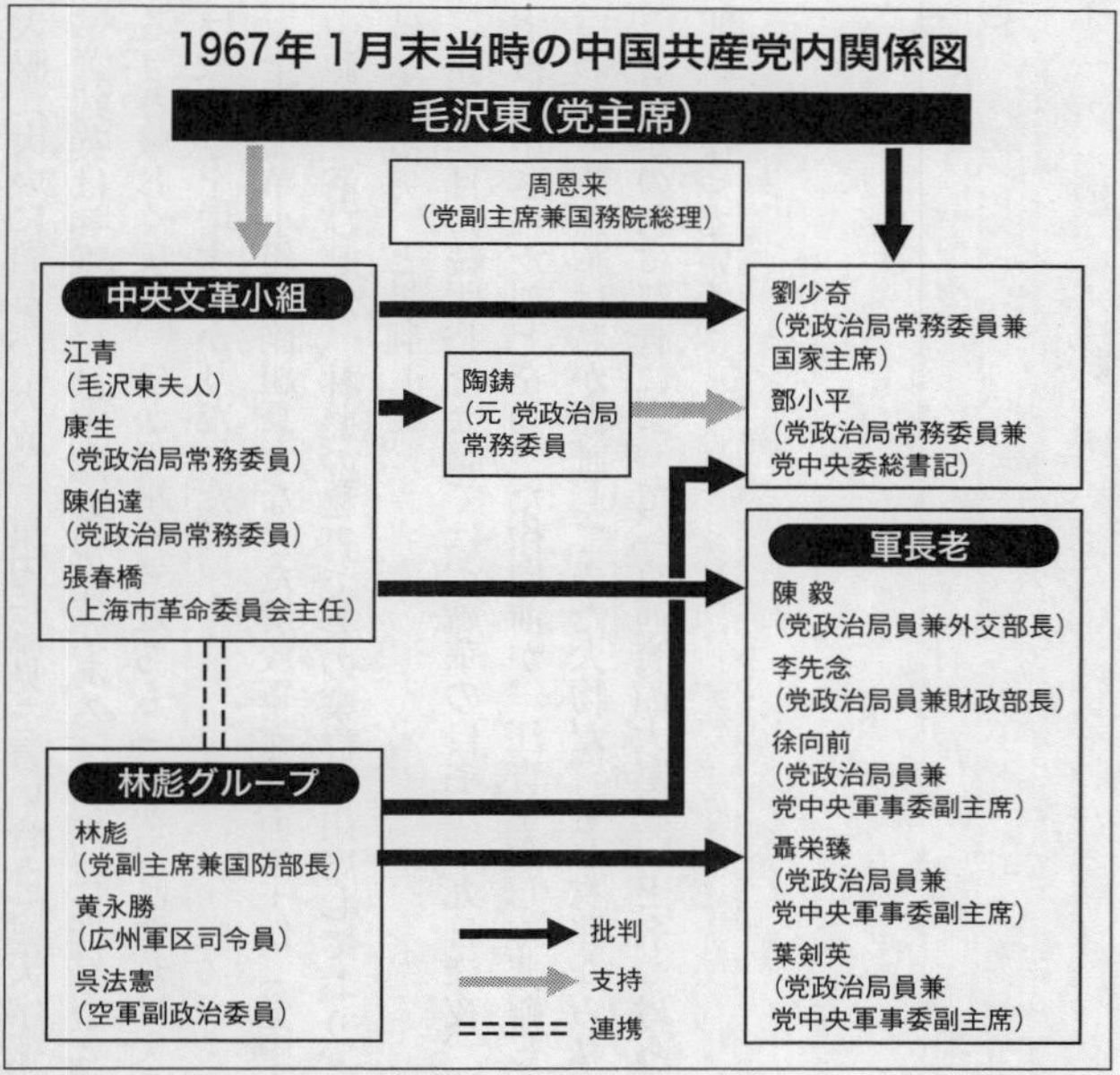

1967年1月末当時の中国共産党内関係図

言葉につまった江青に中央文革小組組長（党政治局常務委員）の陳伯達《ちんはくたつ》が助け舟を出した。「会議を見せて紅衛兵に文革経験を積ませようと江青同志が招いた。われわれとしては彼を歓迎すべきじゃないかな」

すると葉剣英が笑い声をたて、「きょうの軍事委拡大会議には、軍区司令、海軍司令、空軍司令はいる。だけど、学生司令なんていやしないぞ」と皮肉を飛ばしてその場を収めた。

会議が本論に入ると江青は軍内における「四つの大」を要求した。「四つの大」とは、大鳴（大いに語る）、大放（自由に意見を言い合う）、大字報（壁新聞）、大弁論のことだ。

葉剣英は「軍隊には軍隊の規律がある。指揮に従い、歩調を合わせてこそ勝利が得られる」と厳しく反論、ほかの軍長老たちも「軍が混乱すれば大乱を招く」とはねつけた。対立は激しさを増すばかりだった。

全軍文革小組の副組長となった解放軍総政治部主任（党中央委員）の蕭華《しょうか》にも江青らは集中砲火を浴びせた。林彪の秘書で妻の葉群《ようぐん》も出席しており、「蕭華は林彪に反対し、文革を破壊する男」と批判した。

翌二十日に続開した会議では、蕭華の自宅が十九日深夜、江青の指示を受けた造反派に家宅捜索をされたことを知った徐向前が、江青を激しく非難した。葉剣英は机をたたき、手を震わせて「蕭華は私が保証してきた人物だ。もし有罪なら私が責任を取る」と怒声を上げた。

これがのちに江青によって「京西賓館大騒動」と名づけられ、軍長老ら大量失脚の主要な罪状となっていく。

二月逆流　軍長老は江青らと激突した

人民解放軍の長老たちと、江青《こうせい》＝林彪《りんぴょう》グループとの対立は決定的な局面を迎えつつあった。中国共産党主席、毛沢東のプロレタリア文化大革命が公式に発動されてまもなく九カ月になろうとする一九六七年二月のことだ。

毛沢東の妻の江青は、文化大革命の信奉者として急進左派路線を一直線に走り、急速に権力を強めている。いわば、得意の絶頂にある。

党副主席兼国防相の林彪は、毛沢東を徹底的に神格化し、忠実に寄り添うことで党内序列二位まで上りつめ、後継者の地位も夢ではない。

党組織と国家機関の多数派が「右派（実権派）」に握られていると毛沢東は言う。国家主席（党政治局常務委員）の劉少奇《りゅうしょうき》と、党中央委員会総書記（党政治局常務委員）の鄧小平《とうしょうへい》が、その「資本主義の道を歩む党内第一と第二の実権派」である。

江青や林彪らは、すでに「劉・鄧打倒」の嵐《あらし》を全土に巻き起こした。これまでの地方権力機関を造反派が乗っ取る「奪権」闘争も拡大しつつある。残るは人民解放軍の長老たちの追い落としである。

二月十四日午後、北京《ぺきん》・中南海《ちゅうなんかい》の中にある懐仁堂《かいじんどう》で、党政治局常務委員兼国務院総理（首相）の周恩来《しゅうおんらい》が主催して中央連絡会議が開かれた。党・政・軍の代表らと、文化大革命を推進する江青ら党中央文革小組のメンバーが出席した。

会議では、党中央軍事委員で国務院（政府）閣僚級の陳毅《ちんき》、李先念《りせんねん》、譚震林《たんしんりん》、徐向前《じょこうぜん》、聶《じょう》栄臻《えいしん》、葉剣英《ようけんえい》、余秋里《よしゅうり》ら軍長老たちのグループと、林彪のほか江青、陳伯達《ちんはくたつ》、康生《こうせい》、張春《ちょうしゅん》橋《きょう》ら中央文革小組のメンバーらが激しくぶつかり合った。

樹軍《じゅぐん》編著『中南海』（中共中央党校出版社、九八年）によると、中央に周恩来が座り、右列には軍長老側、左列には中央文革小組側が対峙《たいじ》する形で席に着いた。

「あなたたち（中央文革小組）のやっていることは、政府、工場、農村をかき回しているだけだ。それでも飽きたらず、軍まで乱そうとしている。いったい何をするつもりなんだ」

開会直後、軍事委副主席（党政治局員）の葉剣英が火を噴《ふ》いた。軍事委副主席（党政治局員）で全軍文化革命小組組長の徐向前も机をたたいて立ち上がり、「親を打倒するために子どもまでつるし上げる。そして家族全員が迫害を受ける。何のためだ」と詰問する。

軍長老たちは一月にも、いわゆる「京西賓館大騒動」で文革小組と激論を交わしており、それを引き継いで緊迫したやりとりが続いた。周恩来はほとんど黙っていた。

《厳家祺《げんかき》ら著『文化大革命十年史』によると、この会議は毛沢東が周恩来に指示して開かせたという。しかし、樹軍編著の『中南海』は江青ら文革小組の急進的な活動に歯止めを

かけ、主導権を握ろうとした周恩来が開いたとしている。かりに、そうだとしても、結果的には思惑通りにはいかなかった》

連絡会議は十六日に再開した。もはや両者の衝突を防ぐ手だては何もなかった。

「君たちの目的は古参幹部をたたきのめすことにあるんだろう？　一人一人痛めつけて追い出したいのだ」

軍政治委員を長く務めた国務院副総理（党政治局員）の譚震林の怒りは収まらない。

「江青は私を反革命に仕立てようとしている」と非難すると、文革小組側の国務院公安部長（党政治局候補委員）の謝富治《しやふじ》が、江青は何度も譚震林を助けた、と擁護した。

このため、譚震林はよけいにいらだち、「私は党のために働くのであって、彼女（江青）のためではない。それなら君たちでやってくれ。私はもうやらない。首を切られようが、投獄されようが、党を除名されようが、徹底的に闘うぞ」と叫ぶと席を立った。それを軍事委副主席兼国務院副総理（党政治局員）の陳毅が「出ていってはならん。ここであいつらと闘うんだ」と引き止めた。

軍長老で国務院副総理の李先念、葉剣英らは「過ちを犯せば、その病を治すのが結党以来の方針だ」と問答無用の「奪権」に猛反発した。沈黙がちだった周恩来も文革小組の独善性を批判した。

連絡会議が散会した夜、文革小組の康生、陳伯達らは江青を交えて拠点にしている政府迎賓館、釣魚台《ちょうぎょだい》の十五号楼に集まり、電話で毛沢東に接見を求めた。その間、張春橋、姚文元《ようぶんげん》らが会議の議事録をまとめた。

車で中南海の毛沢東の執務室に乗り込んだ江青は、「連中の矛先《ほこさき》は私ではなく、あなたに向いているのですよ」と言った。軍長老が毛沢東の失脚を狙っているというのだ。

毛沢東は最初、その言葉を無視していたが、張春橋らがかなり脚色してまとめた議事録を読み始めると表情が見る見る変わった。

「李先念が言う。スターリン死後、フルシチョフが現れた。スターリン存命中、だれよりもスターリンを褒《ほ》めたたえたのはフルシチョフだった」

この発言は林彪のことをあてつけたものだが、毛沢東は厳しい表情のまま、たばこに火を付け、執務室内を歩き回った。そして沈黙した。一九五六年にソ連のフルシチョフが行った独裁者スターリン批判が当時、毛沢東には強烈な衝撃であった。自分の死後と重ね合わせたに違いなかった。

張春橋が読み上げる議事録で、譚震林が「私はもうやらない」といったくだりで、毛沢東は怒気を含んだ声で言った。「お前たち（軍長老ら）が文化大革命を否定しようとしてもできないぞ」

李健《りけん》編著『紅壁紀事』は「（軍長老の不満を）自らの権威への挑戦と受け取った毛沢東は、これを容赦できなかった」と書く。

これ以降、懐仁堂の連絡会議は軍長老たちが文革の流れを逆流させようとした反革命行動の意味を込め、江青たちによって「二月逆流」として広められるようになる。軍長老たちは、全土でいっせいに展開される厳しい批判攻撃にさらされ、次々と職権をはぎ取られて失脚していく。

そして、文革小組は党政治局を代行する最高政策決定機関となり、江青は強力な権限を手にする。林彪は軍における実権を掌握して「毛後継」への道をさらに加速をつけて走り続けることになる。

劉少奇の悲憤 「死んだら遺骨を海にまけ」

中国共産党「文化革命指導小組」の中心メンバーである毛沢東の妻の江青《こうせい》や、国防相（党政治局常務委員）の林彪《りんぴょう》らが率先して推進する文化大革命は、その打倒すべき標的をいまやはっきりと「劉・鄧」に絞った。

国家主席（党政治局常務委員）の劉少奇《りゅうしょうき》と、党中央委員会総書記（党政治局常務委員）の鄧小平《とうしょうへい》が握ってきた国家機関と党組織も「資本主義の道を歩む実権派の巣窟《そうくつ》」であり、革命化の対象とされた。

一九六七年二月、こうした急進左派の攻勢に人民解放軍の長老幹部たちは猛然と反発したが、江青や林彪たちは彼らを「反革命」と厳しく糾弾《きゅうだん》し、その圧力の前に軍長老たちは相次いで失脚していく。

毛沢東は沈黙していた。劉少奇や鄧小平の文革初期の対応を厳しく批判し、「劉・鄧打倒」の方向へと文革急進派を巧みに誘導したのは毛沢東その人であったが、直接の指示は回避してきた。その毛沢東がついに「劉少奇打倒」の態度を鮮明にする。

三月十六日、江青らの中央文革小組は「六十一人の裏切り者集団事件」に関する調査報告書を党指導部内で配布した。裏切り者事件とは、抗日戦争当時の一九三六年に国民党側に捕らえられていた薄一波《はくいっぱ》たち共産党活動家六十一人が「反共声明」をしたうえで出獄したことを指して文革急進派らが名づけた。

この出獄は党中央の方針による〝偽装転向〟で、「党内では決着済みの問題」と党政治局常務委員兼国務院総理（首相）の周恩来《しゅうおんらい》などは主張したが、文革急進派はこの問題を、出獄指示に当時関与した劉少奇に対する攻撃材料に利用した。

黄峥《こうそう》著『劉少奇の最後の歳月』によると、中央文革小組の調査報告書には「劉少奇の裏切り行為」が明記され、毛沢東もこれを承認した。さらに二十一日には毛沢東の同意で劉少奇の問題を調査する「劉少奇特別審査組」が党内に設置された。

三十日になると、文革急進派の支配下にあった党機関誌「紅旗《こうき》」に、中央文革小組の戚本禹《せきほんう》が書いた論文「愛国主義か売国主義か」が公表され、五〇年に上映されて劉少奇が評価したとされる歴史映画「清宮秘史」を売国主義と決めつけた。

「紅旗」には同時に、劉少奇が三九年に書いた『共産党員の修養を論ず』を批判した評論を掲載し、この中で毛沢東の「修養論はマルクス・レーニン主義とは相いれない唯心論であって階級闘争を論じていない。修養論は人を欺くものだ」という言葉を公表したのだった。

劉少奇たちに対する個人攻撃の嵐《あらし》が吹き荒れる四月十日、清華大の紅衛兵《こうえいへい》らによって劉少奇の妻の王光美《おうこうび》は早暁から清華大に連行され、集団攻撃の矢面に立たされた。

尋問は午前六時半に始まった。紅衛兵らは劉少奇宅から「ブルジョア反動路線の証拠」として持ち出したハイヒールや体に合わなくなった細身のチャイナドレスを突き出し、まず、それを着るように迫った。

《やりとりの内容は黄峥著『劉少奇の冤罪《えんざい》事件始末』（中央文献出版社、九八年）などによる》

紅衛兵「この服を着ろ」

王光美「着ません。きちんと話し合おうじゃないの」

紅衛兵「だれがお前と話し合おうというんだ。言っておくが今日はお前と闘争をするんだ」

王光美「いずれにせよ、あなたたちは私の自由を侵すことはできない」（紅衛兵ら大笑い）

紅衛兵「お前は反動的ブルジョア分子だ。民主なんていっさい与えられない。まして今日はお前に専政（階級的制裁）を行うのだから、自由などはない」

こうして紅衛兵は王光美に無理やりチャイナドレスを着せ、首にピンポン玉で作ったネックレスをかけた。

この執拗《しつよう》な王光美攻撃の背景には、江青のしっともあった。幼いとき両親を亡くし苦労して育った江青に比べ、六歳年下の王光美は高級官僚の父と資産家出身の母親を持ち、大学で理学修士号を取るなど恵まれて育った。

対外的にはファーストレディーの国家主席夫人として華やかな外交舞台に登場する王光美

と違って、江青は毛沢東の巨大な影に隠れてきた。その恨みをさらにあおったのが六三年の劉夫妻による東南アジア歴訪だった。出発前、江青は「革命的伝統を考えてネックレスは着用しないほうがいい」と助言したが、王光美はそれを守らなかった。これが〝ピンポン玉ネックレス〟の遠因であった（厳家祺《げんかき》ら著『文化大革命十年史』）。

紅衛兵「お前は劉少奇をどうみるか」

王光美「劉少奇はまだ毛主席に従っています。反革命などではありません」

一九六七年四月十日、紅衛兵らは国家主席夫人の王光美にチャイナドレスを着せ、ピンポン玉のネックレスをかけて「ブルジョアぶり」を糾弾した

紅衛兵「早く劉少奇の誤った行動を洗いざらいぶちまけろ」

王光美「何もしていないのに、どのように誤った行動を話したらいいのですか」

尋問は夜十時過ぎまで延々十六時間近くに及んだ。翌日にはピンポン玉のネックレスをかけられた王光美の糾弾写真とともに、集会での問答を伝える壁新聞が北京《ぺきん》市内に張り出されたが、王光美が劉少奇の〝罪状〟を認めた下りはなかった。

王光美糾弾集会が開かれるという知らせは、その前日の九日夜、食卓を囲む劉少奇一家のところに届いた。娘の劉平平《りゅうへいへい》ら劉少奇の子どもたちは、そのときの情景を追悼文集『勝利の生花をあなたに捧ぐ』の中で次のように描いている。

劉少奇は怒りに震え、憤激した。

「私に過ちがあるなら、私が引き受ける。（王）光美に責任はない」

文革が始まって間もない前年六月、学内秩序回復を目的に劉少奇ら党指導部が組織した「工作組」の任務で清華大に赴いた王光美は紅衛兵と対立した。以来、清華大紅衛兵は事あるごとに王光美を標的とし、偽電話でおびき出して糾弾集会に引きずり出したこともある。

「清華大の（工作組）運動に参加したのは私なのだから、私が行って取り調べを受けます」と王光美は言ったが、「取り調べるというなら私が受ける。私が大衆の前に立とうじゃないか」と劉少奇は王光美の言葉をさえぎった。そしてこう続けた。

「私が死んだら（マルクスの盟友）エンゲルスのように遺骨を海にまいてくれ。大洋から全世界が共産主義を実現するのを見守っていたい」

この〝遺言〟は江青ら四人組の逮捕後、王光美の手によって果たされることになる。

劉少奇監禁　国家主席が殴られ続けた

中国共産党主席の毛沢東から公然と名指しされ、国家主席（党政治局常務委員）の劉少《りゅうしょう》奇《き》が「裏切り者」と公認された一九六七年三月以降、劉少奇に対する大衆的な攻撃は熱狂の度をいっそう増した。

毛沢東が十カ月前に党内で配布した劉少奇打倒を示唆する大字報（壁新聞）「司令部を砲撃せよ」の全文が六月一日、党機関紙「人民日報」と党機関誌「紅旗《こうき》」に掲載され、初めて一般に公表された。これでプロレタリア文化大革命の最大の目標が劉少奇打倒にあることを改めて強調することになった。

劉少奇は当時、北京《ぺきん》中心部の中南海《ちゅうなんかい》の中にある福禄居《ふくろくきょ》と呼ばれる建物を居宅兼執務室に使っていた。中南海は国や党の重要機関、要人の居宅などがある広大な敷地で、一般人の立ち入りはできない。その中南海の門前に紅衛兵《こうえいへい》らが集結し、「劉少奇糾弾《きゅうだん》前線指揮部」などを設けて二十四時間体制で「劉少奇引きずり出し」運動を展開する騒ぎとなった。

毛沢東の妻、江青《こうせい》らが主導する中央文革小組は、こうした「劉少奇打倒」運動に大規模な動員をかけ、紅衛兵や大衆を誘導した。

《中央文革小組はなぜ、すでに事実上の失脚状態にある劉少奇をいつまでもさらしものにして大衆の熱狂をあおる動員を続けたのか。厳家祺《げんかき》ら著『文化大革命十年史』は次のように分析する。

国や党の既成の組織から権力を奪う「奪権闘争」を毛沢東や中央文革小組が奨励したため、文革急進派（造反派）の大衆組織間で主導権争いを生み、武闘が横行する一種の無政府状態となった。これを「劉少奇打倒」という毛沢東の革命路線上の大目標に結集させることで、混乱を収束させようとした》

娘の劉平平《りゅうへいへい》ら劉少奇の子どもたちの追悼文『勝利の生花をあなたに捧ぐ』によると、七月十八日早朝、平平らは朝食をとろうと中南海の従業員食堂に向かった。このころ、子どもたちはここで朝食をとるようになっていた。いつものテーブルに着いたとき、食堂内に一枚の大字報（壁新聞）が張り出されているのに気づいた。「今夜、劉少奇の批判大会を挙行する」あわてて居宅に駆け戻り、劉少奇に大字報の内容を伝えた。平平らはそのときの劉少奇の反応について、生死をかけた闘争がいよいよ目前に迫っていると実感したようだったと書く。

夜に入り、中南海は北京の百以上の組織が動員した数十万人の造反派に取り囲まれた。劉《りゅう》振徳《しんとく》著『私は少奇の秘書だった』によると、中南海の中では、中央文革小組が組織した造反派が劉少奇の居宅に押し入り、劉少奇を中南海内の食堂へ、妻の王光美《おうこうび》を西楼の大広間へと別々に連行した。別動部隊は劉振徳ら秘書を拘束して居宅内の家宅捜索を始め、劉少奇の文

一九六七年七月、北京・中南海の周囲には紅衛兵らが「劉少奇を引きずり出そう」と集まり、大字報を張るなどして「前線」と称した。写真は西門の「劉少奇引きずり出し最前線」

書類を片っ端からあさった。

約二時間にわたる批判大会の間中、劉少奇は前かがみの姿勢で立たされたまま、罵声《ばせい》を浴び続け、発言はいっさい許されなかった。もっとも何を発言したとしても、それがすぐかき消されるほどの怒鳴り声が一斉に返ってくるだけだったに違いない。劉少奇の額から汗が滴り落ち、ハンカチを取り出した手を激しくたたかれ、床に落ちたハンカチを拾うことも許されなかった。

批判集会の拷問が終わると、劉少奇は居宅にしている福禄居の自分の執務室に監禁された。そのとき、床に組み伏せられ、ズボンのベルトも抜き取られた。王光美は隣接する建物に隔離され、子どもたちも居宅内の別の部屋で生活するよう強いられた。同じ建物内にいながら、劉少奇は子どもと会う自由さえなくなったのだ。

この日、劉少奇に次ぐ「資本主義の道を歩む党内第二の実権派」とされ、打倒の対象となっていた党中央委員会総書記（党政治局常務委員）の鄧小平《とうしょうへい》も中南海の居宅で「批判大会」の糾弾を浴びている。

その後も中南海の周囲には「劉少奇を引きずり出そう」という造反派らの動員はやむことはなく、中南海の中に向かってスピーカーから「命をかけて劉少奇を引きずり出すぞ」などというスローガンが響き続けた（『文化大革命十年史』）。

「司令部を砲撃せよ」という毛沢東の大字報が党中央委員らに配布されてちょうど一年目にあたる六七年八月五日、北京の天安門《てんあんもん》広場では大規模な記念決起集会が開かれていた。江青ら中央文革指導小組は決起集会の全国放映を計画し、事前にカメラクルーを手配するなど周到に準備を重ねていた。

これに連動して広場からわずか一キロ余りの中南海では、「砲撃の対象」となった劉少奇や鄧小平らに対する文革急進派の糾弾集会がまたも開かれ、劉少奇は監禁されていた執務室から引きずり出された。

李健《りけん》編『紅船交響曲』は、その集会の異様な模様を描いている。猛暑のなかで夫人の王光美とともに〝批判台〟に立たされた劉少奇は二時間にわたって両手を後ろにまっすぐ伸ばして腰をかがめ、頭を下げるいわゆる「ジェット式縛り上げ」にされ、拷問を受けながら必死の抵抗を試みた。

「君たちが私個人にどういう態度を取るかは重要なことではない。しかし、私は中華人民共和国主席の尊厳を守らねばならない。君たちの行動は自国を侮辱するものだ」

「私も一人の公民だ。なぜ私に話をさせないのだ。憲法は全公民に人格権が侵されないと保障しているではないか。憲法を破壊するものは厳しい制裁を受けるべきだ」

だが、「打倒劉少奇」を叫んで殺気立つ造反派に殴られて劉少奇の顔は腫《は》れ上がり、「毛沢東語録」で小突かれ続けた。靴も脱げたままで靴下姿の劉少奇は、もはや国家主席としての威厳も名誉も失っていた。

この光景は劉少奇の幼い子どもたちの目にもさらされた。両親を批判するよう強制されてきた子どもたちは、糾弾大会での惨めな両親の姿を涙を流して見つめた。

批判台に立たされた劉少奇から子どもたちの姿が見えたかどうかは分からない。しかし、この日は生涯で肉親を目にする最後の一日であったのをそのときの劉少奇は知らない。

糾弾大会が終わると、劉少奇は再び居宅である福禄居の執務室に押し込まれ、昼夜を問わず、厳しい監視下に置かれた（顧保孜《こほし》ら共著『聚焦中南海』中国青年出版社）。

劉少奇は七日、毛沢東に「私はすでに自由を失いました」と手紙を書き、国家主席の辞任を再び申し出た。しかし、何の音さたもなかった。

劉少奇の最期　なぶられ、棄てられた果てに

「打倒劉少奇《りゅうしょうき》」のスローガンが、なにか奇妙な宗教の呪文であるかのように全土に広がっていた。劉少奇が監禁されている北京《ぺきん》・中南海《ちゅうなんかい》の高い壁の周囲には「劉少奇を引きずり出せ」という怒鳴り声が終日、響く。

毛沢東、朱徳《しゅとく》、周恩来《しゅうおんらい》と並ぶ中華人民共和国建国の最高首脳であり続け、いまもなお国家主席の座にある人物が、まるで大悪魔かあるいは虫けらのように扱われている。

一九六七年七月から八月にかけ、劉少奇をそのような境遇に追い込んだ中国共産党主席、毛沢東は北京を離れていた。九月五日、華北、華中、華南、華東を巡回して「革命的大連合」を鼓舞してきた毛沢東が北京に舞い戻り、ラジオはそれを「人心を大いに奮い立たせる特大の朗報」と報じた（厳家祺《げんかき》ら著『文化大革命十年史』）。毛沢東の神格化が頂点を極めれば極めるほど、劉少奇の置かれた悲惨さが浮き彫りになる。

精神的に追い詰められた劉少奇は不眠に悩まされ、毎日二、三時間しか眠れない日が続いていた。九月に入ると、隔離されていた妻の王光美《おうこうび》も逮捕・監禁され、子どもたちは中南海

から追放された。

《監禁中の劉少奇が置かれた状況については黄峥《こうそう》著『劉少奇の最後の歳月』などによる》

炊事担当もその助手も劉少奇の元を去った。その結果、日々の食事は作り置きしたものを分けて食べさせられるようになった。胃が悪いうえ、歯も七本しか残っておらず、しかも古くなった食物も混じっているため消化不良で下痢が続き、体力はますます低下した。

革命戦争時代に痛めた手は糾弾《きゅうだん》集会でのつるし上げで殴られてさらに不自由となり、一枚の服を着るのに一、二時間かかった。わずか三十メートルの距離にある食堂にたどり着くのに五十分も必要だったのは、足の古傷が悪化したためだ。劉少奇がよろけても、監視員はだれ一人として手を貸そうとはしなかった。

医者の対応も冷淡だった。造反派からの批判を恐れ、検査のたびに「中国のフルシチョフ（毛沢東が修正主義と批判するソ連共産党の元指導者）め」とののしるのが儀式であった。ときには聴診器で殴りつける者もおり、注射器でやたらに体を突き刺す看護士もいた。投薬も制限され、常備薬のビタミン剤や糖尿病の治療薬も止められた。

こうして肉体的にも、精神的にも極限状態にあった劉少奇は、しばしばこぶしを固く握りしめたり、十本の指を大きく開いて何かをつかもうとしたりした。いったん何かをつかむと、決して離そうとはしなかった。

見るに見かねた医療員が、硬いプラスチック製のビン二本を劉少奇に握らせたことがある。劉少奇が握り続けたこのビンは、死去したとき、真ん中が押しつぶされてヒョウタンのように変形していた。

劉少奇が名実ともに政治生命を絶たれるのは、監禁生活に入って一年三カ月も過ぎた六八年十月、北京で開かれた党第八期中央委員会拡大第十二回総会（八期十二中総会）であった。《「拡大」会議としたのは中央委員と委員候補百九十三人のうち実に百二十四人が毛沢東の妻、江青《こうせい》らによって「スパイ」「反党分子」あるいは疑いがあるとされ、正規の総会メンバーは五十九人しか出席せず、非正規メンバーを加えて人数をそろえる必要があったからだ》

十月十三日から三十一日まで続いた会議で、「資本主義の道を歩む実権派・劉少奇は党内に紛れ込んだ裏切り者、敵の回し者、労働貴族」とする審査報告書が採択され、「党からの永久除名と党内外の一切の職務解任」が決議された。

毛沢東がプロレタリア文化大革命を発動し、自分の大字報（壁新聞）で「司令部を砲撃せよ」と打倒を呼びかけてから二年二カ月を経て、ここに「劉司令部」が最終的に瓦解《がかい》した。急進的な経済の「大躍進」政策が失敗した責任を負わされる形で「第二戦線」に退き、国家主席の座を劉少奇に譲ることを余儀なくされてから九年余がたっていた。

「党からの永久除名」を受けて一年後の六九年十月十七日、劉少奇は北京から河南《かなん》省開封《かいふう》に移封された。ここに軍用機で運ばれたとき、劉少奇は裸のまま軍用毛布に包まれ、担架に乗せられていた。開封市党委員会が管理するコンクリートがむき出しの倉庫部屋に監禁された劉少奇は肺炎をぶり返し、高熱でおう吐が止まらなかった（図們《ともん》ら共著『劉少奇の受難始末』中共党史出版社、一九八年）。

それから一カ月もたたない十一月十二日午前六時四十五分、劉少奇の七十一年間働き続けた心臓は鼓動を止めた。救急隊がやってきたのはその二時間後であった。

かつて国家主席を務めた人物の遺体は「劉衛黄」という偽名で「無職」の老人として荼毘《だび》に付された。劉少奇の死は公表されず、家族にも知らされることはなかった。

劉少奇の娘、劉平平《りゅうへいへい》らの追悼文「勝利の生花をあなたに捧ぐ」によると、子どもたちは七二年、両親との接見を求める手紙を毛沢東に書いた。十七歳で父母と隔離された平平は、そのとき二十二歳になっていた。

「母親に会わせる」という毛沢東の許可が八月十六日に下りた。これを伝えた連絡員に子どもたちは「父にも会いたい」と詰め寄った。翌日、毛沢東から再び伝言が届いた。「父親はすでに死んだ」

失意に打ちひしがれる平平らは十八日、監獄内で母親の王光美と五年ぶりに再会した。しかし、父親との

一九八〇年五月十九日、劉少奇の遺灰は未亡人の王光美と遺児たちによって海にまかれた

無言の対面までは、さらに約七年九カ月の歳月を要する。

江青ら四人組が逮捕され、復活した鄧小平《とうしょうへい》が最高指導者となった八〇年二月に劉少奇は名誉回復された。その前年に名誉回復していた未亡人の王光美は五月十三日、劉少奇が非業の死を遂げた開封を訪れ、遺灰を抱いた。

これに先立って国務院（政府）は劉少奇の遺灰捜しを行っている。遺灰は火葬後にだれも引き取り手がなかったため、火葬場の一人の労働者が保管していたと当時伝えられたが、実際は火葬場側が遺灰の安置所に保管していたことが調査にあたった河南省党委員会書記、趙《ちょう》文甫《ぶんぽ》の話で分かった。

その遺灰は王光美とともに北京に戻り、八〇年五月十七日、人民大会堂で鄧小平主催の追悼集会が営まれた。そして、十九日に小雨の中を北海艦隊の艦船で青島港沖に運ばれた。

艦上には半旗が掲げられ、二十一発の礼砲の中を、王光美や子どもたちによって劉少奇の遺言通り、遺灰は海にまかれたのだった（『劉少奇の最後の歳月』）。

第三部　人民戦争の勝利万歳

【第三部　あらすじ】

ここまでの第一部と第二部で、中国共産党主席の毛沢東の死去に続く未亡人の江青《こうせい》ら四人組の逮捕、その十年前の一九六六年に毛沢東が発動したプロレタリア文化大革命の熱狂と国家主席の劉少奇《りゅうしょうき》らの失脚を描いてきた。第三部ではさらに時代をさかのぼり、毛沢東が文化大革命という「第二の革命」を決意するに至った道筋をたどる。

一九五六年二月、モスクワで行われたある報告が毛沢東を愕《がく》然とさせた。「スターリン批判」である。中国の盟邦であるソ連に神格化された独裁者として君臨したスターリンが、その死後、後継のフルシチョフに痛烈に糾弾《きゅうだん》されたのだった。毛沢東はフルシチョフを裏切り者とみなしてソ連との距離を置くが、これが後にはじまる骨肉の中ソ対立の伏線となる。

毛沢東はその一方で、国内では自由な批判と論争を呼びかける「百家争鳴・百花斉放」を打ち出した。自らの施政に対する自信の現れでもあったが、思いもかけないほど厳しい不満が噴出した。この経験が毛沢東に「永続革命」の決意を固めさせる重要なきっかけとなった。

毛沢東は、党批判を抑えるための「反右派闘争」で粛清と弾圧に転じ、さらに「大躍進運動」を提唱して全国に人民公社を創設し、大衆を動員した急進的な共産主義化路線を突っ走る。

大躍進の成果が各地から伝えられ、毛沢東は再び求心力を取り戻したかに見えた。しかし、その実態は地方指導者らによる保身のための水増し報告の横行であった。農工業の生産現場は大混乱で壊滅的な打撃を受け、国民経済は崩壊の危機に瀕した。その現実を毛沢東に諫言《かんげん》した国防相の彭徳懐《ほうとくかい》を毛沢東はソ連に内通する修正主義者と断罪し、切り捨てた。が、餓死者は二千万人近くに達しており、政策の転換は避けて通れなかった。

建て直しに乗り出したのは、実務を取り仕切る国家主席の劉少奇らだった。一部で個人生産の手法も取り入れ、経済は回復基調に入った。だが、毛沢東はそこに「修正主義」の匂いをかいだ。そして自らの威信と権力基盤ががらがらと崩壊していく焦燥感にさいなまれた。毛沢東はやがて権力奪権のための文化大革命の狼煙を上げることになる。

ソ連への疑念　彭徳懐批判の密告が届いた

紫煙をくゆらせながら毛沢東はまたひとつ大きなため息をつくと、読んでいた文書を居宅の机の上にほうり投げた。一九五九年初夏のことだ。毛沢東はこの時、党や国の重要機関が集まる北京《ペきん》・中南海《ちゅうなんかい》の広大な敷地内にある豊沢園《ほうたくえん》を居宅兼執務室にしていた。

「わが党は分裂の危機に直面しており、政変の危険があります」との書き出しで始まるこの文書は党政治局員兼国防相、彭徳懐《ほうとくかい》の言動についての密告状だった。

「彭徳懐は毛主席の指示を部隊に伝えないばかりか、こう言っています。『主席は話が多いが、多くは熟さないまま言う。いったいだれが主席の過ちを清算するというのだ』」「彭徳懐らは『死党（反動集団）』を結成しています」

《密告の内容や、それを読んだ毛沢東の様子などは中国の作家、師東兵《しとうへい》が九二年に書いたノンフィクション『廬山《ろざん》の真相』が描いている》

毛沢東のもとに彭徳懐批判の密告状が届いた五九年は中華人民共和国の建国十周年にあたり、毛沢東が五八年から進めた急進的な生産拡大路線「大躍進」の破たんがだれの目にも明らかになったころだ。

大躍進は毛沢東が自ら「十五年でイギリスの工業水準に追いつき、追い越す」と豪語し、大衆の大動員によって「多く、速く、立派に、無駄なく」、飛躍的な生産増加を目指したものだ。同時に、農家を中心に平均五千戸を集団化した「人民公社」を急速に普及させてもいる。

毛沢東はこれによって、「高度の生産性」と「生産手段の全人民所有」を実現し、共産主義の理想に近づこうとしたのだ。人民公社では全員が公共食堂で無料の食事を支給され、「工農商学兵」(工業、農業、商業、学校、軍隊)が一体となった共同体として共産社会のひな型とされた。

しかし、国民の〝頑張り〟と〝熱狂〟に依拠した大衆動員方式は過重な労働を強いたうえ、生産増大の大号令は実態と懸け離れた法外な生産高水増し報告の横行を招いた。水増しした分だけ国への供出量が増える無理がたたって、農村では食糧難が深刻化するなど矛盾が噴出し、混乱をきわめた。

それでも毛沢東が懸命に大衆を鼓舞して自力更生《じりきこうせい》のための国家総動員態勢を敷いた裏には、社会主義国の盟主であるソ連に対する不信と対抗心が潜んでいた。毛沢東がソ連に大きな疑念を抱く決定的な要因は「スターリン批判」であった。

五六年二月二十四日深夜、モスクワのクレムリンで開かれていたソ連共産党の第二十回党大会が正規の日程を終えて閉幕した直後、党第一書記のフルシチョフは七時間にわたって「個人崇拝とその結果について」と題する報告を行った。党指導者としてソ連に君臨し、神格化されてきたスターリンの独裁に対する痛烈な糾弾《きゅうだん》だった。

この大会には中国共産党も党副主席の朱徳《しゅとく》を団長に、党秘書長の鄧小平《とうしょうへい》、副秘書長の譚震林《たんしんりん》らが随行する代表団を送っていたが、フルシチョフの報告は秘密会で行われ、外国代表団は締め出されていた。中国側はソ連共産党連絡部から非公式にもたらされた情報を速記したが、それは概要にすぎなかった。

秘密報告の全文は、米中央情報局（ＣＩＡ）が入手し、三月十日付の米「ニューヨーク・タイムズ」紙によってスクープされた。中国国営通信社の新華社が総力を挙げて翻訳をしたが、毛沢東の手元に全文が届いたのは十六日だった。毛沢東は翌十七日夜八時、中南海の頤年堂に朱徳、劉少奇、周恩来《しゅうおんらい》、陳雲《ちんうん》の各党副主席と鄧小平、中央弁公庁主任の楊尚昆《ようしょうこん》らを緊急招集し、党中央書記処会議を開いた。

秘密報告について毛沢東は「ふたも開いたが、問題も引き起こした」と総括した。「ふたが開いた」とは、「ソ連、ソ連共産党、そしてスターリンでさえ必ずしも正しいとは言えないことを明らかにし、迷信を打ち破った」ということだった。「問題を引き起こした」というのは、「内容や分析方法では大きな間違いを犯した」ことであったが、何が問題なのかについてそのときは言及しなかった。

毛沢東はさらに十九日から二十四日にかけて党中央政治局会議を開き、再び秘密報告に関

中華人民共和国の建国直後にソ連を訪問中の毛沢東（左端）は一九四九年十二月二十一日、スターリン（中央）の七十歳の誕生日をフルシチョフ（前列右から二人目）らと祝った

する討議を行っている。この席で毛沢東は「スターリンと同様にわれわれも間違いを犯す。重要なのは、自己批判を通じて自分の間違いを正すことができるかどうかだ」と言った。

そのうえで、「スターリンは間違いも犯したが、偉大な功績もある。フルシチョフの秘密報告がもたらした損失は、できる限り穴埋めしなければならない」とフルシチョフの秘密報告を批判したのだ。

《スターリン批判を受けた一連の討議での毛沢東の発言については、呉冷西《ごれいせい》著『毛沢東を思い起こす』（新華出版、九五年）に詳しい》

毛沢東はフルシチョフに激しい怒りを感じていた。スターリンはソ連だけでなく他の共産圏諸国でも神格化され、無謬《むびゅう》性が信じられてきた存在である。そのスターリンに対する批判は、各国共産党と同じく中国共産党と独裁的な指導者、毛沢東の信頼性を根底から揺るがす危険性があった。「秘密報告がもたらした損失」とはそれを指す。

実際に秘密報告が明らかになった直後、ポーランドやハンガリーの党内外で民主化を求める声が沸き起こって動乱に発展し、ハンガリーではソ連軍（ワルシャワ条約機構軍）が全土を制圧する流血の大惨事を招いた。毛沢東の懸念が的中したのだ。毛沢東はフルシチョフを共産党の裏切り者とみなしていた。

彭徳懐批判の密告状の内容を毛沢東はそのまま真に受けたわけではなかった。しかし、脳裏には五七年十二月のモスクワ訪問における苦々しい情景がよみがえってきた。フルシチョフは隣にいる毛沢東を差し置いて、朝鮮戦争で中国人民義勇軍の司令官兼政治委員としてさい配を振るった彭徳懐に「天才的な戦略家」と最大級の賛辞を贈った。

それを受けた彭徳懐も「フルシチョフ同志、われわれの業績は偉大なソ連の支援のもとで得たもので、あなたを忘れることは永遠にありません」と持ち上げたのだ。

このころから毛沢東は、ソ連と彭徳懐の関係に深い疑念を抱くようになっていた。

「大躍進」の挫折　「神」に諫言の矢が放たれた

ソ連との関係を警戒する中国共産党主席の毛沢東から疑念を向けられていることなど党政治局員兼国防相の彭徳懐《ほうとくかい》はまったく知らない。

一九五九年六月十三日、ソ連・東欧八カ国歴訪を終えて北京《ぺきん》に戻った彭徳懐は翌十四日、駐ソ大使、国連代表を経て国務院外交部（外務省）次官になったばかりの張聞天《ちょうぶんてん》らを相手に外交の成果を語っていた。

「（ソ連共産党第一書記）フルシチョフは言った。『毛沢東はマルクス、エンゲルス、レーニンの間で自分の立場を確立しようとしているが、国際共産主義運動の領袖《りょうしゅう》としては〝格〟が落ちる』」

彭徳懐は「ソ連の同志、東欧の兄弟は老毛（毛沢東）への反感を強めている。とうとう（中国に食糧を）援助する気持ちすら失った」とも言った。彭徳懐の留守を預かった人民解放軍総参謀長の黄克誠《こうこくせい》は、山東《さんとう》省や甘粛《かんしゅく》省で食糧が底をつき、海空軍が食糧輸送に動員されて燃料を使い過ぎたため国防軍として機能しないと不平を鳴らした。

農工業の急進的な生産拡大を目指す毛沢東の大躍進・人民公社化政策の一部手直しが始ま

ったとはいえ、彭徳懐は毛沢東にいっそうの路線転換を迫らねばならないと考えた。江西省《こうせい》の廬山《ろざん》で開く党政治局拡大会議が迫っていた。外遊の疲れを理由に会議には黄克誠が代理出席するよう指示していたが、気が変わった。

張聞天は彭徳懐の廬山行きに反対した。「ソ連は原爆の技術供与を拒否したばかりだ。ソ連から戻ったあなたが攻撃の火ぶたを切れば、毛主席や政治局常務委員が、その問題とあなたを結びつけるかもしれない」というのだった。しかし彭徳懐の決意は固かった。「老毛にはこれまでさんざん勧告してきた。だが、一向に耳を貸さない。こうでもすれば目覚めるだろう」

《この一連のやりとりは中国軍事科学院毛沢東軍事思想研究所の張樹徳《ちょうじゅとく》が書いた『毛沢東と彭徳懐』（北京出版社、九八年）による》

党政治局拡大会議は五九年七月二日に開幕した。大躍進・人民公社化の政策手直しが議題で、毛沢東もそれに同意はしていたが、いざ会議が始まると「成果は大きい。問題も多いが前途は明るい」と批判に先手を打つかのように総括した。

《会議の開かれた廬山は蔣介石《しょうかいせき》の国民党もたびたび重要会議を開くなど数々の歴史の舞台となった。古来、陶淵明《とうえんめい》ら著名な詩人にうたわれた景勝地で、要人らの避暑地でもあった》

師東兵《しとうへい》著『廬山の真相』によると、会議のほとんどの参加者には緊張感などなく、初日の討議が終わると観劇やダンス、廬山散策などで過ごした。が、その空気を彭徳懐が一変させた。翌三日から地域別に六班に分けて始まったグループ討議で、彭徳懐のいらだちが爆発した。

「(党を)集団指導とする決定に反し、だれか一人が物事を決めている。組織の威信を高めずに個人の威信を高めるのは危険だ」「毛主席と党中央の威信を乱用してはならない。昨年、むやみに伝えられた毛主席の意見は、問題が少なくない」

《独裁者スターリンの死後にソ連の指導者となったフルシチョフのスターリン批判(五六年二月)を受け、中国共産党は第八回党大会(五六年九月)で個人崇拝排除の観点に立って党規約から「毛沢東思想を党活動の指針とする」を削除している。

これらは劉少奇《りゅうしょうき》や鄧小平《とうしょうへい》らの現実派路線に沿うものだが、毛沢東の意志にまったく反したものとも考えにくい。むしろ、「わが国のプロレタリアート(無産階級)とブルジョアジー(資産階級)の矛盾はほぼ解決された」(大会決議)との自信が毛沢東を支えていた。

翌年、毛沢東が「人民には批判の権利がある」として自由な論争「百家争鳴《ひやっかそうめい》・百花斉放《ひやっかせいほう》」を呼びかけたのは、その自信の表れであったが、〝知識分子〟たちから痛烈な党批判が一気に噴き出し、毛沢東を驚愕《きょうがく》させた。そのため「反右派闘争」で批判を厳しく弾圧せざるを得なくなった。

この挫折《ざせつ》が毛沢東を急進路線へと向かわせ、永続革命論が前面に打ち出される。五八年から大躍進・人民公社化を進める一方で、味方の領内(人民の海)深く敵を誘い入れて遊

毛沢東（右）と彭徳懐＝一九五四年、北京・中南海

撃戦で殲滅《せんめつ》する毛沢東の「人民戦争論」が再確認されたのは、急進路線への転換を象徴するものであった。そのとき批判されたのが朝鮮戦争を教訓としてソ連軍をモデルに彭徳懐らが進めた正規軍化・近代化路線だった》

グループ会議での彭徳懐発言は「簡報」（会議の要約）を通じて毛沢東の耳にも入っていた。しかし、刺激的な言葉、とくに毛沢東に関する部分は削除されていた。事務局の配慮だったが、彭徳懐は不満だった。

毛沢東は会議の合間に近くの湖で水泳をしたり、専用棟で読書にふけったりしていた。そのもとにまた一通の密告状が届いた。彭徳懐のソ連・東欧歴訪の「内実」を密告する、というものだった。

「フルシチョフと彭徳懐は複数の密室会談を行い、五月三日には三時間以上にわたった。ソ連側が通訳し、わが国防部の通訳は入室を拒否された」

「彭徳懐は帰国後、黄克誠との密談でこう言った。『ソ連の同志たちにわが国の左傾路線を断ち切ると言ってきた』」（『廬山の真相』）

毛沢東はこの日からすべてのグループ会議に連絡員を送り込んで発言を報告させた。しかし、彭徳懐は毛沢東の疑念などにはむとんちゃくに、八日間で七回も政策批判を行っていた。

「スターリンの権力は絶大だった。異を唱えるものはだれもいない。だから過ちを犯した。国内でも似たような現象がないか。お偉いさんが何か話せば、それが神のお告げのようになってはいまいか……」

《廬山会議での内部発言は、かつて毛沢東の秘書で、当時は国務院水利電力部副部長として出席していた李鋭《りえい》が書いた『廬山会議実録』による。これは党史研究者などの参考図書として八九年四月、中央党史出版社が春秋出版社の名で内部発行した。

その直後の六月に民主化運動が武力鎮圧された第二次天安門《てんあんもん》事件が起きた後、書店に出回らなくなったが、九四年に河南《かなん》人民出版社から増訂本が出ている》

廬山の夜　前妻との密会、江青が知る

「主席、この間、用事で山を下りたとき、偶然、賀子珍《がしちん》を見かけました」

それを聞いて毛沢東は身を乗り出した。

「彼女はいま、どうしているんだ」

《賀子珍は毛沢東の前妻である。井崗山《せいこうざん》に最初の革命根拠地が開かれた一九二八年に結婚した。その年、賀子珍十九歳、毛沢東三十五歳だった》

思いがけず賀子珍の消息を聞いた毛沢東はそのとき、党政治局拡大会議で江西省《こうせい》の山あいの避暑地、廬山《ろざん》に滞在していた。五九年七月のことだ。

賀子珍と会ったことを伝えたのは、広東省省長の陶鋳《とうちゅう》の妻、曽志《そし》だった。陶鋳と曽志は会議の合間に廬山を下り、近くの南昌《なんしょう》で入院していた広東省元副省長の馮白駒《ひょうはくく》を見舞った。そのとき、賀子珍が南昌で暮らしているとのうわさを耳にした曽志は、探し当てて再会した。

二人は井崗山時代の仲間だった。

「私たちは十年間、夫婦だったのだ。彼女を忘れたことはない。会いたい……」

曽志から賀子珍の近況を聞いた毛沢東は目を潤ませた。

「お会いになるべきです」。曽志が再会を勧めると、毛沢東の決心は速かった。

「だが、絶対に（妻の）江青《こうせい》に知らせてはいかん。そうだ、（江西省副省長）汪東興《おうとうこう》のところに行ってくれるか。あいつに賀子珍を連れ出させよう」

《毛沢東と曽志の会話は権延赤《けんえんせき》著『文化大革命中の陶鋳』（中共中央党校出版社）から引いた。曽志の夫の陶鋳は七年後に発動された文化大革命で党内序列九十五位の中央委員から四位の政治局常務委員に大抜てきされるが、江青たち四人組に「資本主義の道を歩む走資派の党内最大の擁護者」とされ、迫害のなかで死ぬ。汪東興は毛沢東死後、四人組逮捕に大きな役割を果たすが、長く毛沢東の腹心であった》

賀子珍を連れてくるよう指示された汪東興は同じ江西省副省長の方志純《ほうしじゅん》の妻、朱旦華《しゅたんか》らを賀子珍のもとにやった。朱旦華は毛沢東の弟、毛沢民《もうたくみん》の妻だったが、四三年に毛沢民が新《しん》疆《きょう》ウイグル自治区で殺害された後、方志純と再婚していた。

廬山会議の開幕から六日目の七月八日、理由も知らされぬまま賀子珍は朱旦華たちに付き添われて廬山に登ってきた。会議場が集中する場所から約一キロ離れた二十六号楼が宿泊棟として用意されていた。

そこで四夜を過ごした賀子珍は十二日夜、高級車で「美廬」と呼ばれる豪華な居住棟（百八十号楼）に連れてこられた。警衛官の案内で階上に行くと、目の前に毛沢東が立っていた。

「君たちは下がってくれ」。毛沢東は警衛官らを退室させ、驚いて立ちすくむ賀子珍に自らお茶をいれてほほえんだ。

「どんな暮らしをしているんだい？　体の調子はどうだ？」

賀子珍は毛沢東が廬山入りしていることすら知らなかった。二十二年ぶりの再会であった。賀子珍は四十九歳、毛沢東は六十五歳になっていた。あふれる涙をぬぐいながら、賀子珍はようやく答えた。

「私はだいぶよくなりました。でも、あなたは以前のように元気じゃなさそう」

「忙し過ぎるんだ」と毛沢東は言った。

《毛沢東は母校の湖南《こなん》第一師範で付属小学校校長をしながら共産主義グループを組織していた二十七歳のとき、師範時代の恩師の娘、楊開慧《ようかいけい》と最初の結婚をした。楊開慧は毛沢東が賀子珍と再婚した二年後の三〇年、国民党員に虐殺されたといわれる。

一九〇九年生まれの賀子珍は十七歳で中国共産党に入党し、永新県婦女委員会書記などを経て井崗山に入った若き革命戦士だった。長征《ちょうせい》を経て陝西《せんせい》省の延安《えんあん》に根拠地を開く苦難の時代に毛沢東を献身的に支えたが、長征で受けた傷や神経症の治療を兼ねて三七年、モスクワに行き、東方労働者共産主義大学で学んだ。

そのころ、毛沢東は上海《しゃんはい》から延安に来た元映画女優の江青と知り合い、党指導部の反対を押し切って三八年ごろから同居し、賀子珍とはそのまま離婚状態となった。

四七年に帰国した賀子珍は上海の実兄宅に身を寄せて区党委員会組織部長などを務めた後、南昌に移住し、江西省党委員会の保護で事実上、隠とん生活をおくっていた》

毛沢東が死去し、江青が逮捕されたあと公職に復帰した賀子珍。写真は一九七九年六月、政治協商会議第五期全国委員会委員に選出されたときのもの

毛沢東はともに苦労した同志で妻でもあった賀子珍に最近の政情について語り始めた。二人だけの会話は一時間に及んだ。

「もう遅くなったから話の続きはまた明日にしよう」と、毛沢東は翌日の再会を約束した。

《毛沢東と賀子珍の会話の内容は『文化大革命中の陶鋳』などによる》

しかし、再び二人が廬山で会うことはなかった。翌朝、賀子珍に下山の指示がおりたのだ。

「主席は下山されました。あなたもお帰りいただきます。これは組織の決定です」


事実を偽って毛沢東が賀子珍を下山させたのは、賀子珍と再会した夜、毛沢東にかかってきた一本の電話が原因だった。杭州《こうしゅう》に滞在していた妻の江青からだった。「これからすぐ廬山に向かいます」。極秘に進めた賀子珍の廬山入りが、なぜか江青の耳に入っていた。

《江青に知らせたのは、毛沢東の元秘書で当時政治局候補委員の陳伯達《ちんはくたつ》だったと作家の師《し》東兵《とうへい》は推測するが、事実は不明だ。陳伯達はのちに文革の急進派として江青を支える》

毛沢東が賀子珍と会い、江青から怒りの電話が入った七月十二日夜、約二百メートル離れた百七十六号楼で、党政治局員兼国防相の彭徳懐《ほうとくかい》は、毛沢東の元秘書で湖南省党委第一書記（湖南省長）の周小舟《しゅうしょうしゅう》と議論を交わしていた。論点は毛沢東の急進的な農工業増産政策「大躍進」で大打撃を受けた産業と国家財政をどう立て直すかだった。

彭徳懐の回顧録『彭徳懐自述』によると、「毛主席が主張する均衡を保った発展という方針が徹底していない」と確信した彭徳懐は「左傾路線の誤りを正そう」と翌十三日早朝、毛沢東の居住棟に向かった。

「主席は昨夜、一睡もせず、たった今、休まれたばかりです」。警衛官は面会を断った。毛沢東は前夜の出来事に気持ちが高ぶり、睡眠薬を飲んでようやく眠りについていた。

いつもなら遠慮などしなかったが、今回の直談判はさすがに気が重かった。「仕方がない。手紙を書くことにしよう」

その手紙が歴史的な「彭徳懐事件」を引き起こすことになる。

「意見書」への憤激　「同志よ。糞は出し屁を放て」

大衆動員による「大躍進」や大規模集団化の「人民公社」で鉄鋼や穀物生産を一気に拡大せよという中国共産党主席、毛沢東の大号令は生産現場に大きな混乱をもたらした。共産主義の理想実現を急ぐ毛沢東の思惑とは裏腹に、生産はいっこうに伸びず、逆に食糧難が深刻化しつつあった。

この急進政策のゆがみを党政治局員兼国防相の彭徳懐《ほうとくかい》は深く憂慮していた。江西省《こうせい》の廬山《ろざん》での党政治局拡大会議が十二日目を迎えた一九五九年七月十三日早朝、実情を訴えようと毛沢東の宿泊棟を訪れたが、「就寝中」と面会を断られた。

彭徳懐はその日の夕食後、宿舎の執務室に閉じこもり、毛沢東あての手紙の下書きを取り出した。その夜、廬山は雷鳴がとどろく嵐《あらし》となった。

天華《てんか》編著『毛沢東と林彪』（内蒙古人民出版社、九八年）によると、執務室で手紙に手を入れる彭徳懐に警衛官が声をかけた。「総司令、明日も会議があります。お休みにならなくては」。時計の針は午前零時を回っている。「わしにかまわんでいい。それより濃いめのお茶をいれてくれんか」

午前四時、警衛官は就寝したが、さらに推敲《すいこう》を重ねた彭徳懐は午前六時、徹夜明けの体を太極拳《たいきょくけん》でほぐし、秘書の王承光《おうしょうこう》を呼んだ。「これを清書してくれ。主席あての手紙だ」。手紙はその日夕、毛沢東の元に届けられた。

「主席」という呼びかけで始まる全文三千五百余字の手紙で、彭徳懐は「大躍進の成果は疑いもなく偉大だ」としながらも、土台を欠いた速すぎる経済建設が引き起こした混乱、実態を隠した水増し報告の虚構などを挙げ、経済法則より政治を優先させる「プチブル的熱狂性」が「左翼偏向」の過ちを犯したと指摘した。

ブルジョア（資産階級）とプロレタリア（労働者階級）の間のプチブル（小ブルジョア）は自営商工業者や自営農民らを言うが、共産党内で「プチブル的熱狂」とは「エセ労働者階級の急進主義」といった侮蔑《ぶべつ》的な意味を持つ。

彭徳懐は大躍進発動後の五八年末に自分や毛沢東の故郷である湖南《こなん》省などを回った。鉄鋼生産運動で人手をとられ、穀物増産の過大な重圧に苦しむ農民たちの実態をつぶさに見て、急進政策の本質的欠陥に鋭く切り込んだ。それだけに毛沢東の怒りは大きかった。

「（周《しゅう》）恩来《おんらい》と（劉《りゅう》）少奇《しょうき》を呼べ」。毛沢東は秘書官に命じた。「何事ですか」と、あわててやってきた周恩来に毛沢東は「まずこれを読んでくれ」と紙片を渡した。彭徳懐からの手紙であった。

師東兵《しとうへい》著『廬山の真相』によると、手紙を読み終えた党政治局常務委員兼国務院総理（首相）の周恩来は、鉄鋼増産では品質が粗悪で資源や労力が浪費されたものがあり、昨年秋の収穫がうまく進まなかったところも出るなどの問題点は認めた。そう言いながらも、「しかし、重要なのは一時期だけで状況を把握するのは容易ではないということです」と取り繕った。

周恩来には苦い経験があった。大躍進・人民公社化より前に毛沢東が農業集団化を急いだとき、これに消極的だった周恩来ら実務派指導者が毛沢東から「反冒進（反急進）は右傾保守主義」と攻撃され、自己批判させられたのだった。

内心では彭徳懐に同意していても、それを毛沢東に悟られれば致命傷になりかねなかった。「（手紙には）人に打撃を与え、自分を高めようとするところがあります」と周恩来は微妙な言い回しをした。遅れて部屋に入ってきた国家主席の劉少奇も彭徳懐の手紙を読み、うなずくことも多かったはずだが、毛沢東の意向を察知して「野心が見える」と言った。

毛沢東は彭徳懐の手紙に「彭徳懐同志の意見書」と表題を書き入れて印刷させ、二日後の七月十六日、会議参加者に配布した。同時にこの問題を討議するため会議を一週間延長し、北京《ペキン》などに残っていた主要な党指導者を廬山に緊急招集した。

「意見書」をめぐる討議は翌十七日から、引き続き地域別の六班のグループ会議で始まった。会議の参加者たちは農村の窮状をもちろん知らないわけではない。彭徳懐のように急進路線の転換が必要と考えている者も少なくなかった。だが、ほとんどは沈黙していた。

その中にあって、毛沢東より七歳年長の革命の元勲で〝建軍の父〟として軍内外に信望の厚い政治局常務委員の朱徳《しゅとく》は、大躍進・人民公社の問題点を言い続けていた。「農民にも所有地を認め、やる気を起こさせなければだめだ」「無理やり公共食堂で食べさせずとも、自由にすれば公社の負担も楽になる」

この発言は朱徳の地位があってこそで、だれでも言えるものではなかった。しかし、ほかにも公然と彭徳懐を擁護した者もいた。国務院外交部（外務省）次官の張聞天《ちょうぶんてん》、人民解放軍総参謀長の黄克誠《こうこくせい》、湖南省第一書記の周小舟《しゅうしょうしゅう》らであった。

張聞天は党内有数の理論家で革命戦初期にはソ連の指導を支持していたが、のちに毛沢東が党内で実権を握るのに大きな役割を果たした。張聞天は、ロシア革命後にレーニンもスターリンも急進的な経済政策で人民に計り知れない犠牲を出した歴史的悲劇を毛沢東が繰り返していると考えていた。

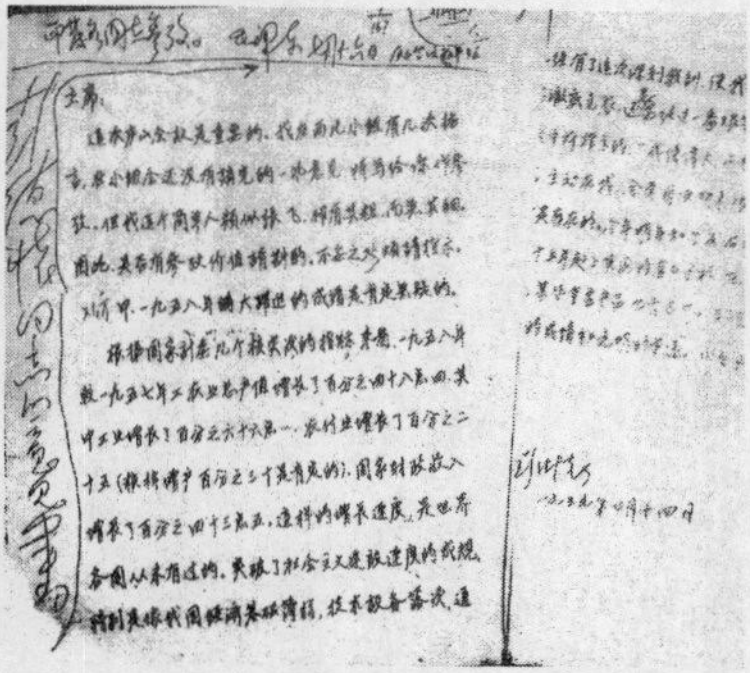
彭徳懐の手紙。毛沢東は左側に「彭徳懐同志の意見書」、左上に「印刷し各同志に配布せよ」と書き込んだ

グループ別会議には参加せず、沈黙を守っていた毛沢東が七月二十三日の全体会合に姿を見せた。「君たちもあんなに話したんだ。私にも一時間ぐらいしゃべらせてくれてもいいだろう。そうでないと睡眠薬を三回飲んでも眠れない」。議長席に

座るとこう切り出した。

「われわれは大衆から遊離したというが、やはり大衆はわれわれを支持している。三〇パーセントが非常な積極分子で一億数千万人いる。彼らがやりたいと思っているのに、諸君はプチブル的熱狂性だと言うのか」

「私が観察するところ、こんなに緊急で重要なときに、一部の同志は動揺している」

「大騒ぎを起こしたのだから私は自分で責任を負う。同志たちよ、言いたいことは言えばい
い。糞《くそ》は出し、屁《へ》を放てば腹の中はすっきりするもんだ」

会場は静まり返った。劉少奇も周恩来も口をつぐんだ。「散会!」。毛沢東は一方的に閉会を宣言した。

《毛沢東の発言は李鋭《りえい》著『廬山会議実録』による》

議場を後にする毛沢東を彭徳懐は小走りで追いかけ、食い下がった。「主席、なんであなたに参考として出した私信を会議で公開したのか。こんなやり方には同意できない」

毛沢東は冷たい視線を彭徳懐に投げただけだった(天華著『毛沢東と彭徳懐』)。

彭徳懐解任「文革」の悲劇は用意された

なぜだ……」

「主席は私の手紙を批判した。計画的で組織的で目的をもった右傾主義の綱領であるという。

現実を率直に伝えるのが側近の役割と考える中国共産党政治局員兼国防相の彭徳懐《ほうとくかい》は、一九五九年七月二十三日、党主席の毛沢東から受けた仕打ちに対する、憤まんやるかたない心境を回顧録『彭徳懐自述』でそう明かしている。

鉄鋼や食糧の生産増大を目指した「大躍進」と「人民公社化」の急進政策のもたらした問題点を手紙で毛沢東に指摘しただけではないか。その私信を毛沢東は江西《こうせい》省の廬山《ろざん》で開かれている党政治局拡大会議で一方的に配布し、やり玉に挙げたのだった。

毛沢東は大躍進を進める中で行き過ぎや失敗があったことを否定してはいない。しかし「多く、速く、立派に、無駄なく」やり抜こうという目標が悪いはずはない、失敗をあげつらうだけでは半歩も前進しない、と考えている。

間違いを恐れて右往左往する党指導部の面々より、知識はないかもしれないが断固とした意気込みで立ち上がった人民大衆の積極分子が犯した過ちのほうがはるかに価値がある。熱意がなければ何事もなされはしない――。彭徳懐の「意見書」を批判する講話で毛沢東が言ったのは、そういうことであった。

党指導部と人民とを対置させておいて、自分は常に人民という「聖域」の中に置くというのが毛沢東の終生変わらない思考方法であった。人民の側に立ち、彼らの信頼を保っておくためには権威がいる。行き過ぎたことに自己批判はするが、根本から否定されては信頼はたちどころに失われていく。

ソ連の独裁者スターリンがその死後にフルシチョフから批判され、東欧諸国では党の威信が失墜して動乱が起きたばかりではないか。その轍《てつ》を踏んではならない。「権威の維持」と「裏切り者（修正主義者）フルシチョフのソ連への警戒」――この二つが毛沢東の頭から離れることはなかった。彭徳懐の手紙はそこに飛び込んだ格好の標的であった。

そのことを深く理解している男がいた。党副主席兼政治局常務委員の林彪《りんぴょう》である。

「会議は折り返し点にきた。批判の火力を強化せよ」と毛沢東は言った。七月二十六日から八月一日にかけ、毛沢東は廬山会議に来ている政治局常務委員を専用宿舎に集めて断続的に会議を開き、彭徳懐を呼んで批判を浴びせた。

参加した常務委員は劉少奇《りゅうしょうき》、周恩来《しゅうおんらい》、朱徳《しゅとく》、林彪である。林彪は体調を崩したため当初、廬山会議に参加していなかった。彭徳懐問題が起きて毛沢東に呼ばれた。その林彪が言った。

「彭徳懐同志。廬山に来るやいなや、あなたは〝革命〟を起こしたが、何か背景があるのではないか？　あなたは最近、ソ連と東欧を訪問した。フルシチョフはあなたを高く評価している。一体何を話したんだ」

彭徳懐は色をなして反発した。「バカ言え。外国語なんて一言も分からないおれが、なんでフルシチョフとそんな話ができるんだ。通訳を探して調べればいい」（馬《ば》泰泉《たいせん》ら著『国防部長浮沈記』解放軍文芸出版社、九七年）

林彪は彭徳懐より八歳年下の当時五十二歳。抗日戦争では八路《はちろ》軍《ぐん》第一一五師団を率いて三七年九月、山西省平型関で板垣《いたがき》（征四《せいし》郎《ろう》）師団を撃破し、日本軍不敗神話を打ち破ったといわれた。建国後の五五年に元帥となった「十元帥」のうち最も若いが、序列は三位である。

《十元帥の序列は、上から朱徳、彭徳懐、林彪、劉伯承《りゅうはくしょう》、賀竜《がりゅう》、陳毅《ちんき》、羅栄桓《らえいかん》、徐向前《じょこうぜん》、聶栄臻《じょうえいしん》、葉剣英《ようけんえい》》

毛沢東、彭徳懐、政治局常務委員らはともに激しい革命戦を戦ってきた。彭徳懐批判の中で、革命根拠地の延安《えんあん》時代における路線闘争、過去の戦闘における戦略の誤りなどが盛んにぶり返された。

「三十年来、私と君とは三分は協力するが七分は協力しないという関係だった」と毛沢東は言う。「私と主席の協力関係は五分と五分だった」と彭徳懐は反論したが、毛沢東は「やはり三分七分だろう」と言い張った。

思い余った彭徳懐が絞り出すような声で言った。「毛主席、延安であなたは私を四十日間にわたってののしった。今度は私が二十日間、あなたをののしってはいけないのか」

一九五九年八月、「廬山会議」で発言する毛沢東（こちら向き中央）と、劉少奇（同左）、周恩来（同右）

常務委員会と並行して政治局拡大会議も続行されていた。それまで日和見を決め込んでいた多数が、彭徳懐と彼を支持した国務院外交部（外務省）次官の張聞天《ちょうぶんてん》、人民解放軍総参謀長の黄克誠《こうこくせい》、湖南《こなん》省党委員会第一書記の周小舟《しゅうしょうしゅう》に襲いかかった。

毛沢東は全体会議で発言し、「彭、張、黄、周を批判するのは路線闘争である」と宣言した。毛沢東の権威を絶対のものとすることを決意していた林彪が重々しい口調で断罪した。「真の大英雄は毛沢東だが、彭徳懐も自分が大英雄だと思っている。両立はあり得ない」

権威の維持――。そうなのだ。批判の集中砲火を浴びながら、彭徳懐もようやく理解した。彭徳懐の自己批判は言う。「毛沢東同志にあてた手紙で、私は右寄りの誤った議論を発表し、社会主義建設の総路線を攻撃した。同時に大衆と幹部の積極性を攻撃し、党中央と毛沢東同志の威信を損ねた」

中国共産党は八月二日から十六日までの間、廬山人民劇場で第八期中央委第八回総会を緊急開催し、彭徳懐、張聞天、黄克誠、周小舟が「軍事クラブ」という反党集団を結成していたとし、職務解任を決議した。

しかし、この決議が国民に公表されることはなかった。彭徳懐に代わって林彪が国防相に就任したことが一カ月後の五九年九月十七日に発表されただけだ。この日は、共産主義を裏切ったと毛沢東がみなす「修正主義」のフルシチョフが、ソ連の最高指導者として初めて米国を訪問した当日である。「ソ連と内通している」とされた彭徳懐の解任発表をそれにぶつけた形となった。

批判を封じ込めた廬山会議の決議をひた隠しにしたまま、大躍進はその後も二年間続けられ、さらに悲劇的な被害を重ねる。そして、林彪が旗振り役を果たす「毛沢東神格化」は歯止めが利かなくなり、急進左派路線の頂点というべきプロレタリア文化大革命の大混乱へとつながっていく。

フルシチョフとの対決「最後に勝つのはどちらだ」

一九五九年九月三十日未明、北京《ペキン》の中南海《ちゅうなんかい》。中国共産党主席の毛沢東は睡眠薬を二度飲んでも眠れず、うつろな目をして寝室のソファに座り、じっと前を見据えたまま、一本、また一本とたばこを吸っていた。警衛官が恐る恐る茶を取り換えにやってきた。毛沢東はこの十何時間、何も食事をとっていなかった。

机の上には文書や電報が山積みになっている。七人の政治局常務委員しか見ることができない極秘電報が安徽《あんき》、山東《さんとう》、河南《かなん》などの各省から発せられ、餓死者が出ているという。七、八月の廬山会議で毛沢東は、大衆動員によって農工業生産を急進的に発展させようとした「大躍進」路線を「左傾偏向」だと指摘した彭徳懐《ほうとくかい》を国防相から解任したが、大躍進の破綻《はたん》はいっそう深刻となり、飢餓が全国にまん延していた。

中印国境も穏やかではない。五九年三月にチベットで反政府動乱が起き、インドがダライ=ラマの亡命を受け入れたことで関係が悪化した。八月に中印国境で両国警備隊の武力衝突が起きていた。

机上に積まれた最新資料は、米国のキャンプ・デービッドで行われた米ソ首脳会談の報告だった。

「彭徳懐の次はフルシチョフか……」

毛沢東はつぶやいた。訪米を終えたソ連共産党第一書記兼首相のフルシチョフが国慶節《こっけいせつ》に行われる中華人民共和国の建国十周年の記念式典に参加するため、きょう北京にやってくる。中国の苦境はフルシチョフも知っているだろう。われわれに譲歩を迫る絶好の機会を逃すはずはない。毛沢東の側近だった権延赤《けんえんせき》は著書『毛沢東とフルシチョフ』（内蒙古人民出版社、九八年）で毛沢東の心境をこう推し量っている。

一九五九年十月一日、天安門楼閣上から国慶節の祝賀パレードを見るフルシチョフ（中）と毛沢東（左）

毛沢東の憂うつとは裏腹に、中南海《ちゅうなんかい》の壁の外は国慶節の祝賀ムードに満ちていた。きれいに掃除された北京市内の通りは祝賀用アーチや色とりどりの花、旗で飾りつけられ、笑い声や、どら、太鼓の音があちこちで聴かれた。

「近ごろ右傾機会主義（右翼日和見主義）がたけり狂って攻撃し、人民事業（大躍進など）はあれも良くない、これも良くないと言う」

毛沢東は九月一日付の手紙にこう書いている（陳明顕《ちんめいけん》著『晩年毛沢東』江西《こうせい》人民出版社、一九八年）。

「全世界の反中国・反共分子とわが国のプロレタリアート内部、党の内部が内外呼応し、一緒になって進攻してくる」

これが当時の毛沢東の情勢認識だった。毛沢東は大躍進を批判した彭徳懐の背後にソ連がいると疑っていた。

《五六年のスターリン批判に端を発した中ソ両共産党の溝《みぞ》は広がる一方だった。五八年にソ連は中国との連合潜水艦隊の創設と、ソ連潜水艦と交信する長波無線局の中国領内設置を提案してきた。

毛沢東は中国の主権を脅かすものとして拒絶したが、このとき訪中したフルシチョフが北京を離れた二十日後の八月二十三日、中国は台湾海峡の金門《きんもん》、馬祖《まそ》両島に砲撃を開始している。

翌五九年六月、ソ連は中国に原爆のサンプルと製造のための技術資料の提供を約束した中ソ国防新技術協定（五七年十月）を破棄した。フルシチョフが中国の「大躍進」と人民公社化運動を嘲笑《ちょうしょう》したことも毛沢東を激怒させた》

「全世界の反動派が去年からわれわれをくそみそに罵倒《ばとう》している。結構だ。やつらに半世紀もののしらせておけ。最後に勝つのはどちらか見ているがいい」

鼻息は荒かったが、この時期、国内外の情勢は毛沢東に決して有利ではなかった。

三十日午後二時四十二分、フルシチョフの乗った銀白色のツポレフ114型機が北京郊外の南苑飛行場に着いた。三日前に米キャンプ・デービッドで「平和共存」をうたった米ソ共同コミュニケを発表し、ソ連の最高指導者として初の訪米をほぼ成功のうちに終えたフルシチョフは得意の絶頂にあった。

夕刻、中南海の頤年堂《いねんどう》で、フルシチョフは中国共産党の指導部要人と会談した。フルシチョフは米ソ平和共存の意義を盛んに強調したが、毛沢東は「『キャンプ・デービッド精神』など可能なものか」と水をかけた。フルシチョフが「アメリカの労働者は実に豊かだ」と称賛すると、毛沢東は「みやげはそれだけかね？」と鼻であしらった。

中国の対外政策でも確執は続いた。フルシチョフは中国がチベットの反政府動乱を武力鎮圧したことを責め、インドと衝突すべきでないと言った。また、台湾海峡での砲撃は米ソ関係までこじらせたと非難し、台湾を武力解放するという主張を放棄するよう要求した。

スターリン時代からソ連共産党が中国革命に口を挟むのを快く思っていなかった毛沢東は、今またフルシチョフが「老子（おやじ）党」気取りであれこれ内政干渉をするのに腹を立て、痛烈な皮肉で反撃した。

「よくぞ言ってくれた。インドと団結しなかっただの、台湾への砲撃はいけないだの。つまり、われわれは左ということだ。ではお返ししよう。あなたは右傾機会主義だ」

フルシチョフは口元を引きつらせ、声を荒らげた。

「これで分かった。君らはマルクス・レーニン主義の正統を標榜《ひょうぼう》しようとしているのだ」

会談は最悪の雰囲気のまま終わった。

《毛沢東とフルシチョフのやりとりは『毛沢東とフルシチョフ』や『釣魚台檔案《ちょうぎょだいとうあん》』（紅旗《こうき》出版社、九八年）などによる》

十月一日、天安門《てんあんもん》楼閣上から国慶節の祝賀パレードを観閲したフルシチョフは、まだ前夜の毛沢東の仕打ちに怒りが収まっていなかった。休憩のとき毛沢東にこう言った。「原爆についてだが、彼らを引き揚げようか？」

「彼ら」とはソ連が派遣した技術者のことである。すでに中ソ新技術協定の破棄は通達されていたので、毛沢東も表情を変えず冷ややかに答えた。「引き揚げても大した問題ではない。われわれは自分でやってみる。いい訓練だ」

恒例の共同声明もないまま、フルシチョフは三日、北京を離れた。これ以降、中ソ首脳会談は三十年間行われることはなかった。

林彪メモ「毛は自分自身を崇拝する」

中ソ両共産党の最高指導者が中華人民共和国の建国十周年にあたる一九五九年十月一日の国慶節《こっけいせつ》をはさんで行った首脳会談は、ぎごちない雰囲気に終始した。両党の和解はそれから三十年間も待たねばならない。

対立の最大のきっかけは、五六年にソ連のスターリン独裁と個人崇拝を、後継指導者のフルシチョフが厳しく批判したことにある。「個人崇拝」は毛沢東の中国共産党にとっても微妙な問題であった。

中ソ首脳会談の一カ月余前、急進的な農工業増産を目指す「大躍進」運動の問題点を指摘した彭徳懐《ほうとくかい》が国防相を解任された「廬山《ろざん》（江西省《こうせい》）会議」でも、個人崇拝問題がじつは隠された大きな議題だった。

廬山会議直後の八月下旬から、北京《ぺきん》で中央軍事委員会拡大会議が開催された。この会議でも再び、彭徳懐から「反党集団」問題が討議された。

「彭徳懐は、フルシチョフがスターリン批判を行い、われわれの大躍進が困難にさしかかり、党が過ちを犯したときを見計らって『反個人崇拝』を旗揚げした。そして国内外から同情と支持を勝ち取ったのだ」

そう彭徳懐を批判したのは党主席の毛沢東に次ぐ党内序列二位の国家主席、劉少奇《りゅうしょうき》だ。劉少奇の話を聞きながら毛沢東は、赤鉛筆で机の上の文書をいらだたしそうにせわしくたたいていた。「党が過ちを犯した」という劉少奇の独善的な言い方もかんに障ったのだが、問題は「個人崇拝」だ。

師東兵《しとうへい》著『廬山の真相』によると、劉少奇が「彭徳懐の大躍進批判」と「毛沢東に対する個人崇拝」を結びつけたことに毛沢東はひどく怒っていたのだった。この二つは並べて論じられるものではない、と毛沢東は考えていた。

一年半前の五八年三月十日、四川《しせん》省の成都《せいと》で開かれた中央工作会議で、毛沢東はスターリン批判と個人崇拝の問題について語っている。

「例えば、マルクス、エンゲルス、レーニン、スターリンの正しいものについては崇拝しなければならず、永遠に崇拝しなければならず、崇拝しないではいられない。真理が彼らにあるのに、どうして崇拝しないでいられようか」

「問題は個人崇拝にあるのではなく、真理であるか否かにある。真理なら崇拝しなければならず、真理でないなら崇拝してはいけない」

毛沢東が劉少奇に期待した発言は「真理は毛沢東にある」という一言であり、そうすれば、彭徳懐の個人崇拝反対など論ずる必要もないのだ。

毛沢東をいらだたせた劉少奇とは対照的に、彭徳懐の後任の国防相に内定している党政治局常務委員の林彪《りんぴょう》は、毛沢東の心中を見透かしたように、「毛沢東の真理」をひたすら強調してこう言った。

「われわれはマルクス・レーニン主義をいかに学ぶべきか。わたしは同志諸君に毛沢東同志の著作を学習することを勧める。これがマルクス・レーニン主義を学ぶ近道だ」「毛沢東同志は全面的、創造的に、マルクス主義を発展させたのだ」

毛沢東より十三歳若い林彪はこのとき五十二歳。中国共産党に十九歳で入党し、国民党の蔣介石《しょうかいせき》が初代校長を務めた黄埔《こうほ》軍官学校を出た。二八年、毛沢東が最初の革命根拠地とした井崗山《せいこうざん》に合流して以来、毛沢東という人物を見てきた。革命が成った四九年に毛沢東の性格を自分なりに分析したメモがある。天華《てんか》著『毛沢東と林彪』によると、それは次のようなものだ。

「まず、だれかに意見を言わせてから、批判しようとする。これは老毛（毛おやじ＝毛沢東）のいつもの手口で、注意すべきだ」

「毛は自分自身を崇拝し、功績は自分によるものとし、過ちは人のせいにする」

会議が閉幕に近づいた九月十三日午前八時、会場に一番乗りした毛沢東は、あとから入ってくる劉少奇、国務院総理（首相）の周恩来《しゅうおんらい》、林彪らを黙って見据えていた。みながそろったところで毛沢東が口を開いた。

「昨夜は眠れず、朝食もとらないできた。みんなの反対がなければ、何か食いたいがどうだろう」

意外な提案に参加者は一瞬とまどい、続いて遠慮がちな拍手がわいた。

かゆ、饅頭《まんじゅう》（蒸しパン）、それに毛沢東の好物である唐辛子《とうがらし》のいため物などが運ばれてきた。食事が始まってまもなく、「例えばこの唐辛子だ」と毛沢東が切り出した。「私は好きだが、ほかの奴は好きじゃない。人にはそれぞれ好みがあるものだ。だが、彭徳懐ら何人かの将軍は、唐辛子を食べることを学ばねばならない」

唐辛子とは「毛沢東の真理」であった。

会議には、国防相（国防部長）は解任されたが「今後の態度を観察する」として政治局員の地位を保留されていた彭徳懐が攻撃を受ける立場で出席していた。

執ような毛沢東の批判にたまらなくなった彭徳懐は、その日の会議後、毛沢東に訴えた。

「毛主席、もういい加減にしてください」

だが、毛沢東は「これはおまえ一人の問題じゃないんだ」と取り合わない。彭徳懐が「お会いするのもこれが最後ですか？」と投げやりな口調で言うと、「それがおまえの希望か」と冷たくあしらった。

彭徳懐が押し黙ると、毛沢東はわきに立つ劉少奇のほうに向き直り、「党中央は林彪同志を国防部長とする決定を通すが、これはおまえの命令で公布できる。もうまさに皇帝だな」

大躍進運動の破たんが深刻化したその年四月、毛沢東は任期限りで国家主席の座を劉少奇に明け渡していた。

毒づく毛沢東に劉少奇はあわてた。「いえいえ、人民の公僕ですから……」。すかさず毛沢東は切り返した。「この公僕の権力は絶大だ。国家のすべてを主宰するんだからな」《一連のやりとりは『廬山の真相』による》

中央軍事委拡大会議が閉幕して数日後、劉少奇は毛沢東から突然、中国南部の海南島で静養するよう指示を受けた。異論をはさむ余地はなかった。

十一月一日、空路で海南島に着いた劉少奇は、国家主席としての公務はいっさい行わず、一カ月近くもの間、ひたすら読書に没頭させられた（唐振南《とうしんなん》ら著『劉少奇と毛沢東』湖南《こなん》人民出版社、九八年）。

天災人禍「骨のない国なら耐えられぬ」

中華人民共和国の建国十周年を祝う国慶節《こっけいせつ》の式典を終えてまもなく、毛沢東は南方各地の視察に出た。一九五九年十月末のことだった。専用列車は北京《ペきん》から山東省《さんとう》、安徽省《あんき》と走った。

車窓から見る地方の風景は驚くほど寒々としていた。

鉄鋼と穀物を中心に農工業の大増産を目指せ、と毛沢東が大号令をかけた「大躍進」運動の熱狂の中で続々と作られた小さな工場や設備はいまや遺跡と化している。過大な生産目標に追われたあげくの乱作と過度の灌漑《かんがい》で荒れた耕地は干からびて亀裂《きれつ》が走り、色あせた紅旗《こうき》がむなしくなびく。

中国は五九年から三年連続の大凶作に見舞われた。無計画で強引な増産政策が干ばつや水害の被害をさらに悲劇的に拡大させた。食糧難から大量の餓死者を出し、その数は三年間で二千万人近くに達したといわれる（四千万人という説もある）。毛沢東が南方を訪れた五九年秋には、すでに農村部で餓死者が出始めていた。

視察の間、毛沢東はたばこを立て続けに吸い、指がヤニで黄色くなった。

大きくため息をつくと、毛沢東は目を潤《うる》ませて言った。

「天災人禍だ……」

この言葉は随行の警衛官たちが聞いている。

「彼の言う『人禍』のどこまでが自分と党内の一部の指導者の失策に対する反省と自責だったのだろうか」と権延赤《けんえんせき》著『毛沢東とフルシチョフ』はいう。この視察の二カ月余前、大躍進路線の問題点を指摘した党政治局員兼国防相だった彭徳懐《ほうとくかい》らを「反党集団」とののしったのは毛沢東自身であった。

専用列車が安徽省の省都、合肥《ごうひ》に着いたのは夜だった。街は明かりがともっておらず真っ暗だった。長江の水量が減って水力発電ができないのだった。

「紀元十七年、荊州《けいしょう》（現在の湖南《こなん》・湖北《こほく》地方）に大飢饉《ききん》が起こり、飢えた民は野原で草の根を掘った」

毛沢東は重い口ぶりで警衛官らに話し出した。

「いまわれわれもそこまで来てしまった。この苦境につけ込んで屈服させようとする輩がいる。骨のない国家なら持ちこたえられない」

警衛官らはそれがソ連共産党第一書記のフルシチョフを指すのだと分かっていた。

「奴が圧力を加えてくればくるほど抵抗せねばならん」。毛沢東は机をたたいた。全身がぶるぶると震えていた（『毛沢東とフルシチョフ』）。

五カ月あまりの南方巡回を終え、毛沢東が北京に帰ったのは六〇年三月末のことだった。

帰京するや、毛沢東は身辺の執務員に「私は肉、卵は食べず、穀物は（割り当ての）定量にする。全国の人民とともに困難を乗り越える」と宣言した。

だが、毛沢東は大躍進路線を捨てはしなかった。一部の行き過ぎを正し、気候が好転すれば困難は乗り越えられると信じたかったのだ。

「人類の百万年の歴史のなかで三百年はブルジョアジーが大躍進した。プロレタリアートにできないことがあろうか？　われわれの任務は大躍進を継続し、六〇年にはさらなる躍進をすることだ」

毛沢東のこの意気込みは共産主義の理想モデルへの飽くなき執着と、絶対に敗北を認めない性格の反映だったと李暁文《りぎようぶん》ら著『山河を指す』は指摘する。

大躍進運動が思うように進まなかったことで、毛沢東は不満や批判が「右派」と結びつくことに警戒感をふくらませた。彭徳懐の「諫言《かんげん》」に敏感な拒否反応を示したのはそのためだ。反動で毛沢東はいっそう急進左派路線への傾斜を強めるとともに、「ソ連・修正主義」の影響をなんとしても排斥しなければならないとの思いが募《つの》っていた。

六〇年四月、毛沢東の秘書、陳伯達《ちんはくたつ》が編集長を務める党理論誌「紅旗《こうき》」に「レーニン主義万歳」と題する論文が発表された。レーニン生誕九十周年を記念したこの論文は、ソ連の「現代修正主義」がいかにレーニン主義から背理しているかを厳しく非難したものだった。

五〇年代後半に始まった中ソ両党の対立はここにいたって公然化した。六三年から六四年にかけ、他国の共産党・労働者党も巻き込んで展開された中ソ論争は実質的にここから始まる。

中国共産党はのちに「中央文革小組」顧問となる党中央書記処書記の康生《こうせい》を中心とする五人の特別執筆班を組織し、理論工作に取り組ませた。中ソ両党は新聞・雑誌やラジオ・テレビなどの宣伝機関を使って「修正主義」、「教条主義」と攻撃しあった。

《この中ソ論争について、席宣《せきせん》、金春明《きんしゅんめい》著『「文化大革命」簡史』（中共党史出版社、九六年）は次のようにいう。

重要なのは、この大論争で中国共産党内の「左傾」的観点が系統化、理論化され、全党の思想教育に入り込んでいったことだった。同時に、修正主義がソ連に登場し、レーニンが創建した世界最初の社会主義国家が変質したという毛沢東の確信を強めさせ、中国にも修正主義が現れるかもしれないという危機感も抱かせた》

「大躍進」運動が発動された一九五八年、毛沢東は自ら北京郊外の貯水池建設現場で労働奉仕をしてみせた

六〇年七月、ソ連は中国に派遣していた技術者を召還《しょうかん》すると中国に通告した。一カ月ほどでソ連人技術者千三百九十人全員が引き揚げ、中ソ政府間で締結された十二の協定や約二百六十項目の科学技術

協力も破棄された。設計図や資料も持ち去り、建設設備の供給も停止されたため、一部の重工業建設と科学研究はとん挫せざるを得なかった。抗日戦争時代に毛沢東が語った「自力更生《じりきこうせい》」を現実に迫られることになった。

九月にはモスクワで中ソ共産党会議が行われ、中国側代表の党総書記、鄧小平は「中国共産党は永遠に（ソ連共産党と）父子党の関係を認めない」と言い放った。「ソ連のせいで中国は損失をこうむったが、中国人民は自らの労働で損失を補い、自分の国家を建設する」（孫津《そんしん》著『新中国外交啓示録』広東人民出版社、九八年）

歴史は下って八九年五月、ゴルバチョフがソ連共産党の最高指導者としてフルシチョフ以来三十年ぶりに中国を訪問したとき、中国共産党の最高指導者となっていた鄧小平は、「二十数年の実践をへて振り返ってみれば、双方とも空論ばかり言っていた」と述懐したのだった。

「大躍進」の惨状　餓死数千万人　熱狂の果て

毛沢東が号令をかけた生産増大運動「大躍進」は破綻《はたん》しかかっていた。一九五九年から三年連続で中国を見舞った干ばつや水害が被害に拍車をかけた。毛沢東は一部で政策調整の必要を認めていたが、大躍進への批判が公然化すると、「右傾機会主義（右翼日和見主義）だ」と怒り、全土で「反右傾」闘争の嵐を巻き起こしたため、さらに事態をこじらせた。共産党支配下で「右傾」とみなされることは「反革命」宣告にも等しい。

河南《かなん》省にも災害と「反右傾」が襲った。大躍進の成果を誇示しようと穀物生産量を実際の倍以上に吹聴したため過大な供出を割り当てられ、農民からの穀物徴発は厳しかった。ノルマを果たせない末端幹部は「右傾」と批判され、農民は縛《しば》られてつるし上げられたり、家屋を壊されたりした。

なかでも南部の信陽専区で引き起こされた惨劇は、のちに中国共産党の党文書でさえ「一種の恐怖政治、暗黒世界」と表現せざるを得ないほどだった。

信陽専区は五八年四月に全国初の「衛星公社（のちに人民公社）」が組織され、信陽専区党委員会書記、路憲文《ろけんぶん》は党主席の毛沢東に高く称揚された。その「不朽の業績」のため、だれも路憲文に逆らえなかった。

李剣《りけん》ら編『重要会議体験実録』（中共中央党校出版社、一九八年）などによると、信陽専区内のある県党委書記は、人民公社で生産量を過少申告する農民の摘発運動を展開した。ある日には四十人以上が拷問《ごうもん》を受け、うち四人がその場で死んだ。見かねて制止に入った青年も、がんじがらめに縛られてこん棒や革ベルトで全身を打ちすえられ、哀願しながら息絶えた。遺体は川に投げ棄《す》てられた。

五九年十一月から六〇年七月までに、信陽専区全体で「生産量ごまかし反対」運動の逮捕者は、公式資料だけで千七百七十四人、うち三十六人は獄死した。拘留《こうりゅう》された者は一万七百二十人にのぼり、六百六十七人が留置場で死亡したという。

農民が口にしたり種用にする穀物はもちろん、家畜用の飼料も取り立てられ、六〇年春には人民公社の「優越性」の象徴として、だれでも腹いっぱい食べられると宣伝された「公共食堂」は機能しなくなっていた。ひどい村では八十日間一粒の穀物もないというありさまだった。

栄養失調から浮腫《ふしゅ》（むくみ）病が蔓延《まんえん》し、餓死する者さえ出る惨状で、農村を逃げ出す農民があとを絶たなかった。それでも路憲文は「穀物がないのではない。九割の者は思想に問題があるのだ」と言い、民兵に村を封鎖させ、都市部の各機関や工場には農村から逃げた者を受け入れないよう指示した。

人民公社への不満は全国で広まっていた。「劉桂陽《りゅうけいよう》事件」が起きたのはそんなときだった。

「壁に何が張ってあるか見に来て」。六〇年七月、党と政府の要人が住む北京《ぺきん》の中南海《ちゅうなんかい》北門で、見張りの歩哨《ほしょう》が湖南《こなん》なまりの若い女性に呼ばれた。行ってみると、西側のレンガ壁にビラが何枚か張ってあった。

「中央指導者たち、目を見開いて下々の状況を見よ」「打倒人民公社」「人民公社を消滅させよ」——。ビラに書かれたスローガンは「恐ろしく反動的」だった。息をのむ歩哨に女性は言った。「私が張った。あなた、報告に行きなさい」

この女性は名を劉桂陽といい、湖南省郴《ちん》県の二十三歳の工場労働者だった。一カ月前、父親が重病と聞いて故郷の村に帰り、父が浮腫病で村中が飢餓《きが》に苦しんでいるのを知った。劉桂陽は愕然《がくぜん》とした。新聞やラジオではいつも人民公社はすばらしい、農村の情勢は大変良いと言っているではないか？

劉桂陽は「毛主席と党中央に実情を知らせねばならない」と思った。紙と毛筆と墨汁を買ってきて、八つ切りで十二枚分のビラを書き上げ、夫あてに

一九六二年一月、広東で飢えた人々はごみの中から食べられるものを探した

「万一のときは子どもをよろしく」と書き置き、単身、列車で北京にやってきたのだった。劉桂陽は北京市公安局に連行され、郴県に引き取られた。まもなく県人民法院で懲役五年の判決が下った。反動ビラを張ったこと、人民公社を批判したことが「反革命罪」とされたのだ。ただ、調査の結果、劉桂陽が言った人民公社の実情は事実であることが分かった。湖南省公安庁から報告を受けた国家主席の劉少奇《りゅうしょうき》は不満だった。「なぜ反革命分子として有罪になるのか？　彼女の行動はもちろん誤りだが、われわれは事実を見なければならない」と秘書に話した。劉少奇は湖南省委員会に再審査を指示し、のちに劉桂陽は釈放された。

《このエピソードは劉振徳《りゅうしんとく》著『私は少奇の秘書だった』（中央文献出版社、九四年）などに紹介されている》

「大躍進」では全人口の六分の一に当たる九千万人が鉄鋼生産に動員された。在来の土着技術を用いた小さな溶鉱炉「土法高炉」が全国の学校や軍部隊、党機関にまで数百万基も作られ、家庭の鉄なべまで原料に駆り出された。穀物増産でも、耕地にびっしりと種や苗を植える「合理密植」の成果が宣伝され、一時は「穀物が多すぎる」と心配までされた。

しかし、作られた鉄鋼の多くは粗悪で使い物にならずにくず鉄となり、合理密植でできた穀物はほとんど実が入っていなかった。熱狂的な大衆動員で人手をとられたこともあって農村は大きな打撃を受け、六〇年の穀物生産量は大躍進前の五七年に比べ二十六パーセントも減少した。

農村での穀物価格は高騰し、六〇年には公定相場の十倍、六一年には十五―三十倍に跳ね上がったため、各地でさまざまな代用食品が考え出された。小麦の根やトウモロコシの茎、ドングリなどから粉をひき、木の皮や草の根はもちろん、噛《か》めるものなら何でも食べた。空腹に耐えきれず、観音土（さらさらした白土）を食べて排泄《はいせつ》できずに死んだ人もいた。

六〇年だけで、餓死や栄養失調による病死など「非正常な死」は二千七百万人に達した（晋夫《しんぷ》『「文革」前十年の中国』中共党史出版社、九八年）。

六〇年十二月二十六日は毛沢東の六十七歳の誕生日だった。李暁文《りぎょうぶん》ら著『山河を指す』によると、その日、毛沢東は身辺の世話をする執務員らと食事をした。テーブルには酒も肉もなく、野菜料理にいつもより多めの油が使ってあるだけだった。みな黙りこくった。毛沢東もいつもの朗らかさはなく、何口かではしが止まってしまった。やがてこう切り出した。「いったいどんな問題が起きたのか、みなに調査研究してもらいたい。人民公社、公共食堂はいいのかどうか、大衆の反応はどうなのか。実際の状況を私に報告してほしい」

農民の憤怒「あと二年であなたも餓死だ」

「油、塩、米、おわん、はしはわれわれで持参しよう」

国家主席（中国共産党副主席）の劉少奇《りゅうしょうき》は出発前から、細かい指示を側近に出していた。要人用の特別な宿泊所も「不要だ」と言った。劉少奇は湖南《こなん》省の長沙《ちょうさ》郊外にある人民公社を訪れようとしている。

一九六一年春、中国は深刻な食糧難のさなかにあった。農工業増産の「大躍進」や大規模集団化の「人民公社」など、党主席の毛沢東が号令をかけた急進政策の無理がたたり、それに干ばつや水害が追い打ちをかけた。劉少奇は農村の実情を肌で知りたかった。

人民公社はいくつかの生産大隊から成り、生産大隊の下に生産隊がある。劉少奇は妻の王《おう》光美《こうび》らとともに四月一日から東湖塘人民公社の炭子冲大隊を回った。同行した劉振徳《りゅうしんとく》の著書『私は少奇の秘書だった』にそのときの様子が描かれている。

土砂降りの中、傘をさして雨靴姿の劉少奇が王家湾生産隊に入ったとき、「東湖塘人民公社万頭養豚場」という看板が目に入った。「万頭」という名称からは、かなり大規模な養豚場と推察できる。「こんなところに万頭養豚場だって？　よし、入ってみよう」

しかし、そこには「万頭」どころか息も絶え絶えのやせたブタが数頭いるだけだった。人民公社の幹部が説明した。「すこし大ぼらを吹こうと、ちっぽけな養豚場にこんな名前を付けたんです」

大躍進・人民公社化路線が始まった五八年ごろには、熱に浮かされたような興奮が地方幹部らの間にまん延していた。

劉少奇は黙って豚小屋を見て回った。そのうち突然、「われわれは今夜、ここに泊まろう」と暗く湿った飼料小屋を指さした。中にはクモの巣が張り、がらくたが散乱していた。「劉主席をこんな場所にお泊めできません。別の場所を探しましょう」。湖南省公安庁庁長、李強《りきょう》が反対したが耳を貸さなかった。

大掃除が始まり、壊れた机に石油ランプが置かれ、にわか仕立ての「臨時弁公室（事務室）」も用意された。

「ベッドの上にわらを敷いてくれないか」。側近はわらを探したが、村中をかけずり回っても見つからなかった。「なんだって？　この辺は米の産地だろう。なんでわらがないんだ。それほどまで……」

農村の荒廃は劉少奇の予想以上に進んでいた。

人民公社はそれまでの高級合作社（平均二百―三百戸）を合併し、平均五千戸の大集団となった。自作が認められていた自留地は廃止され、個人が飼っていたブタやニワトリまで共同所有とされた。その代わりに公共食堂で十分に食料が供給されるはずであった。

毛沢東はこれを共産主義のモデルとみなして盛んに推奨したため、党の下級組織ではいっそう急進的となり、徹底した私有制廃止や生産目標の引き上げ競争などを招き、現場は大混乱した。生産は逆に落ち込み、過度の一律平等主義や管理・命令主義は生産意欲を減退させ、労働の負担だけが農民に重く感じられるようになった。

毛沢東はこの事態に動揺し、「共産風（共産主義熱）」に浮かされた下級幹部らの行き過ぎに原因を求め、たびたび是正を求めた。しかし、状況は好転せず、六〇年十一月には党中央が緊急指示を出して、自留地復活や副業を認める部分調整に同意せざるを得なくなった。

劉少奇や党総書記の鄧小平《とうしょうへい》ら穏健実務派がこれら調整政策を主導し、翌六一年一月の党第八期中央委員会第九回総会でその流れが正式に打ち出された。

湖南省の東湖塘人民公社を回っている劉少奇は六一年四月十三日、こんどは天華生産大隊に移動した。農民の間では公共食堂に不満が強かった。公共食堂をやめ、個人用の食糧自作が認められれば、そこから副収入を得る道が広がるからだ。

党中央はすでに自作容認を決定していたが、人民公社の幹部らには急進派が多く、公共食堂の廃止は「右翼日和見主義」とみる空気が強かった。

唐振南《とうしんなん》ら著『湖南の劉少奇』（湖南人民出版、九八年）によると、劉少奇は生産大隊の幹部らに言った。

「公共食堂がなければ、社会主義も人民公社もなくなってしまうという訳じゃない」「もし農村の公共食堂が単なる平均主義を強制するものなら、もはや社会主義の陣地ではない」

一九六一年春、河北省内を巡回し、人民公社の公共食堂で実情を聞く周恩来

そして天華生産大隊を離れる際、公共食堂の解散を一方的に指示したのだった。

「お上（党中央指導部）がようやく目覚めた」。天華大隊の老農夫は、劉少奇の決断をこう言って歓迎した。

党副主席兼国務院総理の周恩来《しゅうおんらい》も四月下旬から地方視察に奔走していた。妻の鄧穎超《とうえいちょう》とともに五月三日、河《か》北《ほく》省武安県に入った周恩来は伯延村の人民公社を視察した。

昼食時、公共食堂に入るとテーブルには豚肉やたまごを使った料理が並んでいた。周恩来の視察に合わせて公社幹部が特別に用意したものだと一見して分かる。

「君たちの生活は北京《ぺきん》のわれわれよりずっといいようだ。だが、私は卵も肉も食べないんだ」。食事を辞退した周恩来は、公共食堂で農民らが十分に食べていないのを知りながら、わざと言った。「公共食堂はいい。腹いっぱい食える」

食堂を出た周恩来は一人の農民をつかまえて、「率直な意見を聞きたい」と思い詰めたように尋ねた。周恩来の真剣さを感じた農民は口を開いた。

「本当の話をしろと言うなら、『公共食堂はいい』なんてうそっぱちです。考えてもみてください。司務長（物資供給などの責任者）や炊事員がちょっと多く食べます。その家族がまたちょっと多く食べるでしょう。私たちの口に入るのはせいぜい二百グラム。これじゃ腹はふくれやしません。総理、このままなら、あと二年もするとあなた自身が飢え死にしますよ」

宿舎で周恩来は寝つけなかった。午前三時、上海《しゃんはい》に滞在中の毛沢東に電話を入れた。「主席、食料供給制は支持されておらず、みな自分で食べたがっています。（伯延村の人民公社では）試験的に公共食堂をやめさせました。それに干害は最悪の状態です」（顧保孜《こほし》ら著『聚焦中南海《ちゆうなんかい》』）

毛沢東は大躍進・人民公社化の部分的な調整政策を受け入れてはいたが、これらはあくまで緊急措置にすぎないと考えていたのだった。この食い違いがのちにさらに拡大し、その矛盾を一気に解消しようとする毛沢東の第二革命「プロレタリア文化大革命」が発動されることになる。

急進路線への批判「偉大な空言」に「健忘症」……

毛沢東は苦境の中にいた。一九六一年、すでに餓死者は過去三年で少なくとも二千万人近くに達している。毛沢東自身が提唱した大衆動員による鉄鋼・穀物増産運動「大躍進」や大規模集団化の「人民公社」など急進的な共産化政策は農村を大混乱に陥れ、天災もあいまって凄惨《せいさん》な食糧難を招いていた。

政策の転換は図られていた。農民が自作する自留地や家庭副業の復活など労働意欲を高める施策が相次いで打ち出された。毛沢東が「共産主義のモデル」とみなす人民公社制度の後退ではあったが、毛沢東も背に腹は代えられず、了解せざるを得なかった。

これらの「経済調整」は中国共産党副主席兼国家主席の劉少奇《りゅうしょうき》、党総書記の鄧小平《とうしょうへい》ら実務派が推進し、劉少奇の腹心である党政治局員兼北京市長の彭真《ほうしん》も大きな役割を果たしていた。

その彭真が率いる北京市党委員会機関紙「北京日報」とその夕刊紙「北京晩報」に、痛烈な社会風刺の連載コラムが登場したのは、毛沢東に〝逆風〟が吹き始めた六一年であった。

北京晩報の「燕山《えんざん》夜話」と北京日報の「三家《さんか》村《そん》札記《さつき》」がそれで、五年後に毛沢東が発動するプロレタリア文化大革命では「反党、反社会主義の陰謀」と糾弾されることになる。その中で「毛沢東を中傷した」とされた次のようなものがある。「長々としゃべったが、やはり何を言ったのか分からない。説明すればするほど分からなくなり、説明がないのと同じだ。これが偉大な空言の特徴だ」「〝健忘症〟というのがある。見たものや口にしたことをすぐ忘れる。この種の人が話したり仕事をしたりすれば、大きな間違いをしでかす」「燕山夜話」の筆者は北京市党委書記の鄧拓《とうたく》で、「三家村札記」は鄧拓、北京市党委統一戦線工作部長の廖沫沙《りょうまつさ》、北京市副市長の呉晗《ごがん》の三人が書いた。この呉晗は六一年一月、歴史劇『海瑞罷官《かいずいひかん》』を発表している。これは明代の役人、海瑞が地主の横暴に苦しむ農民側に立って皇帝に罷免されたという筋書きで、のちに文革発動の直接のきっかけを提供する。文革では、大躍進政策の誤りを毛沢東に直言し、五九年夏の「廬山《ろざん》会議」で国防相を解任された彭《ほう》徳懐《とくかい》の復権を図った、とされた。

毛沢東には大躍進政策への批判が社会に渦巻いていることはもちろん分かっている。分かってはいるが、党中央の指導や地方幹部の行き過ぎに、その原因を求めようとしていた。

北京に寒波が襲った六二年一月十一日、天安門《てんあんもん》広場に面した人民大会堂に党中央指導部と省、市、県など地方党委員会の幹部が続々と吸い込まれていった。四九年の建国以来、最大規模となる中央拡大工作会議に参加するため集まった地方幹部は七千百十八人にのぼる。大躍進・人民公社化など五八年からの党の活動（工作）を総括しようと開かれた「七千人大会」と呼ばれるこの会議では、「食糧は国民経済の基礎の基礎だが、その食糧が減産している。大躍進をどう理解すべきか」「人民公社は時期が早すぎ、推進も速すぎたのではないか」など地方代表から党中央の責任を問う意見が続出した。

大会が始まって一週間後、総括報告を準備する起草委員会が開かれ、二十一人の党政治局常務委員と政治局員が出た。毛沢東は出席していない。

「かぎは廬山会議にある」と劉少奇は言った。劉少奇は同じことを一ヵ月前の中央工作会議でも取り上げている。「あの時に（大躍進・人民公社化路線の）調整をしていればよかった。廬山会議の前半は調整を中心に進んだが、後半は前半を否定してしまった」

廬山会議で彭徳懐を見捨ててしまった劉少奇には、内心忸怩《じくじ》たるものがあったに違いない。起草委員会で再び持ち出された劉少奇の問題提起を受けて、彭真が言った。「過ちは中央が責任を負うべきだ。過ちは過ちなんだから。毛主席だって過ちがまったくないとはいえない」

鄧小平が彭真の話に合いの手をいれた。「毛主席のところに行ったら、こう言ったよ。君らの報告は私を聖人扱いしている。聖人なんていないし、だれにも欠点や間違いもあるんだ。だから私の欠点に触れることを恐れるな、とね」

《起草委員会での発言は金聖基《きんせいき》著『人民大会堂見聞録』（中共党史出版社、九八年）などによる》

劉少奇は二十七日、七千人大会の全体会議で党最高指導部の政治局常務委員を代表して壇上に立ち、自己批判した。「われわれの経済は大きな困難を抱えている。その原因は何か。湖南《こなん》省のある農民はこう言った。『天災三分、人災七分』と。要は（政策上の）欠点と間違いが主な原因となっているのだ」

七千人大会は毛沢東の急進路線で生まれたひずみを修復しようとする劉少奇たち実務派の主導で進んだ。

毛沢東も「党中央が間違いを犯せば、それは私の責任だ。他人に責任を押しつけることはしない。他の何人かの同志にも責任はあるが、まず責任を負うべきは私だ」と自己批判ともとれる発言を行った。しかし、これはあくまで、指導責任を認めたにすぎない。

続けてこう語っている。「もしわれわれが社会主義経済を建設しなければどうなる？　修修正主義国家、資本主義国家に変わるだろう。プロレタリア独裁はブルジョア独裁となり、ファシスト独裁に変わるだろう。警戒が必要だ。よく考えよ」

のちの文革中に毛沢東の妻、江青《こうせい》は七千人大会で失敗や欠点をあげつらう大合唱を聞きながら、毛沢東は「腹の中で怒りを懸命にこらえていたのだ」と明かしている（席宣《せきせん》、金春明《きんしゅんめい》著『「文化大革命」簡史』）。

そうした中で、劉少奇たち経済調整派と明らかに一線を画し、「毛沢東絶対支持」を明確にした人物がいた。彭徳懐の後を襲って国防相となった政治局常務委員の林彪《りんぴょう》であった。

「（大躍進における）出費は学生の学費と同じだ。教訓を学べば成果も大きい。毛思想が順調に実行されれば困難は容易に克服できる。困難な時期こそ主席の命令に従うべきなのだ」

曹英《そうえい》著『中共早期指導者活動紀実』（改革出版社、九九年）は、林彪発言を聞いて救われた思いにかられた毛沢東の姿が描かれている。二カ月後の三月二十日、人民解放軍総参謀長の羅瑞卿《らずいけい》に毛沢東はこう言った。

「（林彪）発言を改めて読み返すと、大変によい文章だ。読むとうれしくなる。羅よ、おまえにもこんな講話ができるか。できないならしっかり学べ」

毛沢東・林彪と劉少奇・鄧小平の溝《みぞ》が生まれつつあった。

劉少奇動く「何年も左……少し右になろう」

大躍進・人民公社など毛沢東の急進政策がもたらした経済困難とその修正に論議が集まった「七千人大会」直後の一九六二年初め、毛沢東は上海《しゃんはい》、山東《さんとう》、杭州《こうしゅう》、武漢《ぶかん》など南方を視察して回った。各地で責任者から「去年の情勢はおととしより良い、今年は去年より良い」と聞かされ、比較的楽観していた。

北京《ぺきん》で日常実務を取り仕切った中国共産党副主席兼国家主席、劉少奇《りゅうしょうき》の考えは対照的だった。「困難な情勢は明らかにされ切っていない」として劉少奇は毛沢東が留守中の二月、中《ちゅう》南海《なんかい》の西楼会議室で党政治局常務委員会拡大会議を招集する。

国家計画委員会と国務院財政部の報告で、六一年に三十億元の財政赤字のあることが明らかになった（ちなみに党発表によると財政支出規模は五九年で五百二十八億元）。劉少奇は真実を隠す風潮が経済をますます悪化させると批判し、問題があれば公開すべきだと主張した。

「恐れることはない。情勢が暗黒だと言えば人々を悲観もさせるが、困難に立ち向かい闘う勇気を奮い立たせることもできるではないか」

経済調整に乗り出した劉少奇や国務院総理（首相）の周恩来《しゅうおんらい》は、全国統一の指揮部として「党中央財政経済指導小組」を復活させる。五八年にすでに設置され、組長は党内きっての経済通、党政治局常務委員兼国務院副総理の陳雲《ちんうん》だった。

だが、実体経済を重視する陳雲と毛沢東の意見はいつも合わず、「大躍進」運動でいつの間にか活動を停止していた。劉少奇は陳雲を強力に支持し、陳雲の近年の経済工作に関する発言集を作らせて党中央指導者らに配布したりもした。

周恩来と陳雲が指揮をとり、中央財経小組は「一九六二年の調整計画」を作成した。六三年までに二千万人の都市人口を農村に移動させる、基本建設投資の実施項目を当初計画の三分の二以上減らす、重工業産品の計画指標を五―二〇パーセント削減するなどというものだった。

毛沢東の急進的な増産政策でここ数年、低い指標を示すのは「右傾」（右寄り＝反動的）だとの考えが支配的だったから、これは思い切った計画書だった。五月の中央工作会議で採択されたとき、劉少奇は「何年も『左』だった。少し『右』になろうではないか」と冗談まじりに発言している。

政治関係の調整も行われた。党総書記の鄧小平《とうしょうへい》の主導で、「右傾」などとされて失脚した党員、幹部の名誉回復が急ピッチで進められた。全国の県以下の幹部で過去に誤って批判された者は、深刻な個別問題のある者以外、一括して名誉回復されるという方法がとられた。この年の八月には、全国で六百万人余の幹部、党員、一般大衆の名誉回復がなされている

（唐振南《とうしんなん》ら著『劉少奇と毛沢東』湖南《こなん》人民出版社、一九九八年）。

調整工作中、問題となったのは数年前に農村で自然発生した「包産到戸《ほうさんとうこ》」（生産の戸別請負制）についてだった。各農家が農業生産を請け負い、超過分は報酬を受けるというこの制度は、「一大二公（第一に大きく、第二に公共である）」という毛沢東の人民公社化政策に反し、資本主義への道を歩む「個人経営」とみなされて非合法とされてきた。しかし、農民の生産意欲を高める効果があり、この時期、急速に広がりつつあった。

毛沢東の秘書で党中央弁公庁副主任の田家英《でんかえい》も最初はこの戸別請負に否定的だった。その田家英は六二年初め、毛沢東に派遣されて湖南省に農村調査に赴く。そこでは戸別請負を求める大衆の声が予想をはるかに超えていた。

田家英は戸別請負の発祥地で全省に普及していた安徽《あんき》省に人を派遣して実情を調べさせた。結論は、破滅的な経済危機のなかで農業生産を急いで回復させるのに戸別請負は有益かつ必要というものだった。

六月末に北京に戻った田家英の報告を聞いた劉少奇は、戸別請負を統一的に実施すべきだ、合法化する必要があると明言した。「いまや状況は明らかだ」。そして、毛沢東が帰京する前に他の同志にも意見を仰ぎ、反応を見るよう田家英に言った。だが、自分（劉少奇）の名は出さないようにとわざわざ付け加えた。

おもな中央指導者に意見を求めた田家英は、戸別請負にみな賛同しているという感触を持った。陳雲は早くから「試験的に戸別請負を許すべきだ」と言っていたし、鄧小平はもっと端的だった。「黄色い猫でも黒い猫でもネズミを捕まえてくれさえすればいい猫だ」のちに鄧小平の現実主義を表す「白猫黒猫」論として有名となり、文化大革命中に批判の対象ともなったこの言葉は、鄧小平の故郷、四川《しせん》のことわざである。鄧小平は七月の共産主義青年団の総会で「（同郷の元帥）劉伯承《りゅうはくしょう》がよく言っている」としてこの言葉を持ち出し、「これは戦闘について言っているのだが、農業生産を回復させるにも、決まった形態にとらわれず、状況を見て、大衆のやる気を引き出せる形をとるべきなのだ」と語った。

七月、毛沢東は北京に戻った。田家英は中南海の中にあるプールつきの平屋「遊泳池」で調査の状況と意見を熱をこめて述べた。毛沢東はすぐに面白くなさそうな表情を浮かべ、一言も発しなかった。報告が終わると開口一番、こう尋ねた。

「お前の主張は集団経済が主なのか、それとも個人経済が主なのか？」

田家英が黙っていると毛沢東はさらに続けた。「それはお前の意見か、それともほかの者の意見か？」

「私個人の意見です」。田家英があとの問いにだけ簡単に答えた。毛沢東は何も言わず、田家英を下がらせた。

中南海にある永福堂の自宅に戻った田家英の顔色はさえず、苦悩の色がありありと表れていた。妻の董辺《とうへん》はわけを聞いて率直に不満を漏らした。

「どうして劉少奇同志は自分で主席のところに行かずに、あなたに伝言させるの？　あなたはただの秘書なのに、どうして少奇同志の主張を自分の考えだと言うの？」田家英はつらそうに言った。「報告を始めてすぐに主席は面白くなさそうな顔をした。だれの主張かと聞いたのは、他の指導者の意見だと疑っている証拠だ。もし責任を劉少奇同志に押しつけたりしたら、二人の主席の分岐をはっきりさせてしまうではないか？」（李剣《りけん》ら編『重要会議体験実録』）

四年後、田家英は自殺する。文化大革命発動期の六六年五月、急進左派から「戸別請負制を支持した」「一貫した右翼」などと非難されていたさなかの四十四歳の死であった。

反撃の火ぶた「階級闘争を年々月々日々語れ」

地方指導部を招集した「七千人大会」後の一九六二年上半期、中国共産党副主席で国家主席の劉少奇《りゅうしょうき》らは、経済困難に対処する各種の会議を相次いで開き、党主席の毛沢東が推進した急進政策から脱皮を図る経済調整方針をとった。毛沢東はこの間、各地を視察して回っており、北京《ぺきん》に帰ってきたのは七月初めだった。

その晩、経済問題を担当する党政治局常務委員で国務院副総理の陳雲《ちんうん》は毛沢東に面会し、農家の生産意欲を高めるため、人民公社から戸別に農家が生産を請け負う「包産到戸《ほうさんとうこ》」（戸別請負）を認めるよう進言した。

毛沢東は飢餓から抜け出すための一時的な経済調整は容認していたが、戸別請負には反対だった。戸別請負は集団経済から個人経営への後退で、毛沢東にすれば堕落した大衆の要求にほかならず、共産主義を忘れたソ連のような修正主義や資本主義につながる。

だが、陳雲だけでなく、劉少奇や党総書記の鄧小平《とうしょうへい》らもこれを支持するのが毛沢東には不満だった。

「土地を分配して個人経営をやれば農村の集団経済を崩壊させる。人民公社を解散するのは中国式修正主義だ」。毛沢東の批判をあとで伝え聞いた陳雲は長い間、黙り込んでしまった（顧保孜《こほし》ら著『聚焦中南海《ちゅうなんかい》』中国青年出版社、九八年）。

「お前たちは何年私に圧力をかけてきたのだ！　何年（事態は）暗黒だと言ってきたのだ！　言えば言うほど前途がなくなるではないか。集団（経済）は優れていないというのは私への圧力ではないか」

毛沢東の激しい怒りが爆発した。河北省《かほく》の要人避暑地、北戴河《ほくたいが》で六二年七月末から開いていた中央工作会議が二週間ほど過ぎた八月九日、参会者に話をしていた最中だった。

毛沢東が「黒暗風（現状を暗黒とみなす風潮）」を批判し、「人々の前途への自信を失わせる」「小説の『紅楼夢《こうろうむ》』や『西遊記《さいゆうき》』は希望があるから人々が好むのではないか」と語ったとき、だれかが「光明と言うことに圧力を感じる」と不満を漏らし、毛沢東が激高した。大躍進・人民公社化など急激な共産化政策がもたらした食糧難など経済苦境に動揺する毛沢東をしり目に、劉少奇ら実務派指導部が進めてきた六〇年以来の経済調整政策への毛沢東の忍耐が限度を超えた瞬間だった。

毛沢東の批判を受け、劉少奇は「私は困難への見積もりが度を過ぎていました」と自己批判せざるを得なくなった。毛沢東は北戴河会議に続いて九月下旬に開かれた党第八期中央委員会第十回総会（八期十中総会）でも、コミュニケ草案を「去年はおととしより若干よく、今年は去年より若干よくなるだろう」と改めるよう指示している。

毛沢東は、調整政策がこのまま続けば社会主義から大幅に後退してしまうとの懸念を抱いていた。毛沢東は反攻に転じたのだった。

自分は圧力を受けてきたと激怒した北戴河会議の基調講話で、毛沢東は開口一番、「社会主義国家に果たして階級は存在するのか？」と問いかけ、参会者を面食らわせた。毛沢東自身の解答は「階級も、従って階級闘争も、間違いなく存在する」というものだった。社会主義から共産主義にいたるすべての歴史段階で無産階級（プロレタリア）と資産階級（ブルジョア）の階級闘争は続く。資産階級が復権を図ろうとする危険が残存しているからだ。それが共産党内にも反映し、ソ連のように社会主義の変質である修正主義をもたらす。これが毛沢東の認識であった。

持論である「継続革命論」を毛沢東が改めてより強い形で持ち出し、「階級闘争を年々語り、月々語り、日々語らねばならない」「万が一にも階級闘争を忘れるな」と警告したのは、経済調整政策への危機感がいかに強かったかを示している。

毛沢東が北戴河会議で「単幹風」（個人経営の風潮）」を厳しく批判したのは、その表れだった。この場合、「単幹風」は戸別請負を指しており、戸別請負を支持した中央農村工作部部長の鄧子恢《とうしかい》が「資本主義農業専門家」と集中的に攻撃された。ある参会者が「農民が望んだ」と反論すると、毛沢東は「違う、風は上層部から吹いている」と暗に劉少奇、鄧小平、陳雲らを当てこすった。

北戴河会議後の八期十中総会で劉少奇たちの経済調整政策は承認されたが、毛沢東の継続革命論がコミュニケに明記され、毛沢東の警戒感が色濃くにじむものとなった。

《北戴河会議から八期十中総会にいたる二カ月あまりの一連の会議の模様は、薄一波《はくいっぱ》著『若干の重大決策と事件の回顧（改訂本）』（人民出版社、九七年）などによった》

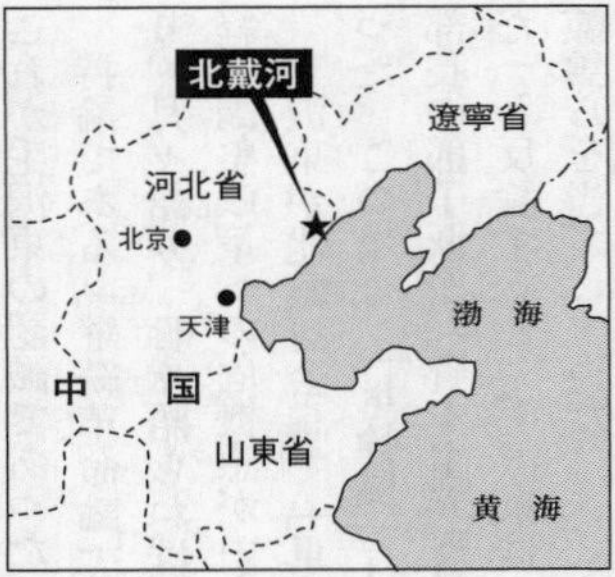

急進的な経済政策に疑問を呈する手紙を毛沢東に出し、五九年の「廬山《ろざん》会議」で国防相を解任された彭徳懐《ほうとくかい》は、中南海を出て北京西郊の呉家花園で暮らしていた。調整政策が進むにつれて多くの名誉回復が行われ、廬山会議でともに批判された者も次々と復活したのに、彭徳懐だけには赦免《しゃめん》がなかった。

彭徳懐は六二年初め、劉少奇が彭徳懐の提起した批判の多くは事実だったと認めたことを知った。しかし同時に、彭徳懐がソ連と内通していたことを示唆して「問題があった」と述べたことも。

まだこのおれが「外国と内通した」と党中央はみている。食事ものどを通らず、夜も眠れなかった。「そんな罪名を背負ったまま棺おけに入るわけにいかない」。毛主席と党中央に手紙を書くと言って秘書に紙を買いに行かせた。秘書らは心配した。前にも一通の手紙のためにこの元帥は失脚したのだ。

彭徳懐はすぐに党中央弁公庁主任の楊尚昆《ようしょうこん》に電話し、手紙を書くと伝えた。「毛主席と党中央に『内通』問題を調査してほしい。クロだったらおれの首を切って天安門《てんあんもん》の上にさらしたって恨み言《うらごと》は言わない」。彭徳懐は三カ月かけて「八万言書」と呼ばれる長い手紙を書いた。書き上げたときは体重が五キロあまり減っていた。

「八万言書」は六月、楊尚昆の手を経て毛沢東に渡った。「反党集団を組織したことはない。私の歴史を調べてほしい」。劉少奇と国務院総理（首相）の周恩来も報告を受けた。だが審査すべきかどうか態度を明らかにしなかった。毛沢東に会ったとき、二人はこの問題を持ち出したが、見るからに不機嫌な顔を前にして、それきり口をつぐんだ（馬泰泉《ばたいせん》ら著『国防部長浮沈記』）。

八期十中総会で攻勢に転じた毛沢東は「なんでもかんでも名誉回復をするのは間違っている」と「翻案風（名誉回復の風潮）」にも批判の矢を放った。彭徳懐の「八万言書」は総会で配られたが、姿勢を立て直した毛沢東の反撃の中で、「党の困難に乗じて体制を覆《くつがえ》そうとしている」と再び厳しい批判が参会者から浴びせられたのだった。

危機幻想　「権力の三分の一は敵の手中」

農工業生産を一気に高めようと中国共産党主席、毛沢東が一九五八年から始めた「大躍進」運動は、現実から懸け離れた急進政策だったために経済を逆に破壊した。立て直しに乗り出した国家主席の劉少奇《りゅうしょうき》や党総書記の鄧小平《とうしょうへい》ら実務派は極端な集団化政策を緩和し、農民などの生産の自由を一部認めるなどの経済調整を進めた。これによって六二年ごろから経済は回復基調に入っていた。

しかし、毛沢東は不満だった。個人の自主生産が広がれば、それは必ず資本主義復活の芽を育てることになり、集団経済を基礎とする社会主義がほころんで、ソ連のような修正主義に転落してしまう危険がある、と確信していたからだ。

「人民の中にはいまもなお、社会主義的な改造を受けていない者がいる。彼らは全人口の数パーセントにすぎない少数者だが、機会があるとすぐに社会主義の道から離れて資本主義の道を歩もうとする」

六二年九月の党第八期中央委員会第十回総会（八期十中総会）のコミュニケで、こう述べている部分は毛沢東の考えを色濃く反映している。総会で毛沢東が、共産党独裁下にあっても資本家階級との階級闘争を「万が一にも忘れるな」と「継続革命」を強調したのは、経済調整派への反撃であると同時に全党と全人民への警告であった。

「警戒心を高めねばならない。十分に青年たちを教育し、大衆を教育し、中級と下級幹部を教育せねばならない。長老幹部自身も教育するし、教育を受けねばならない。さもなければ、われわれのような国家でも反対の方向に走ってしまうことだってありうる」

継続革命を呼びかける中で、毛沢東はそう語った。


人民を社会主義的に改造することは、ずっと毛沢東の関心事だった。すでに五七年、「全農村人口に大規模な社会主義教育を行う」よう提唱している。六〇年には農村で「三反《さんはん》（反汚職、反浪費、反官僚主義）運動」が展開され、毎年のように党中央から農村の社会主義教育に関する指示が出された。

ところが、八期十中総会のあと、社会主義教育運動（社教運動）が進められた地方はごくわずかだった。毛沢東は総会後の六二年末から六三年初めまで十一省を視察して回ったが、「社会主義教育のことを話したのは河北《かほく》省と湖南《こなん》省の党委員会書記だけだった」というのが現状だった。

河北省の保定地区では「四清《しせい》（賃金点数、帳簿、財産、在庫の四つを点検する）」運動が進められ、末端の幹部の間で見られた浪費や公金流用、利得のむさぼり、汚職や窃取《せっしゅ》といった行いが摘発された。湖南省党委では三カ月かけて百二十万人の各級幹部を訓練した。党委幹部らは訓練を通じて「目下、階級闘争は激烈で、農村といわず都市といわず、階級の敵による破壊活動がはびこっている」との認識を持った（席宣《せきせん》、金春明《きんしゅんめい》著『「文化大革命」簡史』）。

こうした過敏な反応は、毛沢東の危機感と一致するものだった。毛沢東は六三年五月、杭州《こうしゅう》に一部の党政治局員と地方書記を集め、「当面の農村工作における若干の問題についての決定」を起草させた。この十カ条の決定はのちに「前十条」と呼ばれるようになる。

起草にあたって毛沢東は「要点は、階級闘争であること、貧農・中農をよりどころとすること、四清運動をすること、幹部は労働に参加すること、このようなことだ」と指示した。

制定された「前十条」の前言に、毛沢東は自ら「人の正しい思想はどこからくるか？」と書き加えている。「天から降ってくるのか？　違う。自分の頭の中に固有のものなのか？　これも違う。人の正しい思想は、ただ社会の実践の中から生じる。社会の生産闘争、階級闘争と科学実験、この三つの実践の中から出てくるのだ」

「前十条」が制定されたとき、劉少奇はインドネシア、ビルマ、カンボジア、ベトナム、北朝鮮などを訪問中で、討議にはかかわらなかった。社会主義教育運動（社教運動）を支持してはいたが、これを全面的な「階級闘争」ととらえる毛沢東とは、微妙な違いがあった。それは、運動が展開されるなかで明らかになっていく。

社教運動はしばしば強引に進められた。陝西《せんせい》省長安県のある村では、末端幹部の七、八割が地主や富農、国民党の残党、新生ブルジョア階級分子など「階級の敵」として摘発され、三カ月とたたないうちに自殺者は五百人を超えた（邱石《きゅうせき》編『共和国重大事件決策実録』経済日報出版社、九八年）。

「階級闘争」の範囲はますます広がり、「階級の敵」も増えていった。情勢はさらに深刻であるという虚像が作られ、この虚像に基づいた報告が毛沢東に大きな影響を与えた。一年後、毛沢東は「われわれの国家の三分の一の権力はわれわれの手中になく、敵の手中に握られている」と語るようになる。この危機感は決定的に重い。「敵」は打倒しなければならない。こうして第二革命「プロレタリア文化大革命」を発動する下地が形づくられていく。

六三年五月から六月に南方各省を回った党政治局員で北京《ペキン》市長の彭真《ほうしん》はこうした状況を危ぐし、「落ち着いてできるだけ寛大に処理するべきだ」と報告した。また「大多数の幹部は善良であるか、よく教育されている」ことを強調し、基本的にはもともとの下部組織と幹部に頼って運動を進めるよう主張した。彭真は劉少奇ときわめて近い関係にあり、ともに急進的な経済政策からの軌道修正を図っていた。

「前十条」が出て四カ月後の六三年九月、今度は劉少奇が主導してもう一つの十カ条決定が起草され、十一月に党政治局会議で採択された。こちらは「後十条」と呼ばれる。「前十条」と同じく階級闘争や修正主義との闘いがうたわれてはいるが、明らかな違いがあった。「前十条」が運動のよりどころを貧農と中農に置いていたのに対し、「後十条」は基本的に下部組織と幹部をよりどころとし、党機関が選抜した「工作隊」がそれら幹部の参謀として協力するよう規定している。劉少奇は翌六四年九月、さらに「後十条」を改訂し、すべての運動は工作隊によって指導されねばならないとした。

ここから分かるのは、劉少奇が党組織の全面的な指導による教育・啓もう運動の色合いをきわめて強く打ち出していることだ。いかにも組織を重視する実務派の劉少奇らしい姿勢だが、これでは大衆運動に依拠した階級闘争の徹底を目指す毛沢東の狙いが事実上、骨抜きにされてしまうことになる。

劉少奇に向ける毛沢東の目がしだいに険《けわ》しくなるのをこのときの劉少奇は気づいていない。

京劇批判で江青登場「昨今の舞台は妖怪変化だ」

革命精神を忘れたソ連のような修正主義の「攻勢」や資本主義復活の「陰謀」があらゆるところで熾烈《しれつ》をきわめている――毛沢東は一九六二年から警鐘を乱打し、「階級闘争」の必要性を説いていた。

人民を社会主義的に改造し、「敵」をあぶり出そうという社会主義教育運動を六三年から全土で展開したのも毛沢東にとってはブルジョアジー（資本家階級）との「階級闘争」であり、文学や演劇など文芸界における社会主義改造もブルジョア知識人分子との「階級闘争」であった。

「小説を利用して反党活動を行うのは一大発明だ。およそある政権を転覆させようとするならまず世論を作り、イデオロギー方面の工作をしなければならない。革命であろうと反革命であろうと、同じだ」

六二年九月の中国共産党第八期中央委員会第十回総会（八期十中総会）で毛沢東はそう語った。「敵」は文学など芸術の衣を着て人民を思想的に洗脳する。警戒せねばならない。毛沢東はそう考えていた。

その年の末、上海《しゃんはい》など華東方面を巡回したとき、毛沢東は文芸を批判し、「(描かれているのは封建的な)帝王将相(皇帝、王侯、将軍、宰相)や才子佳人が多く、東風(共産主義)が西風(資本主義)に圧倒されつつある。東風は優位に立たねばならない」と話した。

これに反応した上海市党委員会第一書記の柯慶施《かけいし》は「大写十三年(大いに十三年を書け)」を提唱した。文芸作品は中華人民共和国の建国以来十三年間の「豊かで偉大な時代」を題材にせよというのだった。「社会主義の生活があって初めて社会主義の思想が生まれ、社会主義文学がありうる」

しかし、文芸界や学術分野での「階級闘争」が激化するのは、社会主義教育運動が活発化する六三年以降のことだ。それとともに、京劇改革を突破口として毛沢東の妻、江青《こうせい》が政治の舞台に登場してくる。

「さまざまな芸術形態――演劇、演芸、音楽、美術、舞踊、映画、詩、文学などには問題が少なくない。たずさわる人間は多いのに、社会主義改造は多くの部門でごくわずかな効果しか上げていない。多くの共産党員が熱心に封建主義と資本主義の芸術を提唱するのに、社会主義の芸術を熱心に提唱しない。なんと奇怪な話ではないか」

毛沢東は六三年末、党中央宣伝部の文芸工作に関する報告に、こうコメントを書き付けて強い不満を表した。そのころ、国務院文化部(文化省)は文化を管理していない、改めないのなら名前を帝王将相部、才子佳人部、あるいは外国死人部と改めるがいいと激しくののし

一九六四年十一月十二日、革命模範劇「紅色娘子軍」を演じた京劇俳優たちと並ぶ（後方前列の右から）江青、北京市長の彭真（一人おいて）劉少奇、（一人おいて）毛沢東

り、翌六四年五月には文芸関係の各協会にも怒りをぶつけた。

「官僚になって旦那《だんな》風を吹かせ、労働者・農民・兵士に近寄らず、社会主義の革命と建設を反映しなかった。ここ数年はついに修正主義の瀬戸際まで落ちぶれてしまった」

この批判を受けて、文芸界では六五年の四月まで十カ月間、整風（思想や活動などの点検）運動が行われた。毛沢東は「文化部系統の政治権力の、少なくとも半分はわれわれの手中にない」と見ており、運動は文芸界の指導者に対する調査と批判が主体となった。職務を剥奪《はくだつ》された者も出た。

新聞や雑誌で小説、映画、演劇に対する批判が展開された。「ブルジョア階級」「修正主義」の「毒草」だと政治的レッテルを張られたものの中には、優秀な作品と評価されていたものも少なくなかった。

文学界だけでなく、哲学、経済学、歴史学、教育学、医学などの学術領域にも批判は燃え広がった。

まず、マルクス主義理論の哲学者で、中共中央高級党校長だった楊献珍《ようけんちん》が標的となる。弁証法の研究で「合二而一（二を合わせて一となす）」という楊献珍の理論が、階級闘争を唱える毛沢東の「一分為二（一を分けて二とする）」と矛盾した。

毛沢東は「〝合二而一〟はおそらく修正主義だ。階級調和論だ！」と批判し、楊献珍は「外国と内通した」「党校で独立王国を築いた」などとされて文革中に投獄される。

著名な経済学者の孫冶方《そんやほう》も、利潤の機能を強調したとして「中国最大の修正主義者」とされ、歴史学者では翦伯賛《せんはくさん》が「反マルクス主義史学」として批判を受けた。翦伯賛は文革の初期に夫人とともに自殺する。

こうした事態を懸念した鄧小平は「〝革命派〟は他人を批判することで名を売り、他人を踏みつけて政権の座に就こうとしているのだ」と言い、「早くブレーキをかけよ」と行き過ぎを諌《いさ》めようとしたこともあったという（晋夫《しんふ》著『文革前十年の中国』中共党史出版社、九八年）。だが、鄧小平が当時、どれほど公然とこれを主張したかどうか。いずれにせよ事態はすでに後戻りはできなくなっていた。

江青が動き出すのはこのころである。上海で映画女優をしていた江青は延安《えんあん》に革命根拠地があった三八年ごろ毛沢東と同居した。当時、毛沢東が結婚していた革命の同志、賀子珍《がしちん》はモスクワで病気療養しており、党指導部のほとんどが賀子珍との離婚に反対だったが、結局、江青が公務につかないことを条件に結婚を認めたという。

江青は建国後も政治活動では地味な役割しか与えられていなかった。江青にはそれが根深い怨念《おんねん》となっており、文芸問題が起きた六二年ごろから、京劇批判などに積極的にかかわるようになった。それを容認した毛沢東はのちに江青を文芸批判の先兵に利用するようになり、プロレタリア文化大革命で江青が台頭する素地を作った。

六四年六月から七月末にかけ、国務院文化部は北京《ぺきん》で「全国京劇現代劇競演大会」を開き、全国の二十八劇団が三十七の演目を演じた。

大会の演出者座談会に出席した江青は「昨今の舞台は、すべて帝王将相《ていおうしょうそう》、才子佳人《さいしかじん》であり妖怪変化《ようかいへんげ》だ。封建主義かブルジョア階級のもので、こんな状況ではわれわれの経済基礎は守れない」と発言し、その内容を毛沢東に褒《ほ》められた。

それ以来、江青の急進的な文芸批判活動は活発化し、歴史学者で北京市副市長の呉晗《ごがん》が書いた京劇脚本『海瑞罷官《かいずいひかん》』を〝大毒草〟と批判した論文発表（六五年十一月）を工作し、これが毛沢東による文化大革命発動の狼煙《のろし》となる。

林彪との蜜月　神格化で威信を高め合った

毛沢東が自ら旗を振って飛躍的な成長を目指した「大躍進」や「人民公社化」の急進路線が挫折し、逆風が吹いて孤独感にさいなまれているときも、一貫して「毛沢東の絶対的な正しさ」を唱え、称賛し続けた人物がいる。国防相の林彪《りんぴょう》である。

急進路線による混乱と災害が複合して二千万人近い餓死《がし》者を出し、毛沢東が「指導責任」を認めた一九六二年一月の中央工作拡大会議（七千人大会）でも、こうした困難が生じたのは「毛主席の意見が尊重されなかったか、大きな妨害を受けたからだ」と頑強《がんきょう》に主張し、毛沢東の心を揺さぶったのは林彪であった。

北京《ペキン》中心部、中国共産党や国務院（政府）の重要機関や毛沢東ら要人の居宅が集まる中南海《ちゅうなんかい》の高い壁から二百メートルほど西側にも、古い町並みに囲まれた要人居住区がある。五九年秋、毛家湾《もうかわん》と呼ばれるこの専用区域内の居宅兼執務室に林彪はいた。

「現代は権力を一朝にして手に入れることができる。その代価は最小、収穫は最大、時間は最速であるべきだ。だが、参謀を探すのが最難だ」

少華《しょうか》ら著『林彪の一生』（湖北《こほく》人民出版社、九四年）によると、林彪の妻、葉群《ようぐん》はこの執務室で林彪が口癖《くちぐせ》のようにその言葉をつぶやくのをよく聞いている。いま林彪が言っているのは、人民解放軍内での権力掌握をどうしたら、効果的かつ迅速《じんそく》に行えるかということであった。

大躍進路線のもたらした混乱について毛沢東に手紙で苦言を呈し、怒りを買って解任された彭徳懐《ほうとくかい》の後を継いで国防相に任命されたばかりである。若くして革命運動に身を投じたため党員歴と軍歴は古いが、中華人民共和国建国後の五五年に元帥となった十人の中で最も若い五十二歳だ。元帥としての格は上でも、長老が牛耳《ぎゅうじ》る軍を掌握するのは容易ではない。

《革命戦争当時、各地で蜂起《ほうき》した土着性の強い武装集団が離合集散ののち、労農紅軍となったのが人民解放軍の前身だ。このため派閥性を帯びやすかった。建国時には第一―第四野戦軍と華北兵団の五大系統があった。野戦軍とは遊撃戦＝ゲリラ戦を主とする軍をいう。林彪が国防相になった当時は、これらが六大軍区に配備されていたが、五大系統の人脈は濃厚に続いていた。

旧第一野戦系（旧一野系）は賀竜《がりゅう》が、旧二野系は劉伯承《りゅうはくしょう》が、旧三野系は陳毅《ちんき》が、華北兵団系は聶栄臻《じょうえいしん》の各元帥がそれぞれ影響力を持っており、林彪は旧四野系を握っているにすぎない。しかも、陳毅は党副主席で国家主席の劉少奇《りゅうしょうき》と、劉伯承は党総書記の鄧小平《とうしょうへい》とというように党最高指導部と密接なつながりを維持している》

林彪が「代価は最小、収穫は最大、時間は最速」に支配権を確立しようとするにはどうしたらよいか。党主席として最高権力を握る毛沢東の権威を借りるしかなかった。毛沢東の威信が高まれば高まるほど林彪にとっては都合がよかった。「毛神格化」の始まりである。

国防相になって三カ月余が過ぎた六〇年一月元旦、林彪は国防建設の最重要任務として全軍に対し、「四好連（四つの面で優れた中隊＝連）」運動を提唱した。政治思想が良く、三八作風が良く、軍事訓練が良く、生活管理が良い中隊を目指そうというものだ。六一年中に「四好連」の表彰を受けた中隊は五千以上にのぼった。

《三八作風とは毛沢東が三句八文字で軍人の行動基準を示したもので、三句は①確固とした正しい政治方向 ②困苦、欠乏に耐え、質素で困難に耐える活動態度 ③弾力的で機動性に富む戦略、戦術――であり、八文字は、団結、緊張、厳粛、活発をいう》

六〇年十月には、「四個第一（四つの第一）」を打ち上げる。武器と人間では人間の要素が第一。軍事工作（活動）と政治工作では政治工作が第一。政治工作の中の事務的工作と思想工作では思想工作が第一。思想工作の中の書物による思想と生きた思想では生きた思想が第一――というのだ。

この場合の思想はもちろん毛沢東思想である。「毛沢東思想のすぐれた点は多方面にわたるが、際立ってすぐれているのは実際的（生きた思想）であることだ。つねに実際の間近にあり、実際を中心とし、実際から離れたことはない」と林彪は手放しで毛沢東思想を称賛した。

林彪は簡潔な言葉で本質をとらえ、人を鼓舞し、人を動かす特異な才能があった。六四年二月、毛沢東は林彪を褒《ほ》め上げてこう言った。

「四つの第一はいい。われわれは第一が四つあるなど思いもしなかった。これはひとつの創造だ。中国人には発明や創造がないなどとだれが言ったのか。われわれはこれまでも解放軍を頼っていたが、これからも頼らねばならない」（厳家祺《げんかき》ら著『文化大革命十年史』）

一九六四年、人民解放軍の演習を観閲後、射撃の構えをする毛沢東

林彪は六一年四月、「兵士がどんな状況下でも毛主席の思想指導を得ることができるよう（人民解放軍機関紙）解放軍報は、常に毛主席の語録を掲載せよ」と命じた。毛沢東の著作や講話から抜き出した言葉は毎日掲載され、六四年には軍内の学習文献として一冊の本にまとめられて「毛主席語録」となった。

《六六年にプロレタリア文化大革命が発動されると「毛沢東語録」に名前を変え、五十億冊が印刷されて中国全土を赤く染めることになる》

「四好連」「四個第一」「毛語録」に共通する林彪の明確な意図は、軍における「政治の優位」を徹底することだった。農業でも工業でも芸術でも学校でも、常に政治（思想）が優位にあるべきだというのは、毛沢東の思考の根源をなす。

大躍進路線失敗後の苦境から立ち直りつつあった毛沢東はこの時期、資本主義の復活やソ連のような修正主義登場の危険を強調して「階級闘争」を呼びかけ、社会主義教育運動を農村から都市へ、社会のあらゆる分野へと拡大させ、人民の社会主義改造を目指していた。

林彪はそれに呼応し、軍内で毛思想教化運動を展開したのだが、六四年から毛沢東によって「解放軍に学べ」キャンペーンが全土で展開されて二つの運動が合流し、一体となって文化大革命へなだれこんでいく。

祝宴を凍らせた一言「党内に修正主義が生まれる」

「やはり劉少奇《りゅうしょうき》が指揮をとってすべてを受け持てばいい。いますぐ引き継ぎをする。おまえが主席だ。始皇帝《しこうてい》だ！」

毛沢東はいきり立ち、激しい言葉を劉少奇に投げつけた。中国共産党主席という最高権力者の座を党副主席（国家主席）の劉少奇に明け渡す。そうなれば劉少奇は秦《しん》の始皇帝のような絶対君主だとなじったのだ。

一九六四年十一月末、社教運動について活動報告を受けていたときだ。社教運動で地方に派遣した各級幹部が毛沢東の指示通りに動かず、劉少奇の指示に従っている、というのが毛沢東の怒りの理由であった（晋夫《しんふ》著『文革前十年の中国』中共党史出版社、九八年）。

毛沢東の急進的な、というより空想的とも言える共産化路線で打撃を受けた経済を復興させる劉少奇らの現実的な調整政策で経済は持ち直した。しかし、農業生産の一部自由化などによって、資本主義復活や共産主義を裏切ったソ連のような修正主義台頭の危険が現実のものとなったと毛沢東はみている。だから、社教運動は共産党が生きるか死ぬかの厳しい「階級闘争」なのだと思い詰めている。

社教運動の中心は、農村における人民公社の「四清（賃金点数、帳簿、財産、在庫の点検）」運動や、都市部の「五反（反汚職、反横領、反浪費、反官僚主義、反投機）」運動だ。毛沢東にとってこれは単なる綱紀粛正運動ではなく、「敵」の陰謀を暴き出す闘争であったが、劉少奇は中国共産党が支配者となった今、必ずしも「階級闘争が要《かなめ》である」とは考えておらず、問題はおもに生産現場の下級幹部にあるのだと考えていた。そのため、中央から派遣する工作隊の指導に期待していた。

しかし、この食い違いは劉少奇が考えている以上に深刻であった。このころ毛沢東は、資本主義や修正主義の危険という問題の根源が下級幹部よりもっと上に、それも省や県ではなく、中央指導者にあると考え始めていたのだ。その上層部で組織された工作隊が、下部組織より正しいという保証などあろうはずもない。

劉少奇に対する毛沢東の不信と憎悪は募《つの》る一方だった。それは、だれがこの中国を独裁支配する党を掌握するのかという、権力の根幹にかかわる命題と分かち難く結びついていた。

六四年の十二月から翌六五年の一月まで、党中央は社教運動に関して全国工作会議を開いた。会議の組織面を担当していたのは総書記の鄧小平《とうしょうへい》だったが、毛沢東の体調はよくないし、ふつうの会議だから参加しなくてもよいと言った。だが毛沢東は憮然《ぶぜん》として出席した。

毛沢東は会議で、いまの社教運動は「工作隊だけに頼っている」「打倒する範囲が広すぎる」などと批判した。毛沢東が社教運動の矛盾について話したとき、劉少奇が「さまざまな

一九六三年七月五日、中ソ党会談でモスクワに向かう鄧小平（手前右）、北京市長の彭真（その右後ろ）を見送る劉少奇（手前左）。三人は文化大革命中に「資本主義の道を歩む実権派」や「修正主義者」と呼ばれることになる、鄧小平の左後ろは周恩来

矛盾が複雑に交錯している。『四清』と『四不清』の矛盾もあれば、党内外の矛盾もある。やはり矛盾の性質を見極めてから対処したほうがいい」とさえぎって言った。

毛沢東は黙りこみ、猛烈な勢いでたばこをふかした。顔には怒りの色がありありと表れていた。

その日の深夜、睡眠薬を飲んでベッドでうとうとしていた毛沢東秘書の陳伯達《ちんはくたつ》は、突然の機密電話で毛沢東に呼び出された。あわてて駆けつけると、社教運動に関する文件を起草するので口述筆記せよとのことだった。睡眠薬で意識がもうろうとするなか、陳伯達は必死で毛沢東の言葉を書き留めた。

このとき陳伯達は初めて、毛沢東が劉少奇を打倒しようとしていることを悟った（葉永烈《ようえいれつ》著『陳伯達伝』）。

翌日から陳伯達ら数人は、中南海《ちゅうなんかい》の陳伯達の住まい「迎春堂《げいしゅんどう》」で、記録を整理して文書を執筆した。これが「農村の社会主義教育運動の中で提起された当面のいくつかの問題」、略して「二十三条」と呼ばれる綱領である。

社教運動に関する全国工作会議は人民大会堂で続いている。この日、会場の空気はまた張り詰めていた。毛沢東は発言する前に、携えてきた二冊の小冊子を掲げて見せた。

「ここに二冊の本がある。一冊は憲法で、私に公民権があると規定してある。もう一冊は党規約で、私に党員の権利があると規定してある。いま、おまえたちのうちの一人は私を党の会議に出させない。これは党規約違反だ。別の一人は私に話をさせない。これは憲法違反だ！」

これは鄧小平と劉少奇のことを指していた。毛沢東は自分の発言が封じられたと劉少奇を激しく批判した。毛沢東がこれほど怒りをあらわにして劉少奇を批判したことはかつてない。

「われわれのこの運動の名は社会主義教育運動で、四清とか四不清とかの教育運動ではない」「階級闘争を、社会主義を、やらねばならない」

会議後、劉少奇は発言中に口を挟んだことは毛沢東への尊重が足りなかったと釈明したが、毛沢東は納得しなかった。問題は私を尊重するかしないかではない、二人の間の、修正主義か反修正主義かという重大な原則の分岐なのだ、と（『陳伯達伝』）。

会議中の十二月二十六日、毛沢東は七十一歳の誕生日を迎えた。孫琦《そんき》編著『毛沢東と周恩来の合作生涯』（吉林人民出版社、九六年）によると、一貫して党の指導者の誕生祝いをすることに反対していた毛沢東は、ふいに中央・各地区の指導者らを食事に招くと言い出した。人民大会堂に何テーブルかの料理が用意された。毛沢東は模範労働者や科学者らと同じテーブルにつき、劉少奇、周恩来、鄧小平ら中央指導者は別のテーブルにつかされた。

酒席で、毛沢東は統制経済の基本政策を立案する国家計画委員会副主任の李富春《りふしゅん》に顔を向けながら、実際は中央指導者らに聞こえるようにこう言った。

「お前たちはどんなことも私に話してくれない。今のことは私は何も分からない。お前たちは独立王国を築こうとしている！」。このとき毛沢東は「党内に修正主義が生じる危険がある」と言った。

「修正主義」……この底知れぬ恐ろしさを秘めた言葉に座は凍りついたように静まり返った。

毛沢東が陳伯達に口述筆記させた「二十三条」は、社教運動の基本文書として六五年の一月十四日、全党に印刷配布された。これまでの「四清」を政治、経済、組織、思想の四つの点検とするよう改め、農村と都市の社教運動はこれに統一された。

この中で運動の重点は「党内の資本主義の道を歩む実権派の打倒」であることが明記され、劉少奇らの綱紀粛正《こうきしゅくせい》的な「四清」運動を明確に否定して階級闘争を前面に打ち出した。ここに、あらゆるものに優先する「政治」がすべてであることが、改めて明確にされたのだ。

社教運動は翌年、プロレタリア文化大革命に発展する。「資本主義の道を歩む党内最大の実権派」は劉少奇その人で、「第二の実権派」は鄧小平だと名指しされるが、その軌道はこのとき敷かれたのだった。

中国のフルシチョフ「疑念」は「確信」に変わった

毛沢東は一九六四年から六五年にかけ、ついに中国共産党内に「資本主義の道を歩む」裏切り者が潜んでいるとの重大な認識を持つにいたった。

農工業生産拡大や大規模集団化の急進路線が挫折《ざせつ》して以来、資本主義やソ連のような修正主義の台頭を恐れていた党主席の毛沢東は、党内にその「敵」を見いだしたのだ。

毛沢東が資本主義や修正主義との闘争をいくら指示しても党組織の動きは鈍い。鈍いどころか、妨害しようとさえしている、と毛沢東の目には映っていた。

実務を握る国家主席の劉少奇《りゆうしようき》や、党総書記の鄧小平《とうしようへい》には毛沢東の指示を無視することなどできはしないが、二千万人もの餓死者を出したあの悪夢のような惨劇はなんとしても避けたい。ようやく復興の軌道に乗りつつあるのに、経済混乱を再び招きかねない急進路線を繰り返すわけにはいかない、と考えたとしても不思議ではない。

しかし、「国家の権力の三分の一は敵の手中にある」という異様なまでの毛沢東の危機意識の強さは、劉少奇たちの想像をはるかに超えていた。毛沢東が「階級闘争」の困難さをいかに深刻にとらえていたかは、中ソ論争の中にも表れている。

六四年七月十四日、党機関紙・誌、「人民日報」と「紅旗《こうき》」に六三年九月以来、九本目となる対ソ公開批判論文「フルシチョフのエセ共産主義とその世界史的教訓」が掲載された。

毛沢東が修正主義者とみなすソ連共産党第一書記のフルシチョフを批判したこの論文は、社会主義国内部の階級闘争について「百年から数百年かけなければ成功しない」と指摘した。毛沢東は六二年九月に「数十年ないしそれ以上」と述べていたから、わずか二年ではるか先に引き延ばされたのだ。

《五三年のスターリン死後、ソ連共産党の指導者となったフルシチョフは五六年、スターリン独裁を批判した。毛沢東の中国共産党はその年、「プロレタリア独裁（無産階級専政）の歴史的経験について」と「再び――」を相次いで発表し、スターリンの功績は否定できないと強調した。これをきっかけに中ソ両共産党の確執が深まった。

中国共産党は五九年、改革路線を歩むチトーのユーゴ共産主義者同盟を、マルクス・レーニン主義をねじ曲げた「現代修正主義」と批判した。これは、間接的にソ連共産党を批判したものだが、六〇年代に入り、国際共産主義運動の主導権をめぐって直接論争が始まった。

ソ連側が、共産主義の第一歩である社会主義の完全勝利によってプロレタリア独裁の使命は終わり、全人民を代表する国家に変わったとするのに対し、中国側は社会主義社会においても階級と階級闘争は残るという毛沢東の「継続革命論」に基づいてソ連の変節を非難した》

中国は外交的に孤立しつつあった。ベトナム戦争の戦火拡大が社会主義陣営内に危機感とともに結束への機運を広げ、ソ連と対立を続ける中国に逆風となった。中国が影響力を浸透させようと外交努力を続けてきたアジア・アフリカ諸国からも、中国の急進外交路線に反発が強まっていった。

南ベトナムで、北ベトナムが指導する解放民族戦線との戦闘に軍事介入していた米国は六四年八月二日、米海軍の駆逐艦が北ベトナム側の攻撃を受けたとして沿岸への艦砲射撃を行い、北ベトナムとの軍事衝突が起きた（トンキン湾事件）。これをきっかけに米国は六五年二月から北ベトナムへの爆撃（いわゆる北爆）を開始した。

その年の春、ベトナム共産党主席で北ベトナムの国家主席、ホーチミンが中越国境を越え、列車で北京《ぺきん》を秘密訪問した。

徐学初《じょがくしょ》ら編著『毛沢東の目に映る米国』（中国文史出版社、九七年）によると、出迎えた毛沢東は、普通語（中国の標準語）、広東語のほか上海《しゃんはい》語を解すこの旧友に湖南《こなん》なまりの強い普通語で話しかけた。

「胡志明（ホーチミン）主席。あなたは越南（ベトナム）出身で、私は（近くの）湖南（省）出身。家族も同然です。さあ、どんな困難がありますか。人が必要なら人を、物が必要なら物をと言ってください」

ホーチミンはポケットから一枚の図面を取り出し、北ベトナム北部に十二本の道路建設をしてもらいたいと言った。

毛沢東はその場ですぐ電話を取り上げ、国務院総理（首相）の周恩来《しゅうおんらい》に人民解放軍と協議するよう指示した。周恩来は総参謀長の羅《ら》瑞卿《ずいけい》と第一副総参謀長の楊成武《ようせいぶ》らと検討し、のちにこの道路建設に八万人という膨大な兵力を投入すると伝えた。

ベトナム戦争が激化するにつれ、中国のソ連非難はいっそう険しさを増していく。六五年六月十四日の「人民日報」「紅旗」の共同論文はこう言う。

「ソ連共産党指導部は、一方ではいくらかベトナムを支援するような素振りを見せながら、ひんぱんに平和交渉の活動を進め、苦心さんたんして米侵略者のために〝出口〟を探してやっている。彼らのベトナム〝援助〟なるものは、ただ単にベトナム問題を米ソ協調の軌道に乗せるためのものにすぎない」

六四年十月十六日、党機構改革への党内不満などからフルシチョフが失脚した。その日、中国はそれを祝うかのように初の原爆実験を成功させた。日本が東京オリンピックに酔いしれているさなかである。

三週間後の十一月七日、ロシア革命四十七周年記念日に合わせ、社会主義十二カ国がモスクワに集まり、中国共産党もブレジネフ新体制の出方をさぐるため、わざわざ党副主席で国務院総理（首相）の周恩来を団長とする代表団を送り込んだ。

七日夕、ソ連政府は歓迎レセプションを開いた。その席上、党政治局員で中央軍事委副主席の賀竜《がりゅう》に、ソ連国防相のマリノフスキーが話しかけた。

「われわれはフルシチョフを失脚させた。あなたがたも、われわれを見習って毛主席を退陣させるべきだ。そうすれば、われわれは仲直りできる」

賀竜からこの話を聞いた周恩来は発言を問題化した。ブレジネフは当初、「酒の席の失言」ととりなそうとしたが周恩来は納得せず、ブレジネフは正式に遺憾の意を表明せざるを得なかった。（席宣《せきせん》、金春明《きんしゅんめい》著『「文化大革命」簡史』）

この報告を受けた毛沢東の反応は明らかではない。しかし、マリノフスキーの発言をまったくの戯《ざ》れ言とは受け止めなかったに違いない。五九年にソ連を訪問した直後、急進的な経済路線のひずみを毛沢東に手紙で直言して毛沢東の怒りを買い、国防相を解任された彭徳懐はソ連と内通していた、と毛沢東は考えている。

一九六四年十月十六日、中国は初の核実験に成功した。フルシチョフが原爆技術供与の約束を破棄してから五年四カ月後であった

マリノフスキーの発言から二カ月後、毛沢東は国家主席の劉少奇を念頭に「資本主義の道を歩む党内の実権派」の打倒を全党に呼びかける。毛沢東にとって実権派は修正主義者と不可分一体のものだ。「ソ連修正主義」が中国共産党内の「友人」

と連携して路線転換を図り、党を変質させようとしている、との疑念は確信に変わった。

文化大革命中に劉少奇は「中国のフルシチョフ」とののしられ、徹底的に打ちのめされることになる。

軍内に亀裂「反革命クーデターを防げ」

国防相を解任されて六年、失意のうちにあった彭徳懐《ほうとくかい》に一九六五年九月十一日午前、予期せぬ客があった。中国共産党中央党校副校長の賈震《かしん》だった。「至急、人民大会堂に来るようにと毛沢東弁公室（事務室）からの伝言です」「車を用意しろ。急げ」。彭徳懐は毛沢東の計らいでそのままあてがわれていた幹部専用車に飛び乗った。

《彭徳懐は五九年夏、江西省《こうせい》の廬山《ろざん》で党政治局拡大会議が開かれたおり、大躍進・人民公社化など急進経済路線の軌道修正を求める手紙を党主席の毛沢東に書いて「反党分子」の烙印を押され、失脚した。その後、餓死者二千万人を数える食糧難が襲い、彭徳懐の指摘の正しさが明らかになったが、毛沢東に送った名誉回復の嘆願は冷たくあしらわれていた》

人民大会堂で待っていたのは毛沢東ではなく、党政治局員兼北京《ぺきん》市党委員会第一書記（北京市長）の彭真《ほうしん》だった。「党中央と毛主席は、あなたに西南三線の第三副総指揮官をしてもらうことに決定した」

《当時、中国は南に隣接するベトナムへの軍事介入を強める「米帝国主義」と、資本主義との闘争を放棄して中国封じ込めに動く「ソ連修正主義」という二つの敵を抱えていた。戦争に備えて毛沢東は六四年、全土を帯状に三地帯（三線）に分け、一線の沿岸・国境地域にある国防・工業施設を三線の内陸部に移す国防戦略「三線建設」を打ち出した。「西南三線」とは、四川、雲南、貴州など内陸五省の工業基地建設区域を指す》

「主席は何を考えているのか……」。彭徳懐は自問を繰り返したあげく、十日後、毛沢東に手紙を書いた。「党員として党から配分された仕事にはなんでも無条件で服務します」

「文句の一つも言うかと思ったが……」。毛沢東には意外だった。二十三日、毛沢東は居宅兼執務室にしている北京・中南海《ちゅうなんかい》の豊沢園《ほうたくえん》に彭徳懐を迎えた。

「昨日午後、お前から手紙が届いてうれしくて眠れなかった」。笑顔の毛沢東は続けた。「西南への投資は最も多い。お前は適任と思う。将来、兵を率いて戦争に行ってもいい。となれば、もう名誉も回復だ……」

「名誉回復」。彭徳懐の心は躍《おど》った。「廬山会議は過去の話じゃないか。お前を批判したかもしれない。だが、それは正しくなかった」

「主席、言う通りにします。西南に行きます」。帰宅した彭徳懐は側近らと祝杯をあげた。毛沢東の真意を彭徳懐は知らなかった。

《毛沢東と彭徳懐の会見の模様は、馬《ば》泰泉《たいせん》ら著『国防部長浮沈記』（解放軍文芸出版社、九七年）が詳しく描いている》

ベトナム戦争で米軍は六五年二月から、南ベトナム解放民族戦線の後ろ盾である北ベトナムへの爆撃（北爆）を開始し、戦火が激しさを増していた。中国は北ベトナムを支援していたが、派兵でもしない限り米国が中国領内に軍事行動を拡大するとは考えていない。むしろ深刻だったのは、ベトナム戦争を契機に、長期的な軍事戦略をめぐって党内対立が先鋭化したことであった。

人民解放軍総参謀長の羅瑞卿《らずいけい》は、六五年五月十日の党機関誌「紅旗《こうき》」に連合国の対独戦勝二十周年記念論文「ドイツ・ファシストに対する勝利を記念し、米帝国主義に最後まで戦い抜こう」を発表する。

この中で羅瑞卿はベトナム戦争で示された米国の近代装備の優越を前提に、通常戦力近代化の重要性を強調した。主張の骨格は、国防相時代の彭徳懐が五六年に中央軍事委員会拡大会議で提起した「積極的防衛」戦略の流れをくむ。

これに対し、彭徳懐の後を継いだ林彪《りんぴょう》は六〇年の中央軍事委拡大会議以来、南部沿岸を中心に敵軍を陣内の奥深く誘い込んで〃人民の海〃に沈めてたたく人民戦争の「攻撃的包囲」戦略を鮮明にしていた。

軍近代化・正規軍化を目指す路線と、遊撃戦を主体とする人民戦争路線という、建国以来くすぶってきた二つの軍事戦略の対立であったが、羅瑞卿と林彪の個人的な確執がその溝をいっそう深めていた。

共産革命前の黄埔《こうほ》軍官学校で林彪と同期だった羅瑞卿は、建国後、初代公安部長など公安畑を歩み、常に毛沢東の身辺にあって信任が厚い。軍長老の支持も強く、林彪にとっては煙たい存在であった。

軍事演習を重視する羅瑞卿に対して林彪が「単純な軍事的観点だ」と批判すれば、逆に羅瑞卿は林彪の政治思想至上主義に疑問を呈し、「毛沢東思想」を振りかざす姿勢に権力欲をかぎ取っていた。林彪への反発が羅瑞卿を人民戦争路線から遠ざけ、結果的に毛沢東からも引き離される形となった。

羅瑞卿論文の発表から四カ月ほど後の六五年九月三日、抗日戦勝利二十周年を記念する林彪の論文が、人民日報、紅旗、解放軍報に同時掲載された。

「人民戦争の勝利万歳」

抗日戦勝利の根本理由は毛沢東思想に導かれて人民戦争を行ったことにあるとするこの論文は、「いかに兵器が近代化しようとも、最後の勝敗は地上部隊の連続的な戦闘、戦場における白兵戦、人間の自覚、勇敢さ、犠牲的精神によって決まる」として、軍近代化より政治思想が優位にあることを強調した。

また、「ソ連修正主義が、米帝国主義に立ち向かう人民戦争を恐れているのは米帝国主義を怒らせたくないからであり、ソ米が協調して世界を牛耳る甘い夢の実現が妨げられるのを心配している」とし、修正主義者は「人民戦争の裏切り者」と断じている。

この論文は党や軍内の反「林彪」派を修正主義者とみなし、それに対する宣戦布告であると同時に、毛沢東に対する林彪の忠誠宣言でもあった。

林彪は羅瑞卿の論文が「団結できるすべての力を団結させ、広範な統一戦線を形成して、最も主要な敵に反対しなければならない」と書き、「反ファシスト戦争の輝かしい勝利をかちとった偉大なソ連国民と偉大なソ連軍に対し、限りない敬意と信頼を寄せている」と結んでいるのを見逃しはしなかった。

一九五二年当時の羅瑞卿（右）と毛沢東（中）

「最も主要な敵」である米国と闘うためにソ連との連携を主張している――と林彪は読んだ。「党内に修正主義が潜んでいる」と思い詰めている毛沢東も気づかないはずはなかった。国防相を解任された彭徳懐がソ連と内通していると毛沢東はかねてから疑っていた。羅瑞卿までもか――。

プロレタリア文化大革命が正式に発動される翌六六年五月の党政治局拡大会議で林彪は、文革発動前、毛沢東が反革命クーデターを防ぐよう神経を使い、多くの措置をとったと明かしている（席宣《せきせん》、金春明《きんしゅんめい》著

『「文化大革命」簡史』)。

林彪論文発表直後の彭徳懐の地方移封、羅瑞卿への批判開始と軟禁――これがクーデターの事前予防であり、文革の前奏曲であった。

林彪の誓い「敵を有頂天にさせ殲滅する」

毛沢東は深い孤独と怒りと焦燥《しょうそう》の中にいた。中華人民共和国を独裁支配する中国共産党の主席として権力の頂点にありながら、見えない厚い壁に取り囲まれ、足元から権力基盤がぼろぼろと崩されていくような気配が襲ってくる。

すでに一九六四年十二月、（スターリン独裁を批判したソ連共産党の前指導者、フルシチョフのように）共産主義を裏切った「修正主義」が中国共産党内にも生じる危険性を全党に警告した。六五年一月には「資本主義の道を歩む実権派」を打倒せよと呼びかけてもいるが、官僚化した党組織は動かない。

毛沢東のいらだちは、そのころ書かれたメモから推し量ることができる。

中国東北部の遼寧省《りょうねい》にある瀋陽《しんよう》精錬所を視察した党政治局員で国務院（政府）公安部長、謝富治《しゃふじ》の報告書に、毛沢東は六四年十二月五日、こう書き込んでいる。「いったい、われらの工業のどの程度が、経営管理的に資本主義化してしまったのか。三分の一か、二分の一か、それとももっと多いのか」

一週間後、河南《かなん》省の洛陽《らくよう》トラクター工場に関する国務院農業機械部長の陳正人《ちんしょうじん》の報告書にはこう記した。「官僚主義者階級は労働者の血を吸うブルジョア（資本家）分子になっており、あるいはなりつつある。それらの人物は闘争の対象であり、革命の対象である」

《この毛沢東メモは席宣《せきせん》、金春明《きんしゅんめい》著『「文化大革命」簡史』に紹介されている》

打倒すべき官僚主義者階級の頂点にいるのが党副主席で国家主席の劉少奇《りゅうしょうき》や党総書記の鄧《とう》小平《しょうへい》であり、党政治局員兼北京《ぺきん》市党委員会第一書記（北京市長）の彭真《ほうしん》が握る北京市党委だと毛沢東は考えている。

この三人は、毛沢東の大躍進・人民公社化の急進的で空想的な共産化政策が破綻《はたん》して以来、資本主義的手法を取り入れた調整経済を主導し、あるいは支持してきた。

毛沢東、劉少奇に次ぐ党内序列三位にあり、劉少奇らの経済調整策を支持してきた党副主席兼国務院総理（首相）の周恩来《しゅうおんらい》は、毛沢東の「奪権闘争」の決意を敏感に察知していた。六四年十二月から開かれた第三期全国人民代表大会（国会）で、周恩来は次のような政府活動報告を行っている。

「資本主義の暗い風が絶え間なく吹き込んでくる」「党、政府機関、経済機構でも、絶えずブルジョア分子、搾取《さくしゅ》分子らが生まれてくる。これらブルジョア分子らは、いつも上級の指導機関の中にその保護者や代理人を探すのだ」

まるで毛沢東の認識と一致しているかのようであった。

毛沢東は動き出した。その半年後の六五年六月、党中央工作会議で参会者に問いかけた。

「もし中国にフルシチョフが出たらどうするか？　中央に修正主義が現れたらどうするか？」

九月十日の党中央工作会議でも「中央に修正主義が現れたら君たちはどうするか」「可能性はある。それは最も危険なものだ」とたたみかけた。毛沢東は党指導部内に修正主義者が存在することを地方幹部らの意識に植え付け、近く始まる戦いの準備を整えようとしていた。

この会議には毛沢東が修正主義者と疑う北京市長の彭真も出席していた。彭真は言った。

文革中、毛沢東（左）と天安門上に立つ林彪

「（修正主義者が）中央に出ようと、地方に出ようと心配ない。中央には何人も大人物がいて、やつ（修正主義者）を罷免《ひめん》してそれですべてが終わる」

その彭真は十月一日の国慶節《こっけいせつ》（建国記念日）祝賀式典で演説し、「力を結集して現代修正主義に反対せねばならない。しかし、同様に現代教条主義にも反対せねばならない」と述べた。マルクス・レーニン理論を機械的に中国にあてはめ、経済困難を招いた毛沢東を現代教条主義と痛烈に皮肉ったのだ。

十月十日、毛沢東は華北、西北など六大行政区の党委第一書記との会談で、指導部内の修正主義者打倒を初めて公然と呼びかける。「中央に修正主義が現れたらどうするか。もし中央に修正主義が発生したなら、君たちはすぐに造反しろ」

《一連の毛沢東発言は李暁文《りぎょうぶん》ら著『山河を指す』などによる》

六六年に正式発動されたプロレタリア文化大革命が続いていた七〇年十二月、『中国の赤い星』の著者で米国人ジャーナリストのエドガー・スノーに「劉少奇は立ち去らねばならぬ、と最終的に決意したのはいつか」と聞かれた毛沢東は、六五年一月だったと答えている。このとき毛沢東は地方や都市における社会主義教育運動を「階級闘争」と位置づける綱領（いわゆる「二十三条」）を公布したが、「党内の資本主義の道を歩む実権派の打倒」の部分に劉少奇が懸命に反対したのだ、と毛沢東は明かしている。

六五年当時、中国は社会主義陣営内で孤立しつつあった。人民解放軍内では軍近代化路線と人民戦争路線の確執《かくしつ》が深まっていた。国内情勢についても毛沢東は次のようなおそろしく危機的な認識をしていた。

「実権派」の劉少奇が中央で毛沢東に対抗する「司令部」を形成し、北京市党委は「独立王国」を築いている。国家権力の三分の一は「敵」の掌中にあり、文芸界の協会は大多数が「修正主義との境界に足をかけ」、学校は「ブルジョア知識分子の天下」であった（厳家祺《げんかき》、高皋《こうこう》著『文化大革命十年史』)。

毛沢東は、大衆を動員し、その力に依拠することによってのみ勝利が可能との認識を持つにいたった。全土で階級闘争を展開し、天下大乱の形勢を作り出すことで天下の大治を達成する。これが毛沢東の想定したプロレタリア文化大革命だった(『「文化大革命」簡史』)。

六五年十一月十日、上海《しゃんはい》の「文匯報《ぶんわいほう》」に評論「新編歴史劇『海瑞罷官《かいずいひかん》』を評す」が掲載され、文革の狼煙《のろし》が上がる。

《軍総参謀長の羅瑞卿《らずいけい》、彭真らに始まる粛清《しゅくせい》の嵐が吹き荒れ、劉少奇が悲惨な死を遂げるまでは第一部と第二部で描いた》

毛沢東に忠誠を誓った国防相の林彪《りんぴょう》は言う。「殲滅《せんめつ》戦はわれわれの作戦の基本である。敵を深く誘い込んでこそ、人民はさまざまな行動で作戦に参加できる。敵を引き込んでこそ、敵を有頂天にさせ、両足を泥沼に落ち込ませることができる」(六五年九月一日発表の論文「人民戦争の勝利万歳」)

林彪はやがて「毛沢東同志のもっとも親密な戦友であり、後継者」へと昇り詰めていく。

中国をいかに統治していくのか――基本的な路線をめぐる中国共産党指導部の重苦しい対立は、しだいに緊張の度を高めていった。だが、毛沢東にとっても、自ら発動を決意したプロレタリア文化大革命が建国以来のあれほどの大動乱、大災禍《だいさいか》をもたらすまで発展しようとは、おそらく予測できなかったに違いない。

本書は平成十三年三月に刊行された扶桑社文庫
「毛沢東秘録　上・中・下」を再刊したものです。
写真・参考／新華社・中国通信・UPI・サン・AP・
中共中央文献研究室など監修の映像資料・『華国鋒失脚
から胡耀邦失脚まで』・『黒紅内幕』・産経新聞社

年表

1893年12月26日　毛沢東、湖南省湘潭県韶山冲に生まれる
1921年7月　中国共産党、上海で結成
1949年10月1日　中華人民共和国成立
1956年2月　フルシチョフ、ソ連共産党第二〇回党大会でスターリン批判
4月　毛沢東、「百花斉放、百家争鳴」を唱える
9月　第八回党大会。劉少奇が政治報告。鄧小平が個人崇拝削除の党規約を起草
10月　ハンガリー暴動
1957年2月　毛沢東が「人民内部の矛盾を正しく処理する問題について」を演説
6月　「反右派党争」が始まる
1958年5月　第八回党大会第二回会議、「社会主義建設の総路線」を提起。大躍進運動開始
7月　フルシチョフ訪中。毛沢東、ソ連提起の中ソ共同艦隊案を拒否
8月　党中央政治局拡大会議、人民公社設立、鉄鋼大増産などを決議
1959年4月　第二期全人代第一回会議、劉少奇を国家主席に選出
6月　彭徳懐がソ連・東欧歴訪でフルシチョフらと会談した後、帰国
7月　廬山会議。大躍進政策を批判した彭徳懐らを解任
9月　林彪、国防相に就任
同月　フルシチョフ訪中、中ソ関係悪化へ

1960年4月　秋　深刻な食糧難発生。「大躍進」の失敗明らかに
　　　7月　中ソ論争が表面化
　　　　　ソ連が専門家を本国召還
　　　9月　林彪が「四つの第一」提唱、軍内で毛沢東思想学習の運動展開
1961年1月　第八期九中総会、劉少奇、鄧小平が経済調整政策に着手
1962年1月　中央拡大工作会議（七千人大会）、毛沢東らが自己批判
　　　9月　第八期十中総会、毛沢東が「継続革命論」を強調
1963年5月　杭州会議、農村社会主義教育運動（四清運動）の「前十条」を公布
　　　9月　「後十条」を公布
1964年5月　毛沢東、党中央工作会議で「国防三線建設」を提起
　　　8月　トンキン湾事件発生
　　　10月　初の原爆実験に成功
　　　11月　周恩来と賀竜が訪ソ
　　　12月　毛沢東が「党内の修正主義」に警告
1965年1月　党中央、「二十三条」を発表
　　　2月　米軍、北爆開始
　　　5月　羅瑞卿、反米統一戦線を主張
　　　9月　林彪が「人民戦争勝利万歳」を発表

11月　上海・文匯報に「新編歴史劇『海瑞罷官』を評す」掲載
1966年2月　党中央、彭真案の「二月テーゼ」を公布
1966年5月　毛沢東が林彪あての書簡で「5・7指示」
同月　党中央政治局拡大会議、「5・16通知」を採択
同月　中央文革指導小組成立
6月　初の大字報が登場し、北京市党委と大学当局を攻撃
同月　党中央と北京市党委が彭真解任を発表
8月　第八期十一中総会、「プロレタリア文化大革命に関する決定」を採択
同月　毛沢東が大字報「司令部を砲撃せよ」
同月　毛沢東、林彪らが天安門の「百万人大会」で紅衛兵接見
12月　劉少奇、鄧小平打倒の大字報登場
1967年1月　上海造反派、「奪権闘争」で市党委打倒大会を開く
同月　毛沢東、劉少奇と最後の対話
2月　上海コミューン成立
同月　軍長老が文革を非難（「二月逆流」）
4月　毛沢東が「上海コミューン」の名称を「革命委員会」とするよう指示
同月　全土で革命委員会樹立の動き
7月　「武漢事件」発生

同月　毛沢東が南方視察で「革命的大連合」を呼びかけ
8月　劉少奇、鄧小平、陶鋳に対する「百万人糾弾集会」
同月　王力、関鋒を隔離審査
9月　毛沢東が「武闘禁止」を指示。軍からの掠奪禁止命令
1968年3月　楊・余・傅事件
6月　広西チワン族自治区で大規模武闘、ベトナム支援物資も掠奪
7月　首都労働者毛沢東思想宣伝隊、清華大に進駐。他大学に拡大
同月　毛沢東が紅衛兵に下放を指示
8月　ソ連、チェコ侵入
10月　人民日報は「5・7幹部学校」を報道。党、軍幹部の再教育運動が始まる
同月　第八期十二中総会、劉少奇の党永久除名を決議
1969年3月　中ソ国境で両軍が武力衝突（珍宝島事件）
4月　第九回党大会、党規約で林彪を毛沢東の後継者と明記
6月　新疆で中ソ両軍が武力衝突
9月　北京で周恩来、コスイギン会談
10月　中ソ国境問題協議
11月　劉少奇、監禁先の河南省で死去
1970年3月　中央工作会議、毛沢東の国家主席不設置案を承認

5月　毛沢東が全世界の反米闘争支持の声明
8月　第九期二中総会、国家主席問題で林彪派と江青派が対立
同月　毛沢東が「私の意見」で林彪派の陳伯達を批判
10月　毛沢東、国慶節行事でエドガー・スノーと接見
1970年12月　米中秘密交渉で中国側がニクソン招請の意向伝える
1971年3月　林立果、クーデター計画「五七一行程紀要」を作成
4月　米中両国によるピンポン外交
7月　キッシンジャーが秘密訪中、ニクソン訪中計画を発表
8〜9月　毛沢東、南方視察中に林彪批判
同月　林彪ら逃亡途中でモンゴルで墜死
10月　林彪派の軍事委弁事組を廃止。葉剣英が軍事委弁公会議を統括
同月　国連総会、中国の国連代表権復活を決定
11月　毛沢東、二月逆流で批判された軍長老らを名誉復活
12月　「批林整風」運動開始
1972年1月　陳毅死去。追悼会に毛沢東が出席
2月　ニクソン訪中。共同声明発表
4月　文革失脚者の名誉回復が相次ぐ
9月　田中訪中、共同声明調印

1973年1月　人民日報などが批林整風の重点は「極右批判」と主張
3月　鄧小平が国務院副総理として復活
7月　毛沢東が外交部批判
8月　党中央が「林彪反党集団の罪状審査報告」を批准
同月　第十回党大会。周恩来が政治報告
同月　第十期一中総会、王洪文を党副主席に選出。江青ら「四人組」を結成
12月　毛沢東が鄧小平の政治局員、総参謀長などの就任を提案
1974年1月　江青らが「批林批孔」運動を開始
4月　鄧小平、国連で毛沢東が唱える「三つの世界論」を演説
6月　江青が周恩来を「党内の大儒」と批判
7月　毛沢東が政治局会議で四人組のセクト行動を批判
10月　政治局会議で四人組が鄧小平を攻撃。毛沢東は江青の野心を批判
11月　李一哲、大字報「社会主義と民主と法制」を発表
12月　毛沢東が長沙で周恩来と後継問題を討議
1975年1月　第十期二中総会で鄧小平が党副主席、党中央軍事委副主席、総参謀長に就任
4月　蔣介石死去
5月　毛沢東が政治局会議で四人組の分派活動を批判
6月　党中央軍事委拡大会議、葉剣英、鄧小平が「軍隊の整頓」を提唱

7月　党中央、党の思想上、組織上の整頓を提起
8月　毛沢東が「水滸伝批判」。この論評に基づいて江青が周恩来、鄧小平を批判
9月　「農業は大寨に学ぶ」の全国会議
同月　毛遠新が鄧小平を攻撃
11月　「右からの巻き返し風潮に反撃する運動」の開始。鄧小平批判が激化
1976年1月　周恩来死去。追悼大会で鄧小平が追悼の辞
1976年1月　毛沢東、華国鋒の国務院総理代行と党中央の日常業務統括を決定
4月　天安門事件（第一次）
同月　鄧小平失脚。華国鋒、第一副主席兼国務院総理に就任
7月　朱徳死去
同月　唐山大地震
9月　毛沢東死去
10月　四人組逮捕
同月　華国鋒、党主席、中央軍事委主席に就任
1977年2月　三紙共同社説、「二つのすべて」を主張
4月　鄧小平が「二つのすべて」を批判
同月　「工業は大慶に学ぶ」の全国会議
5月　華国鋒が「プロレタリア独裁下で継続革命を推し進めよう」と唱える

7月　第十期三中総会、鄧小平の全職務復帰。四人組の党籍剥奪
8月　第十一期一中総会、党主席に華国鋒、副主席に鄧小平、李先念らを選出
同月　華国鋒が第十一期十一全大会で文革終結を宣言
1978年2月　全人代、華国鋒が政府活動報告
5月　「実践は真理を検証する唯一の基準」の論争開始
11月　「『新編歴史劇『海瑞罷官』を評す』を評す」
12月　第十一期三中総会、「二つのすべて」を批判。現代化へと路線変更
　陳雲が党副主席となり、彭徳懐、陶鋳らの名誉回復
1979年1月　米中国交樹立
同月　鄧小平が「四つの堅持」を主張
6月　全人代、革命委員会の廃止と人民政府復活を決定
1980年2月　第十一期五中総会で劉少奇の名誉回復
8月　華国鋒が「毛主席は文革期に大きな過ち」と発言
同月　鄧小平が「毛沢東は功績第一、誤り第二」と発言
同月　全人代第三回会議、華国鋒が総理辞任。後継に趙紫陽を選出
11月　林彪、四人組裁判
1981年1月　林彪、四人組裁判で判決
6月　第十一期六中総会、「建国以来の党の若干の歴史問題に関する決議」を採択

1982年9月　華国鋒、副主席に降格。胡耀邦、党主席に就任
1982年9月　第十二回党大会。党の主席制度を廃止。胡耀邦、党総書記に就任
1983年1月　江青、張春橋を無期懲役に減刑
1989年4月　胡耀邦死去。学生デモが激化
6月　天安門事件(第二次)
同月　第十三期四中総会、趙紫陽失脚。江沢民総書記就任
1993年3月　江沢民国家主席就任
1997年2月　鄧小平死去
2002年11月　胡錦濤総書記就任
2003年3月　胡錦濤国家主席就任
2012年11月　習近平総書記就任
2013年3月　習近平国家主席就任
2014年9月　香港で大規模デモ「雨傘運動」起こる
2020年6月　「香港国家安全維持法」を施行

産経NF文庫

毛沢東秘録　上

二〇二一年一月二十四日　第一刷発行

著　者　産経新聞「毛沢東秘録」取材班

発行者　皆川豪志

発行・発売　株式会社　潮書房光人新社

〒100-8077　東京都千代田区大手町一-七-二

電話／〇三-六二八一-九八九一(代)

印刷・製本　凸版印刷株式会社

定価はカバーに表示してあります

乱丁・落丁のものはお取りかえ致します。本文は中性紙を使用

ISBN978-4-7698-7031-9　C0195

http://www.kojinsha.co.jp

産経NF文庫の既刊本

中国人の少数民族根絶計画

楊 海英

香港では習近平政権に対する大きな抗議活動が続き、「改造」政策に対する懸念が広がる。さらに内モンゴル、チベット、ウイグルへの中国の少数民族弾圧は凄まじさを呈している。内モンゴルに生まれ、中国籍を拒絶した文化人類学者が中国新植民地政策に対して警告する。

定価〈本体830円+税〉 ISBN978-4-7698-7019-7

中国人が死んでも認めない　捏造だらけの中国史

黄 文雄

真実を知れば、日本人はもう騙されない！中国の歴史とは巨大な嘘！中華文明の歴史が嘘をつくり、その嘘がまた歴史をつくる無限のループこそが、中国の主張する「中国史の正体」なのである。だから、一つ嘘を認めれば、歴史を誇る「中国」は足もとから崩れることになる。

定価〈本体800円+税〉 ISBN978-4-7698-7007-4